Grundkurs Geschichte
Hg. von Michael Erbe

Altertum
Europäisches Mittelalter
Frühe Neuzeit
Das 19. Jahrhundert
Das 20. Jahrhundert
Methoden und Theorien

Michael Erbe

Frühe Neuzeit

Grundkurs Geschichte

Verlag W. Kohlhammer

Umschlag: Schloss Versailles und Mercator-Globus

Alle Rechte vorbehalten
© 2007 W. Kohlhammer GmbH Stuttgart
Umschlag: Data Images GmbH Stuttgart
Gesamtherstellung:
W. Kohlhammer Druckerei GmbH + Co. KG, Stuttgart
Printed in Germany

ISBN 978-3-17-018973-7

Inhaltsverzeichnis

Abbildungsverzeichnis

9

Abkürzungen

GK I bzw. **GK II** verweist auf die bereits erschienenen Bände der Reihe
„Grundkurs Geschichte": *Karen Piepenbrink*, Das Altertum sowie *Jörg Schwarz*,
Das europäische Mittelalter, Teil 1 oder 2.
Dickmann (mit Seitenangabe) bedeutet, dass die abgedruckten Quellen-
auszüge dem Band aus der Reihe „Geschichte in Quellen" (Bayerischer
Schulbuch Verlag München) von *Fritz Dickmann* (Hg.): Renaissance – Glau-
benskämpfe – Absolutismus (2. Aufl. 1976) entnommen sind.

Einleitung

Die „Frühe Neuzeit" (engl. *Early Modern History*, franz. *Histoire moderne*, ital. *Storia moderna*) ist die Epoche zwischen dem Ausgang des Mittelalters und der sog. Sattelzeit um 1800, aus der die europäische Moderne, geprägt vor allem durch die Industrialisierung, hervorgeht. In vielerlei Hinsicht bleiben nach 1500 die Grundstrukturen des mittelalterlichen Europas noch lange erhalten. Ohne die Kenntnis der mittelalterlichen Besonderheiten der abendländischen Geschichte sind das 16. und 17. Jh. oft schwer zu verstehen; erst mit dem Aufklärungszeitalter setzen allmählich Veränderungen im politischen, gesellschaftlichen, wirtschaftlichen und kulturellen Leben ein.

Der vorliegende Abriss gliedert die Frühe Neuzeit in zwei große Zeitabschnitte, die ihrerseits wiederum in Fünfzigjahres-Schritten behandelt werden: das „Konfessionelle Zeitalter" sowie die Epoche des Absolutismus und der Aufklärung. Unter dem Konfessionellen Zeitalter versteht man neuerdings die Periode der europäischen Geschichte, in der es infolge der Reformation zur Spaltung der katholischen Kirche und im Anschluss daran zur Ausbildung von „Landeskirchen" verschiedener Konfessionen kam. Da der Gegensatz zwischen der alten Kirche und den neuen Bekenntnissen der „Lutheraner" und der „Calvinisten" auch politische Auswirkungen bis hin zu Konfessionskriegen hatte, endet dieser Abschnitt mit dem Westfälischen Frieden von 1648 (bzw. dem Pyrenäenfrieden zwischen Frankreich und Spanien 1659). Die folgende Epoche steht zunächst ganz im Bann der französischen Hegemonialbestrebungen unter Ludwig XIV. Dessen Herrschaftsorganisation im Innern (später als „Absolutismus" bezeichnet) war Vorbild für fast ganz Europa. Im 18. Jh. wandelt sich die Herrschaftsauffassung in verschiedenen Staaten unter dem Einfluss der Ideen der „Aufklärung" hin zum *despotisme éclairé*, zum „aufgeklärten Absolutismus". Diese Ideen, verbunden mit weiteren Herausforderungen auf demographischem, gesellschaftlichem und wirtschaftlichem Gebiet, führen schließlich zu den Veränderungen des späten 18. Jhs., unter denen die durch die „Französische Revolution" ab 1789 bewirkten Umbrüche besonders hervorstechen.

A Grundstrukturen

1 Bevölkerungsentwicklung

Im späten 15. Jh. haben sich die durch den „Schwarzen Tod" und die folgenden Pestwellen verursachten Bevölkerungsverluste weitgehend wieder ausgeglichen. Die Bevölkerungszahl steigt im Laufe des 16. Jhs. überall deutlich an, um anschließend für mehr als ein Jahrhundert zu stagnieren. Man spricht für diese Zeit auch von der *Krise des 17. Jhs.* Etwa ab 1730 jedoch beginnt sich die Bevölkerung in fast sämtlichen Gebieten Europas so stark zu vermehren wie zuvor lediglich im hohen Mittelalter. Durch die Verbesserung der Ernährungslage, bedingt vor allem durch günstigeres Klima und reichere Ernten, sinkt die Todesrate jetzt beständig unter die Geburtenrate. Daraus ergibt sich bis 1800 eine Bevölkerungsvermehrung um etwa 50%, die auch als *Demographische Revolution des 18. Jhs.* bezeichnet wird.

Es zeigt sich am Ende indes, dass die Nahrungsmittelproduktion mit diesem Wachstum kaum Schritt halten kann. Auch fehlt es zunehmend an Arbeitsplätzen. Sie können weder von der noch weitgehend auf dem starren Zunftwesen basierenden gewerblichen Wirtschaft, noch vom nach wie vor auf mittelalterlichen, „feudalen" Eigentums- und Rechtsverhältnissen beruhenden Agrarsektor in ausreichendem Maße zur Verfügung gestellt werden. Die stürmische Bevölkerungsentwicklung ist also mit Ursache für die Krise des späten 18. Jhs., die sich nicht nur in Frankreich ab 1789 in Form von Unzufriedenheit, Unruhen und Erhebungen zeigt, sondern in abgemilderter Form auch in weiten Teilen des übrigen Europas.

2 Gesellschaft und Wirtschaft

Der Gesellschaftsaufbau der Frühen Neuzeit gleicht noch lange weitgehend dem des Mittelalters. Bis zu den Umbrüchen um 1800 bleibt die ständisch gegliederte Gesellschaft bestehen.

Der *Adel* ist – obwohl er kaum mehr als 2% (Osten und Südosten Europas mehr als 10%) der Bevölkerung umfasst – nach wie vor der tonangebende Stand. Er besetzt i. d. R. auch die höheren Ränge der Geistlichkeit. Allerdings

Die Bevölkerung verschiedener europäischer Länder zwischen 1500 und 1900
(geschätzt in Mio.)

	um 1500	um 1600	um 1700	um 1800	um 1900
Deutschland *(Grenzen v. 1871)*	12,0	15,0	15,0	24,5	50,6
Schweiz	0,8	1,0	1,2	1,8	3,3
Frankreich *(Grenzen v. 1766 bzw. 1871)*	16,4	18,5	20,0	26,9	40,7
heutiges Benelux-Gebiet	1,9	2,9	3,4	5,2	11,8
Britische Inseln	4,4	6,8	9,3	15,0	42,4
Iberische Halbinsel	9,3	11,3	10,0	14,6	24,0
Apenninen-Halbinsel	10,5	13,3	13,3	18,1	33,0
Skandinavien	1,5	2,4	2,8	5,1	12,6
Donauländer *(Habsburgerreich)*	5,5	7,0	8,8	23,3	47,0
Balkanländer *(Osmanische Gebiete)*	7,0	8,0	8,0	10,5	17,0
Polen-Litauen *(Grenzen v. 1772)*	4,5	6,5	7,5	11,5	21,0
Russland *(Grenzen v. 1772)*	8,0	14,0	16,0	24,0	59,0
Europa insgesamt *(gerundet)*	*81,8*	*106,7*	*115,3*	*178,1*	*(363,3)*

Die Schätzungen der historischen Bevölkerungswissenschaft (oder „Historischen Demographie") beruhen – da Statistiken für die Zeit vor 1800 faktisch fehlen – auf Erhebungen der „Bevölkerungsbewegung" (ausgedrückt in Geburten-, Heirats- und Sterberaten [*Natalität*, *Nuptialität* und *Mortalität* in Promille]) aufgrund der Auswertung der Tauf-, Heirats- und Bestattungseintragungen in Pfarrbüchern von Kirchengemeinden, soweit diese erhalten sind. Die hierdurch gewonnenen Daten werden mit anderen Quellen (z. B. Steuerregistern und Zählungen von Feuerstellen, die über die Anzahl von Haushaltungen in bestimmten Orten oder Gebieten Auskunft geben) abgeglichen und auf einzelne Regionen bzw. auf ganze Staaten „hochgerechnet". Die Ergebnisse können daher nur äußerst grobe Annäherungen an die wirkliche Bevölkerungszahl liefern, sie geben aber den Trend der Bevölkerungsentwicklung einigermaßen genau wieder.

sinkt seine wirtschaftliche Bedeutung vor allem im Westen Europas gegenüber dem Stadtbürgertum. An den Fürstenhöfen aber bleibt seine Bedeutung erhalten und auch im Militärwesen behält er seine führende Stellung. In der Staatsverwaltung wächst dagegen die Bedeutung der Beamten, die meist bürgerlicher Herkunft sind. Sie sind oft studierte Juristen und für die Landesherren wegen ihrer Fachkenntnisse unentbehrlich. Vielfach werden hohe Beamte in den Adelsstand erhoben und damit selbst „hoffähig". Zwischen diesem neuen und dem alten Adel gibt es heftige Konkurrenz. Erst im späten 18. Jh. wachsen beide Gruppen – der sog. Schwert- und der Amtsadel – langsam zu einem Stand zusammen, auch weil viele „nobilitierte" Bürgerliche gern den Lebensstil des Adels – sei es als ländliche Grundherren, sei es als Höflinge – übernehmen, um ihre „Ebenbürtigkeit" zu beweisen.

Während sich der Adel in seinem Anspruch auf Vorrang zunehmend bedroht fühlt, befindet sich das Bürgertum – in West- und Mitteleuropa mehr als ein Zehntel der Bevölkerung – im stetigen Aufstieg. Im Bürgertum zählen vor allem die städtischen Ober- und Mittelschichten. Sie haben es zu Reichtum oder zu einem gewissen Wohlstand gebracht und können es sich leisten, begabte Söhne studieren zu lassen. Handwerksmeister und kleinere Kaufleute bzw. Ladenbesitzer haben wenig Einfluss. Das Handwerk ist noch weitgehend in Zünften organisiert, welche die Produktionsart und -menge sowie die Preisgestaltung rigiden Zwängen unterwerfen. Allerdings ist die arbeitsteilige Manufaktur, die Vorform der modernen Fabrik, für spezielle Produkte – u. a. Luxuswaren (wie Porzellan), aber auch Waffen – im Aufschwung begriffen. Manche Unternehmer verlagern schon früh bestimmte Arbeitsprozesse (wie Spinnen und Weben für die Textilerzeugung) in nahe Dörfer („Verlagswesen"), wo auf diese Weise Möglichkeiten des Zuverdiensts neben der Landwirtschaft geschaffen werden. Die städtischen Unterschichten (u. a. Zunftgesellen, Dienstboten und Tagelöhner) leben oft am Rand des Existenzminimums und leiden in kritischen Zeiten regelmäßig Hunger.

Der allergrößte Teil der Bevölkerung – i. d. R. mindestens 80 % – lebt auf dem Land, und zwar in dörflichen Gemeinschaften. Die Dorfgesellschaft, die sich bis zu einem gewissen Grad selbst verwaltet, ist stark differenziert. Neben den Groß- oder Vollbauern gibt es Kleinbauern, aber auch Dorfbewohner, die nur ein kleines Haus mit Garten oder nicht einmal dies ihr Eigen nennen. Sie sind auf Zuverdienst angewiesen oder müssen sich bei den reicheren Bauern verdingen. Die Nutzung des Gemeindelands (Almende) hängt vom Besitzanteil eines jeden an der Dorfflur bzw. vom sozialen Status ab. Dabei sind auch die reicheren Bauern – es sei denn, sie haben ihr

Land gepachtet – grundherrschaftlichen Rechten (von Adligen oder kirchlichen Einrichtungen) in der Form von Abgaben und/oder Dienstleistungen unterworfen. Sie können bis hin zur Gutsherrschaft reichen, die vor allem in Ostmittel- und Osteuropa vorherrscht und in der neben persönlicher Leibherrschaft über die bäuerliche Bevölkerung (mit „Schollenbindung") von den Grundherren auch die Gerichtsherrschaft ausgeübt wird.

Üblich ist seit dem 12. Jh. die Dreifelderwirtschaft. Die gemeinschaftliche Nutzung der Dorfgemarkung erfolgt in den einzelnen – oft in langen, schmalen Streifen abgesteckten – Parzellen der verschiedenen „Gewanne" (Flurteile) mit gleicher Fruchtfolge. Da sie kaum Ertragssteigerungen ermöglicht, geht man im späten 18. Jh. dazu über, die verstreuten Parzellen zu größeren Blöcken zusammenzulegen und auch die Almenden aufzuteilen (Flurbereinigung). Dieser Prozess, der meist mit der Befreiung der Bauern von grundherrlichen Lasten verbunden ist, führt im 19. Jh. zur Bildung eigener Produktionseinheiten. Verbunden mit verbesserten Bearbeitungsmethoden (Maschinen- und Düngereinsatz) ermöglicht er schließlich, die Ernährung der stürmisch weiterwachsenden Bevölkerung sicherzustellen. Zugleich wird aber auch ländliche Arbeitskraft freigesetzt, die in die neu entstehenden Industriezentren zieht. Diese Umgruppierung der Arbeitsbevölkerung setzt im späten 18. Jh. zuerst in England ein.

3 Das Werden des frühmodernen Staates

Seit dem hohen Mittelalter hat sich die „Staatlichkeit" aus früheren Herrschaftsverbänden zu „Territorialstaaten" entwickelt, d.h. hin zur allmählichen Verdichtung von personengebundenen herrschaftlichen Rechten (Gefolgschafts- bzw. Lehnswesen) bis zur durchgängigen Kontrolle eines Flächengebiets. Der Territorialstaat erfordert neue Formen der Verwaltung, insbesondere im Finanzbereich. Er benötigt daher einen neuen Typus von Fachleuten, nämlich spezifisch geschulte Amtsträger, die im Namen des „Landesherrn" ihre Aufgaben wahrnehmen. Neben diese neue Form „Landesherrschaft" tritt die Landesvertretung. Sie befindet über Gelder, die der Landesherr durch seine üblichen Einnahmen nicht abdecken kann („Steuern"). Die Landesvertretungen sind nach „Ständen" gegliedert: In der Regel tagen Abgeordnete der Geistlichkeit, des Adels und der Städte in getrennten Kurien. Das Stärkeverhältnis zwischen Landesherr und Ständeversammlung ist von Land zu Land unterschiedlich. Dort, wo es den Fürsten gelingt, eine eigene Finanzverwaltung aufzubauen und schließlich die Steuerbewilligungskompetenz der Ständevertretung auszuschalten, d. h. aus eigener Machtvollkommenheit Steuern zu erheben, spricht man – mit einem erst im 19. Jh. geprägten Begriff – von „Absolutismus". Hierfür ist Frankreich zwischen 1614 und 1789 das gängige Beispiel, andere sind Österreich, Brandenburg-Preußen und Dänemark. Es handelt sich hier durchweg um Staaten, in denen sich die Erblichkeit der Monarchie durchgesetzt hat. Wo sich – nicht selten nach heftigen Konflikten – zwischen Landesherren und Ständevertretungen ein Gleichgewicht einspielt, wie im England des 17. Jhs., kann man von einer Vorform des modernen Parlamentarismus sprechen. Das Beispiel Schwedens im 17. und 18. Jh. zeigt, dass ein Land zu verschiedenen Zeiten durchaus beide Formen durchleben kann. Daneben gibt es Staatswesen, in denen die Stände die dominierende Rolle spielen (wie in Polen) oder aber faktisch ohne Landesherrn die oberste Regierungsgewalt ausüben (wie in der Republik der Niederlande zwischen 1579 und 1749). Für die Staatstheoretiker der Frühen Neuzeit schwer zu klassifizieren sind Staatswesen auf föderaler Grundlage wie das „Heilige Römische Reich Deutscher Nation" oder die Eidgenossenschaft. Sie entwickeln faktisch keine für alle Teile gemeinsame Staatsverwaltung, sondern überlassen die inneren Angelegenheiten ihren Mitgliedern.

Die Verwaltung eines Territoriums erfolgt oft durch Ratsgremien mit Sammelkompetenzen, deren Mitglieder (Räte) gemeinsam Entscheidungen des Landesherrn vorbereiten, oder durch hohe, ihm direkt unterstellte Amtsträger selbst. Mit ihren Mitarbeitern bilden sie „Behörden", in denen die Fäden der administrativen Tätigkeit zusammenlaufen. Sie sind anfänglich für einzelne Gebietsteile, bald aber auch für bestimmte Sachfragen des gesamten Territoriums zuständig. Dieses „Ressortprinzip", das für den Justizbereich an das alte „Hofamt" des Kanzlers geknüpft ist sowie für den Wirtschafts- und Finanzbereich an die Finanz- und Steuerverwaltung, setzt sich schließlich durch. In Frankreich z. B. bearbeiten die vier Staatssekretäre anfänglich die jeweils in einem Viertel des Königreichs anfallenden Probleme, zugleich und später ausschließlich sind sie für Äußeres, Heer- und Marinewesen sowie für die königlichen Hausangelegenheiten zuständig. Dieses „Mischprinzip" besteht auch anderswo. In England gibt es zwei Staatssekretäre, für den Norden und für den Süden; später ist einer als *Home Secretary* für die Innen-, der andere als *Foreign Secretary* für die Außenpolitik verantwortlich. In Preußen werden mit dem „Generaldirektorium" 1723 fünf Ratsgremien („Departements"), jeweils unter einem „Staatsminister", eingerichtet; davon sind vier für alle Angelegenheiten bestimmter Provinzen, daneben aber auch für bestimmte Sachfragen der gesamten Monarchie zuständig. Das fünfte befasst sich nur mit Justizangelegenheiten, und daneben gibt es schon vorher ein „Außenministerium". Das reine „Ressortprinzip" wird schließlich nach dem Vorbild Frankreichs seit 1789 überall eingeführt: Später gibt es in der Regel fünf „Ministerien" (Inneres, Äußeres, Finanzen, Justiz und Heer, dazu – falls nötig – auch Marine). Ergänzt wird die Zentralverwaltung durch Amtsträger auf unterer Ebene in den einzelnen Landesteilen (Provinzen, Grafschaften u. ä.) bis hin zu den Landkreisen und ihren „Ämtern", oft ihrerseits mit Ständeversammlungen; die „Landstädte" haben – oft von oben eingesetzte und kontrollierte – Bürgermeister, die mit gewählten Stadträten zusammenarbeiten.

Zusätzlichen Machtgewinn verzeichnen die Landesherren durch die „Konfessionalisierung": Im Zuge der „Reformation" entstehen durch die Säkularisierung der Kirche in den „evangelischen" Territorien dem Landesherrn unterstellte „Landeskirchen", deren Amtsträger von ihm bestallt und besoldet werden. Über die Pfarrer kann – nicht zuletzt durch die Kontrolle der höheren Bildungsanstalten bis hin zu den Landesuniversitäten – stärkerer Einfluss auf die Untertanen zur Anerkennung des landesherrlichen „Gottesgnadentums" genommen werden. Die kirchlichen Angelegenheiten werden von einer eigenen Behörde (z. B. dem Konsistorium) verwaltet. In den katholischen Gebieten (wie in Bayern und den österreichischen Herzogtümern) überlässt das Papsttum den romtreu bleibenden Fürsten oft weitreichende Kompetenzen im Kirchenwesen (u. a. durch förmliche Verträge, sog. Konkordate), so dass auch hier der Pfarrstand landesherrlich orientiert ist und der oft zu den protestantischen Bekenntnissen tendierende Adel ausgehebelt und entweder zur Auswanderung genötigt oder in die alte Kirche zurückgeführt und zugleich der landesherrlichen Kontrolle unterworfen werden kann.

In der Staatstheorie wird versucht, die Entwicklung hin zum frühmodernen Territorialstaat systematisch zu erfassen. Hierbei sind antike Denkmodelle wichtig, in erster Linie das von der „Mischverfasung" (*monarchia mixta*), d. h. der Kombination der drei idealen Verfassungstypen Monarchie, Aristokratie und Demokratie, die den ständigen Umschwüngen im sog. Verfassungskreislauf Einhalt gebieten und politische Stabilität herstellen soll. Dieses Modell liegt dem Ende des 17. Jhs. in England eingeführten System des *King in Parliament* zugrunde. Davon hergeleitet ist das Prinzip der Gewaltenteilung bei John Locke (*1632, †1704) bzw. bei Montesquieu (*1689,

† 1755): Es soll durch Aufteilung der Staatsgewalt (Exekutive, Legislative sowie Judikative) persönliche Willkür eines Monarchen unterbinden. Radikal feindlich gegen jede landesherrliche Vorherrschaft sind die „Monarchomachen" im Frankreich der Religionskriege des späten 16. Jhs. eingestellt: Sie sehen letztlich jede königliche Gewalt als vom Volk abgeleitet an. Ihnen entgegen stellt sich Jean Bodin (★ 1529, † 1596), der zur Aufrechterhaltung des inneren Friedens die ungeteilte Macht („Souveränität") für den König fordert, die allenfalls an Amtsträger delegiert werden kann. Ebenfalls durch Bürgerkriegserfahrungen geprägt, formuliert der Engländer Thomas Hobbes (★ 1588, † 1679) Ähnliches: Das Volk müsse, um den inneren Frieden zu wahren, einem übermächtigen Monarchen alle Gewalt übertragen. Bodin und Hobbes sind die Hauptvertreter der Absolutismustheorie. Die Französische Revolution wird das Prinzip des königlichen Absolutismus zu dem der Volkssouveränität umkehren. Anders als diese Theoretiker sieht Jean-Jacques Rousseau (★ 1712, † 1778), ähnlich wie bereits Montesquieu, den Zusammenhang zwischen politischen Systemen und dem Flächenumfang von Staaten. Sein Ideal ist die in kleinen Staatswesen einzuführende Demokratie, für deren Mitglieder es einer eigenen Erziehung hin zu kooperationsbereiten Bürgern bedarf. Von ihnen geht ein das Gemeinwesen tragender „Gemeinwille" (*volonté générale*) aus, der notfalls auch durch eine Minderheit gegen den chaotischen Willen aller (*volonté de tous*) mit dem Gemeinwohl als leitendem Ziel durchgesetzt werden muss. Die Debatte um die beste Staatsform ist damit noch längst nicht abgeschlossen, sondern hält bis heute an.

4 Kirchliche Auseinandersetzungen

Seit dem 14. Jh. gibt es Diskussionen um den unumschränkten päpstlichen Führungsanspruch in der Kirche (Supremat). Er ist verbunden mit der Ausübung der geistlichen Gerichtsbarkeit in letzter Instanz, auch wenn weltliche Angelegenheiten damit verbunden sind, die sich von den geistlichen nicht immer sauber trennen lassen. Zugleich wird beansprucht, geistliche Handlungen, vor allem aber die Vergabe von Ämtern und Pfründen, mit Abgaben belegen zu können. Bereits 1351 und 1356 verwahrt sich das englische Parlament dagegen (*Statute of Provisors* bzw. *Statute of Praemunire*). In Frankreich kommt es 1438 zur Verkündigung der „Gallikanischen Freiheiten" durch König Karl VII. (★ 1422, † 1461), wonach die Kirche in Frankreich grundsätzlich vom Papst unabhängig sein soll. Es geht aber auch um den Vorrang der Kirchenkonzilien, dazu um Glaubensfragen, nachdem die Pestwellen des späten Mittelalters die von der Kirche vermittelte Gewissheit erschüttert haben, ein frommer, durch gute Taten ausgewiesener Christ könne das Ewige Leben erlangen, wenn auch erst nach Reinigung seiner Sünden durch das Fegefeuer. Die Autorität des Papsttums steht mehr denn je auf dem Spiel, selbst nachdem die Kirchenspaltung 1417 überwunden worden ist (vgl. GK II/2, S. 90ff.). Mehr und mehr stellt sich die römische Kurie durch ihr Finanzgebaren selbst in Frage. Dies betrifft nicht zuletzt den Verkauf von Ablässen zur Verkürzung des Leidens der Seelen im Fegefeuer.

Dies erklärt die Wirkung **Martin Luthers** (s. S. 21) (* 1483, † 1546), die schließlich zur erneuten Kirchenspaltung führt. Der Sohn eines im Eislebener Kupferbergbau zu Wohlstand gelangten Unternehmers bäuerlicher Herkunft soll, um den sozialen Aufstieg seiner Familie fortzusetzen, eigentlich das Rechtsstudium in Erfurt aufnehmen. 1505 tritt er jedoch in einer tiefen Glaubenskrise dem dortigen Kloster der Augustinereremiten bei, einem Bettelorden mit damals in Mitteldeutschland besonders strenger Ausrichtung. Als Mönch absolviert er das Theologiestudium. Nach der Priesterweihe 1507 wird er 1512 zur Lehrtätigkeit an die Universität Wittenberg versetzt, wo er – zum Doktor der Theologie promoviert – die Professur für Bibelexegese erhält. Eingehende Beschäftigung mit den Paulus-Briefen und jahrelange Selbstzweifel, wie er die Gnade Gottes erlangen könne, führen ihn zur Lehre von der jedem wahrhaft Gläubigen zuteil werdenden Zuwendung Gottes: Aus dem Glauben, nicht aus den Werken des Menschen erwächst die „Rechtfertigung" (d. h. die Befreiung von der Erbsünde), die am Ende der Zeiten die Erlösung sichert. Theologische Lehren müssen auf dem Bibeltext beruhen: was nicht in der „Schrift" steht, ist aus theologischer Sicht zu verwerfen.

Ende Oktober oder Anfang November 1517 fordert Luther in 95 Thesen zu einer Disputation um den Ablasshandel auf. Sie sind an den Erzbischof von Magdeburg und Mainz, **Albrecht von Brandenburg** (s. S. 21), gerichtet und verurteilen die gängige Praxis des Ablasses zur Vergebung der Sünden durch die Kirche. Zudem werfen sie die Frage auf, ob man überhaupt durch gute Werke Gottes Gnade erlangen kann. Der sog. **Thesenanschlag** (s. S. 21) zieht zwei Disputationen nach sich (Heidelberg, April 1518; Leipzig, Juni/Juli 1519). Luther verneint dabei sowohl die Autorität des Papsttums als auch die von Kirchenkonzilien, weil sie durch den Bibeltext nicht legitimiert seien. Während in Rom gegen ihn ein Ketzerprozess läuft, formuliert er 1520 seine theologischen Auffassungen in mehreren Schriften, die sofort weite Verbreitung und Zustimmung finden. Die ihm zugesandte

Bann-Bulle des Papstes verbrennt er öffentlich am 10. Dezember 1520 vor den Toren Wittenbergs.

Im Frühjahr 1521 muss er sich vor Kaiser Karl V. auf dem Wormser Reichstag verantworten. Hierfür hat er auf Betreiben seines Landesherrn, Kurfürst Friedrich von Sachsen, freies Geleit erhalten. Er weigert sich, seine Ansichten zu widerrufen, es sei denn, sie würden durch die Bibel widerlegt. Die Folge ist die Verhängung der Reichsacht gegen ihn (*Wormser Edikt*, Mai 1521). Luther wird durch einen fingierten Überfall auf seiner Rückreise nach Wittenberg durch seinen Landesherrn, der ihn so beschützen will, auf die thüringische Wartburg verbracht (Anfang Mai 1521). Dort arbeitet er in den Monaten bis zur Rückkehr nach Wittenberg (März 1522) an seiner berühmten Bibelübersetzung ins Deutsche, die schließlich 1534 vollendet ist. Hierbei unterstützt ihn der Gräzist **Philipp Melanchthon** (✶1497, †1560), der im Lauf der Zeit zu seinem wichtigsten theologischen Mitarbeiter wird. Wieder in Wittenberg, berät er die Landesherren, die sich seiner Lehre öffnen, bei der Einführung von *Landeskirchen*: Herauslösung des jeweiligen Territoriums aus dem bestehenden Bistumsverband, Übernahme der bischöflichen Funktionen durch den Landesherrn, Säkularisierung (Verstaatlichung) des Kirchenguts und Aufhebung der Klöster, Unterstellung des Pfarrerstands unter eine staatliche Behörde (Konsistorium), durch diese regelmäßige Kontrolle der Pfarreien durch Visitationen. Dieser Vorgang wird gemeinhin als „Reformation" bezeichnet.

Bei den Anhängern des „Luthertums", dessen dogmatische Grundlagen in dem von Melanchthon für den Augsburger Reichstag von 1530 verfassten „Augsburgischen Bekenntnis" (*Confessio Augustana;* s. u., S. 46 f.) dargelegt werden, gibt es nach dem *Interim* von 1548 (s. u., S. 50 f.) heftige Auseinandersetzungen zwischen den streng an Luther orientierten Anhängern des Matthias Flacius Illyricus (✶1520, †1575), den *Gnesiolutheranern* (griech. *gnēsios* = vollbürtig, echt) oder „Flacianern", und den *Philippisten*, den Anhängern Melanchthons. Letztere sind gegenüber den Altgläubigen bzw. gegenüber der „calvinistischen" Prädestinationslehre (s. u.) kompromissbereiter. Die Flacianer haben die 1548 gegründete Universität Jena zum Mittelpunkt, die Philippisten die Universität Wittenberg. Erst 1580 einigen sich die meisten lutherischen Kirchen auf eine „Konkordienformel", die sich stärker an die strenge Richtung anlehnt.

Einen neuen Ansatz zur Überwindung der dogmatischen Gegensätze, zunächst innerhalb des Luthertums, bildet der sich seit dem späten 17. Jh., ausgehend von entsprechenden Denkrichtungen in den Niederlanden und in

Luthers drei Prinzipien   a) allein durch den Glauben *(solā fidē)* erlangt der Mensch die Gnade Gottes, b) allein durch dessen Gnade *(solā gratiā)* erlangt er die Rechtfertigung, c) theologische Lehren müssen allein durch die Bibel (die „Schrift" – daher „Schriftprinzip") belegt sein *(solā scripturā)*.

Albrecht von Brandenburg   (*1490, †1545), Bruder des brandenburgischen Kurfürsten Joachim I. (1499–1535), 1513 Erzbischof von Magdeburg, 1514 auch Erzbischof (und Kurfürst) von Mainz, benötigt für die päpstliche Erlaubnis (Dispens), beide Ämter wahrzunehmen, hohe Geldsummen, die er sich vom Bankhaus Fugger in Augsburg leiht und die er durch Ablasshandel einzutreiben versucht. Ein **Ablass** ist die schriftliche Bestätigung dafür, dass man nach dem Tod weniger oder gar keine Zeit im Fegefeuer verbringen muss (in dem sich die Seelen vor dem Jüngsten Gericht läutern sollen). Ablässe werden von der Kirche aufgrund des durch die Heiligen angesammelten und von ihr verwalteten „Gnadenschatzes" gewährt. Sie werden auch vielfach verkauft, um die kirchlichen Finanzen aufzubessern.

Thesenanschlag   Ob Luther wirklich seine Thesen am 31. Oktober 1517 (am Tag vor dem Allerheiligenfest am 1. November) an das Tor der Schloss- und Universitätskirche zu Wittenberg angeschlagen hat, um zu einer Disputation aufzufordern, ist in der Forschung umstritten. Erstmals wird davon erst 1546 berichtet. Gesichert ist, dass die Thesen durch Druck verbreitet wurden.

Luthers reformatorische Grundschriften von 1520:

a) *An den christlichen Adel deutscher Nation:* Die Kirchenrechtler haben wie einst die Stadt Jericho drei Mauern zu ihrer Verteidigung errichtet. Danach stehe die Kirche über der weltlichen Gewalt, nur der Papst dürfe die Heilige Schrift auslegen und nur er habe das Recht, ein Konzil einzuberufen. Diese Thesen werden dadurch widerlegt, dass alle Christen gleichermaßen geistlichen wie weltlichen Standes seien und sich die angeblichen päpstlichen Rechte nicht aus der Bibel herleiten ließen.

b) *Von der babylonischen Gefangenschaft der Kirche:* Hierin widerlegt Luther die Siebenzahl der Sakramente und lässt aufgrund der Bibel nur Taufe und Abendmahl gelten.

c) *Von der Freiheit eines Christenmenschen:* Hier geht es um die Möglichkeit, allein durch den Glauben innerlich frei zu werden, was zugleich einschließt, dass man als geläuterter Christ, den Mitmenschen mit ganzer Seele dient, also durch die erworbene Freiheit niemandem sowie durch die Liebetätigkeit zum Nächsten jedermann untertan ist.

Philipp Melanchthon   (gräzisiert aus: *Schwarzert* [schwarze Erde: *melaîna chthōn*]) ist nicht nur als Weggefährte Luthers, der vor allem auf den Reichstagen von Augsburg 1530 wie von Regensburg 1541 dessen Lehre theologisch vertrat, von Bedeutung, sondern auch als Mitbegründer des „humanistischen" Schulwesens. Als solcher erhielt er schon von seinen Zeitgenossen den ehrenden Beinamen *praeceptor Germaniae* („Lehrer Deutschlands").

England, auf das Reich ausstrahlende *Pietismus*. Er setzt in der Tradition der mittelalterlichen Mystik auf einen verinnerlichten Glauben und die dadurch sowie durch praktische Nächstenliebe gewonnene „Christus-Frömmigkeit", die auf dem Studium der Bibel fußt und durch ständige Selbsterforschung zur individuellen Wiedergeburt oder „Erweckung" führt. Diese Richtung entfaltet besonders in Brandenburg-Preußen (mit dem Zentrum Halle) und in Württemberg eine intensive Ausstrahlung. Im 18. Jh. bedeutsam ist die nach pietistischen Grundsätzen lebende Herrnhuter Brüdergemeinde, die sich zum großen Teil aus den aus Mähren vertriebenen „Böhmischen Brüdern" zusammensetzt. Sie siedelt sich 1722 in Herrnhut bei Zittau an und baut von dort aus eine über Deutschland hinaus bis nach Nordamerika reichende Gemeinschaft auf.

Eine weitere Strömung, die sich von Rom abgrenzt, ist die des Zürcher Reformators Huldrych Zwingli (*1484, †1531). Der 1484 geborene Sohn eines vermögenden Bergbauern hat in Wien und Basel eine humanistische Ausbildung erhalten und – ohne Theologiestudium – erst in Glarus, dann seit 1516 im Wallfahrtsort Mariae Einsiedeln eine Pfarrstelle bekleidet. 1518 wird er „Leutpriester" (Pfarrer) am Zürcher Großmünster. Prägend für ihn ist auch seine Tätigkeit als Feldprediger 1513 und 1515 bei den in Italien kämpfenden eidgenössischen Truppen (s. u., S. 52). Seitdem bekämpft er das **Reislaufen**, das seiner Ansicht nach die Moral der Jugend verdirbt. In Zürich besteht er, nach eingehender Beschäftigung mit dem Neuen Testament, auf strenger Bibelauslegung. Damit verbunden ist die Kritik am Zölibat und am Brauch des Fastens, die biblisch nicht belegt sind. Außerdem stellt er sich – wie Luther, mit dem er sich seit 1519 intensiv befasst – gegen den Ablasshandel. Als der für Zürich zuständige Bischof von Konstanz gegen ihn einschreiten will, setzt der Rat der Stadt im Januar und Oktober 1523 zwei Disputationen zwischen ihm und seinen theologischen Gegnern an. Zwingli wird darin zum Sieger erklärt und die Verselbstständigung der Zürcher Kirche nimmt ihren Lauf. Die meisten Städte der Eidgenossenschaft (s. u., S. 45) schließen sich dem Beispiel Zürichs an, darunter 1528 Bern und 1529 die Universitätsstadt Basel. Dagegen gibt es Widerstand in den „inneren Orten" der Eidgenossenschaft, Luzern, Uri, Schwyz, Unterwalden und Zug. Sie organisieren den katholischen Widerstand, was 1529 und 1531 zu bewaffneten Konflikten führt. Zwingli, der die Zürcher Truppen als Feldprediger begleitet, kommt in der Schlacht von Kappel (11. Oktober 1531) um. Die Reformierten werden zwar geschlagen, doch der Kappeler Landfriede (20. November 1531) überlässt jedem „Ort" die Regelung seiner

Reislaufen „Vermietung" junger Männer in der Eidgenossenschaft (als Landsknechte an fremde Mächte, vor allem an den König von Frankreich). Auf die entsprechenden Einnahmen sind vor allem die inneren, ländlichen Orte angewiesen. Aber wegen der damit verbundenen politischen Abhängigkeit, aber auch wegen der Auswirkungen des auswärtigen Militärdienstes auf die Moral stößt das Reislaufen zunehmend auf heftige Kritik.

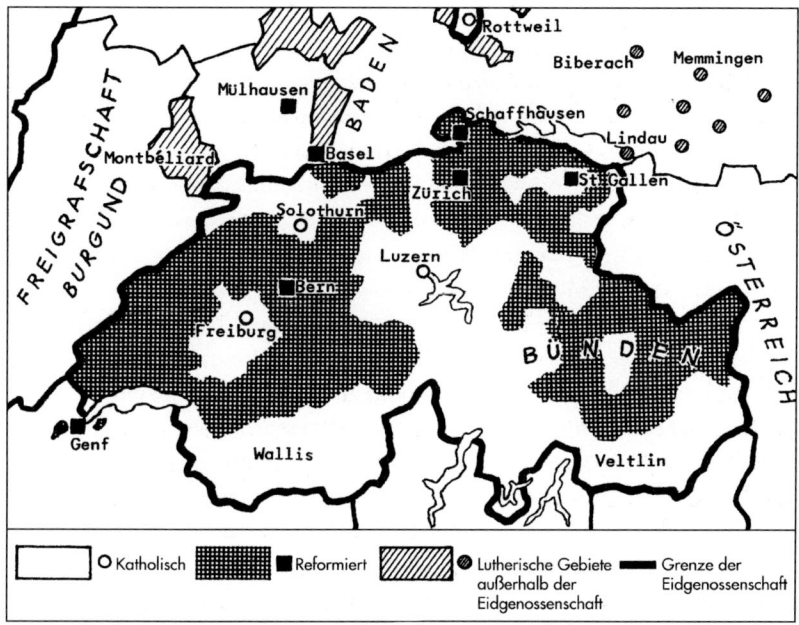

Karte 1: **Die konfessionellen Verhältnisse in der Eidgenossenschaft seit 1531.**

religiösen Angelegenheiten. Somit entstehen in der Eidgenossenschaft zwei konfessionelle Blöcke, die Föderation als solche bleibt aber erhalten.

Zwinglis Lehre, ist stark rational geprägt und stellt etwas durchaus Eigenständiges dar. Von Luther unterscheidet er sich vor allem im Hinblick auf das **Abendmahl**. Das hat einschneidende Folgen für die gesamte Reformation, die sich deswegen spaltet, zumal sich später auch Calvin (s. u.) Zwinglis Auffassung anschließt. Gemeinsam ist Luther wie Zwingli das Schriftprinzip. Der rationale Zug Zwinglis hat auch Auswirkungen auf die Liturgie, die durch ihn wesentlich nüchterner gestaltet wird, als dies bei Luther der Fall ist.

Eine Generation jünger als sie ist der französische Reformator Jean Cauvin (Calvin, lat.: *Calvinus*, ★1509, †1564). Der Sohn eines kirchlichen Amtsträgers aus Nordfrankreich, hat in Paris und Bourges Rechtswissenschaft studiert und ist Anhänger der reformatorischen Lehren geworden. Als Anhänger des Reformkreises von Meaux (s. u., S. 62) ist er 1534 genötigt, aus Frankreich nach Basel zu flüchten. Hier schreibt er sein theologisches Hauptwerk, die *Institution de la religion chrétienne*. 1536 verschlägt es ihn nach Genf. Die Bürgerschaft hier strebt danach, sich sowohl von ihrem Bischof als auch von den Herrschaftsbestrebungen des Herzogs von Savoyen zu befreien und sich der Eidgenossenschaft anzuschließen. Hierbei liegt es nahe, durch die Einführung der Reformation engere Bande zu den evangelischen „Orten" zu knüpfen. Calvin soll das Kirchenleben neu organisieren. Er tut dies so rigoros, dass man ihn 1538 aus der Stadt weist. 1541 nach Genf zurückberufen, führt er sein Werk zu Ende. Seine *Kirchenorganisation* verbindet eine Art Theokratie mit strenger gesellschaftlicher Sittenkontrolle. Sie wird in den vom „Calvinismus" erfassten Gebieten dort übernommen, wo *kein* landesherrliches Kirchenregiment besteht (wie in England oder in der Kurpfalz), also in Frankreich, Schottland und den nördlichen Niederlanden. Von weitreichender Bedeutung ist außerdem Calvins **Prädestinationslehre**, die auch noch die katholische Kirche beschäftigen wird (s. u.).

Genf entwickelt unter Calvin wie unter seinem Nachfolger Theodore de Bèze (lat.: *Beza*, ★1519, †1605) eine enorme theologische Ausstrahlung und wird deshalb auch als „protestantisches Rom" bezeichnet. Sie erfasst Frankreich, die Niederlande, Schottland und schließlich England sowie einige Reichsterritorien, so zeitweise Böhmen und Teile Österreichs, ferner vorübergehend Ungarn und Polen. Um die Einheit innerhalb der Anhängerschaft der neuen Konfession in der Eidgenossenschaft zu stärken, übernimmt Calvin 1549 Zwinglis Abendmahlslehre (*Consensus Tigurinus*). Seitdem folgen die evangelischen Teile der Eidgenossenschaft einer gemeinsamen The-

Abendmahlslehren Traditionell (und noch heute in der katholischen Kirche so gefeiert) ist die Eucharistie bestimmt durch die Umwandlung *(Transsubstantiation)* der Hostie und des Weins in den Leib und das Blut Christi; dies geschieht durch die Einsetzungsworte des geweihten Priesters. Für Luther ist, ohne dass der Priester geweiht werden muss, Christus beim Verzehr von Brot und Wein anwesend *(Realpräsenz)*. Zwingli (und nach ihm später Calvin) dagegen deuten die „Einsetzungsworte" Jesu („Dies ist mein Leib ...") sinnbildlich (Brot und Wein als *Symbole* für Leib und Blut).

Prädestination Hierbei geht es um die Frage *ob* und wenn ja *wann* Gott darüber entschieden hat, dass ein bestimmter Mensch am Ende der Zeiten erlöst wird und das Ewige Leben erlangt. Ist dieser Beschluss bereits *vor* Adams Sündenfall (lat.: *ante lapsum*, daher: ante- oder supralapsarische Auffassung) erfolgt oder wird er *nach* ihm (*post lapsum*, daher: post- oder infralapsarische Auffasung), d. h. unter Umständen vor der Geburt eines jeden Menschen gefasst? Letzteres eröffnet mehr Hoffnung auf eine künftige Erlösung. Dieser Glaubensstreit spielt sich u. a. in den Niederlanden des frühen 17. Jhs. ab, hier mit bedeutenden politischen Konsequenzen (s. u., S. 122).

Schottland ist 1560 der erste „Flächenstaat", in dem die Lehre Calvins eingeführt wird. Dies geschieht mit Zustimmung des Adels durch Calvins Schüler John Knox (*1505, †1579) und in Opposition zum infolge der engen Verwandtschaft mit dem französischen Königshaus (vgl. u., S. 63 f.) damals stark von Frankreich her beeinflussten Königtum mit seinem absoluten Machtanspruch. Es wird die „presbyterianische" Kirchenverfassung nach dem Genfer Modell eingeführt, die ab 1603 in einen scharfen Gegensatz zur Bischofsverfassung in England gerät (vgl. u., S. 124 f.).

Quakers – Quäker (vgl. S. 26) Diese Bezeichnung rührt daher, dass der Begründer der *Society of Friends*, der Schumacher George Fox (*1624, †1691), während einer Gerichtsverhandlung beim Wort „Gott" stark zu zittern (engl.: *to quake*) begann.

ologie. Man spricht jetzt von der „Reformierten Kirche" (*Église réformée*). Ihre Anhänger werden in Frankreich als *Hugenotten* (aus „Aïgnos" = franz. Aussprache von „Eidgenossen") bezeichnet. Ihr Organisationsprinzip ist das der „presbyterianischen" Kirche in Genf, in Flächenstaaten beraten ihre geistlichen Vertreter auf Regional- bzw. Nationalsynoden.

Eine besondere Form des innerkirchlichen Streits entwickelt sich in England. Hier hat König Heinrich VIII. (s. u., S. 66) 1533 sich von der päpstlichen Botmäßigkeit gelöst und sich selbst zum Oberhaupt der „Anglikanischen Kirche" gemacht. Obwohl er ihren katholischen Charakter erhalten will, werden nach seinem Tod Lehre und z. T. auch Liturgie der Reformierten übernommen. Das Königtum behält aber die Bischofsverfassung und den Prunk der Priestergewänder aus früherer Zeit bei. Dagegen formieren sich die „Puritaner", die sich am Vorbild der 1564 in **Schottland** (s. S. 25) eingeführten presbyterianischen Kirche orientieren. Sie wollen die Kirche „reinigen", wobei manche – die „Separatisten" oder *Congregationalists* – auch die Bischofsverfassung abschaffen wollen. Diese Gruppe zerfällt in verschiedene Sekten. Am radikalsten sind die Anhänger von Robert Browne (* 1550, † 1633), die voneinander völlig unabhängige Gemeinden fordern (daher *Independents* genannt). Mitte des 17. Jhs. bildet sich die Sekte der *Society of Friends of Truth* (ihre Gegner nennen sie **Quakers** (s. S. 25)). Sie gelangen später in den nordamerikanischen Kolonien teilweise zu großem Einfluss. Die englischen Religionsstreitigkeiten haben weitreichende innenpolitische Konsequenzen.

Alle drei Reformatoren – Luther ebenso wie Zwingli und Calvin – wenden sich von Anfang an scharf gegen Abweichler. Die neuen theologischen Meinungsverschiedenheiten ergeben sich aus der unterschiedlichen Bibelauslegung. Sie führen zur Bildung von Sekten, die sich in die evangelischen Landeskirchen nicht integrieren lassen. Die wichtigsten sind die *Täufer*, die *Spiritualisten* und die *Unitarier*. Die Täufer knüpfen z. T. an *chiliastische* (bzw. *millenaristische*) Vorstellungen des Mittelalters an, d. h. an die Idee einer tausendjährigen Endphase der Weltgeschichte, die auf den Jüngsten Tag vorbereiten soll. Die ihnen nahe stehenden Spiritualisten schöpfen viel aus der mittelalterlichen Mystik, der verinnerlichten Gottesschau. Die Unitarier nehmen die spätantike Diskussion um die Dreifaltigkeit Gottes wieder auf (daher auch als „Antitrinitarier" bezeichnet). Allen ist im Wesentlichen gemeinsam, dass sie die Zwänge einer übergreifenden Kirchenorganisation ablehnen und auf Gemeindeautonomie bestehen. Dem Staat gegenüber verweigern sie aufgrund des von ihnen vertretenen Prinzips der Gewaltlosigkeit den Waffendienst.

Höhepunkt der Täuferbewegung ist das „Täuferreich von Münster": Im Februar 1534 gelingt es Täufergruppen, die z. T. aus den Niederlanden kommen, in der Bischofsstadt die Mehrheit im Stadtrat zu erringen. Die neuen Machthaber vertreiben den Bischof und errichten ein „Tausendjähriges Reich" Gottes: Die Kirchen werden radikal von jedwedem Schmuck gereinigt, man führt die Gütergemeinschaft ein und unterwirft Andersgesinnte einem Schreckensregiment. Die Stadt wird Ende Juni von ihrem – Luthers Lehre zunächst eher wohlwollend gegenüberstehenden – Bischof und mit ihm verbündeten Fürsten erobert. Gegen die Anführer der Täufer ergeht ein fürchterliches Strafgericht.

Sowohl von der katholischen Kirche als auch von den drei bedeutenden Reformatoren abweichende Meinungen werden zeitweilig vor allem von Theologen aus Italien vertreten. Da das Papsttum hier eine eingewurzelte Institution ist und die Kirchenreformen Roms eher greifen, können sie sich zwar in Italien selbst nicht durchsetzen. Einige bedeutende Theologen, sog. Exilprotestanten, sind jedoch für die europäische Reformation von nicht zu unterschätzender Bedeutung. Zu ihnen gehört der Sieneser Franziskaner Bernardino Ochino (* 1487, † 1564), ein Volksprediger, der wegen ketzerischer Ansichten 1542 vor die Inquisition nach Rom zitiert wird, anschließend nach Zürich, Genf und Basel ausweicht und dort italienische Glaubensflüchtlinge betreut. 1547 geht er nach England als Berater von Thomas Cranmer (s. u., S. 68), später nach Polen und Mähren, wo er antitrinitarische Auffassungen vertritt. Wichtig ist auch der Florentiner Pietro Martire Vermigli (* 1499, † 1562), ein Anhänger Zwinglis, der seit 1542 in Zürich und ab 1552 ebenfalls in England wirkt. Nach dem Herrschaftsantritt von Maria I. ist er als Anhänger Calvins in Zürich mitbeteiligt am *Consensus Tigurinus* von 1549 (s. o.). Bedeutung erlangen außerhalb Italiens noch Lelio Sozzini (* 1520, † 1562) und sein Neffe Fausto (* 1539, † 1604) aus einer Sieneser Patrizierfamilie und wie Ochino Antitrinitarier. Lelio reist seit 1547 durch ganz Europa und ist am Ende vor allem in Polen tätig, Fausto wirkt ab 1572 in Basel, 1578 in Straßburg und ab 1579 gleichfalls in Polen. Beide bezeichnen sich als Unitarier, ihre Anhänger werden auch *Sozinianer* genannt. – Als letzte Gruppe sind die in einigen Alpentälern lebenden *Waldenser* zu nennen, die sich im späten 16. Jh. den Anhängern Calvins anschließen.

Angesichts der zahlreichen theologischen Abweichungen stellt sich ab der Jahrhundertmitte immer dringender die Frage, ob man sie verfolgen oder sie – in mehr oder weniger begrenzter Form – dulden soll. Der damit entstehende Gedanke der religiösen Toleranz beschäftigt weite Teile

Europas bis ins 18. Jh. hinein. Artikuliert wird er zum ersten Mal nach der Hinrichtung auf dem Scheiterhaufen, die Calvin im Oktober 1553 in Genf an dem aus Spanien stammenden Miguel Servet (*1511) vollziehen lässt. Dieser hat vor allem die Trinitätslehre bestritten. Als Antwort auf seinen gewaltsamen Tod erscheint 1554 anonym eine Sammlung von Stellungnahmen berühmter Theologen gegen solche Maßnahmen unter dem Titel „Ob man Ketzer verfolgen darf? (*De haereticis an sint persequendi?*)"; Herausgeber ist der Basler Griechischprofessor Sebastian Castellio (*1515, †1563). Dies ist der Ausgangspunkt eines heftigen Streits um die religiöse Toleranz, die sich später auch die europäische Aufklärung auf die Fahnen schreibt.

Die katholische Kirche formiert sich angesichts der Herausforderungen durch die reformatorischen Kirchen erst mit einiger Verzögerung. Ihre Gegenbewegung, die man auch als „Gegenreformation" bezeichnet hat, setzt ein mit der Reformkommission, die 1536 durch Papst Paul III. (1534–1549) berufen wird. Paul erkennt auch die Bedeutung der durch den spanischen Adligen Iñigo (Ignatius) Lopez de Loyola (*1491, †1556) ins Leben gerufenen *Compañia de Jesús* (lat.: *Societas Jesu*). Sie wird von ihm 1540 offiziell als Orden bestätigt und bald zur besten Waffe der Kirche bei der „Rekatholisierung" verlorener Gebiete. Denn die „Jesuiten", die nicht in geschlossenen Klöstern leben, sondern von ihren Ordenshäusern aus in der normalen Welt agieren, sind geistig hochstehend und dazu ausgebildet, als Erzieher an höheren Schulen und Universitäten wie an Fürstenhöfen zu wirken (wo sie auch als Beichtväter Einfluss gewinnen). Eine bedeutende Rolle spielen sie zudem bei der Mission außerhalb Europas, vor allem in Asien. Im 18. Jh. geraten sie allerdings auf der Iberischen Halbinsel wie in Frankreich wegen ihres Einflusses am Königshof mit anderen Orden in Streit; in Frankreich kommt der Gegensatz zum immer mehr an Einfluss gewinnenden Jansenismus (s. u.) und zur Aufklärung hinzu. Zwischen 1759 und 1767 müssen die Jesuiten Frankreich, Portugal sowie Spanien und Neapel-Sizilien verlassen, und 1773 werden sie vom Papst auf Druck des französischen Königs verboten (1814 allerdings wieder zugelassen).

Entscheidend für die Erneuerung der katholischen Kirche ist aber das **Trienter Konzil**. Das „Tridentinum" tagt in drei Phasen (1545–1557, 1551/52 und 1562/63) und erweist sich – da man eine Wiederbelebung des früheren Konzilsgedankens scheut – als gefügiges päpstliches Instrument. Die Vertreter der evangelischen Seite werden bald ausgeklammert; 1560 beschließen die protestantischen Fürsten, einer erneuten Einladung nicht zu

Die Ergebnisse des Konzils von Trient

Die wichtigsten Ergebnisse werden bereits während der ersten Tagungsperiode (1545–1557) erzielt, sie werden durch die der dritten (1562/63) ergänzt. Sie betreffen vor allem die Abgrenzung zu den reformatorischen Lehren, wonach allein die biblischen Urtexte in griechischer Sprache die Grundlage für die Theologie bilden. Dem gegenüber wird festgelegt, dass der Text der lateinischen Übertragung durch den Kirchenvater Hieronymus († 419/20), die „Vulgata", neben den Texten der kirchlichen Tradition seit der Spätantike die verbindliche Grundlage für die theologischen Lehren bildet. Die fehlerfreie Ausgabe des Vulgata-Textes erfolgt allerdings erst 1592 unter Papst Clemens VIII. *(editio Clementina)*. Die Auslegung der Texte ist Aufgabe der Bischöfe und des Papstes. Damit wird dem *sola-scriptura*-Prinzip der Reformatoren (s. o., S. 21) eine Absage erteilt. Die Rechtfertigung ist an die Sakramente gebunden, deren Siebenzahl (Taufe, Firmung, Eucharistie, Buße, Krankensalbung, Priesterweihe und Ehe) bekräftigt wird. Der Mensch ist an der Erlösung durch gute Werke mitbeteiligt. Die Vorrangstellung (Primat) des Papstes wird ebenfalls bekräftigt, und zwar durch einen für alle Priester verbindlichen Gehorsamseid *(professio fidei Tridentinae)*. Um der Verbreitung abweichender Lehren vorzubeugen, wird ein „Verzeichnis verbotener Bücher" *(Index librorum prohibitorum)* eingeführt. Reformvorstellungen Kaiser Ferdinands I. (s. u., S. 80), die u. a. die Priesterehe betreffen, dringen nicht durch und werden schließlich fallen gelassen.

Das „Tridentinum" stärkt die katholische Kirche von innen, so dass man hinsichtlich ihrer Entwicklung seitdem von einer vor- und einer nachtridentinischen Epoche spricht.

folgen. Die Beschlüsse des Konzils führen zu einer durchgreifenden Erneuerung der römischen Kirche.

Allerdings bleiben die Katholiken auch nach dem Tridentinum nicht frei von theologischen Auseinandersetzungen, bei denen es vielfach um die Gnaden- und die damit verknüpfte Prädestinationslehre geht. Der spanische Jesuit Luis de Molina (* 1555, † 1600) vertritt die Auffassung von der Allwirksamkeit Gottes und guter Werke infolge des göttlichen Vorwissens („Molinismus"). Auf Verinnerlichung der Religiosität zielt der von der spanischen Mystik ausgehende und nach Italien wie nach Frankreich ausstrahlende Quietismus. Dagegen lehnt sich Cornelis Jansen (* 1585, † 1638, seit 1636 Bischof von Ypern) in seiner Gnadenlehre an Calvin an. Beide Richtungen und vor allem die Anhänger Jansens, die „Jansenisten", werden von Rom schließlich scharf verurteilt. Dies hat vor allem in Frankreich weitreichende Konsequenzen (s. u., S. 148).

Mit der Krise des späten Mittelalters, aber auch mit der Kirchenkrise und der Konfessionsspaltung hängt der europäische *Hexenwahn* zusammen. Er artet seit dem späten 15 Jh. zu Verfolgungen aus, die in manchen Regionen fast drei Jahrhunderte anhalten. Wurzel des Wahns sind Ängste vor dem Schadenszauber, den man besonders alten Frauen (z. T. auch Männern) zuschreibt. Dagegen erlaubt die Kirche bereits seit dem 13. Jh. gewaltsame Strafen. Infolge der Pestwellen steigern sich die Ängste vor Zauberkünsten, die man mit einem „Teufelspakt" in Verbindung bringt, zu regelrechten Wahnvorstellungen. Die „Erkenntnisse", wie man Hexen aufspürt, sowie die Verfahrensweisen, nach denen sie man zu „Geständnissen" zwingt und aburteilt, werden 1487 in dem von zwei Dominikanermönchen verfassten „Hexenhammer (lat.: *Malleus maleficarum*)" dargelegt. Er bildet die juristische Grundlage für die Hexenverfolgungen. Diese erfassen in der Folge Tausende von Frauen sowie auch als „Hexenmeister" angeklagte Männer, von denen die meisten dem Feuertod überantwortet werden. Besonders von Konfessionsstreitigkeiten betroffene Gebiete werden davon erfasst, am stärksten die von Südfrankreich bis hinauf nach Nordwestdeutschland. Den Höhepunkt erreichen die Verfolgungen in den Jahrzehnten um 1600. Gegen diese, vor allem gegen die unter Folter erpressten Geständnisse, erheben sich seit dem frühen 17. Jh. Stimmen, darunter die des Jesuiten Graf Friedrich Spee van Langenfeld (* 1591, † 1635). Die Aufklärer – allen voran Christian Thomasius (* 1655, † 1728), zuletzt Jurist an der Universität Halle –, lehnen sie kategorisch ab. Trotzdem finden einige Hexenverbrennungen noch im späten 18. Jh. statt.

5 Geistige Strömungen und Wissenschaften zwischen Humanismus und Aufklärung

Den Umbruch vom Mittelalter zur „Frühmoderne" markiert vor allem die im frühen 14. Jh. von Italien ausgehende Rezeption der klassischen Antike. Initiiert wird diese geistige Bewegung durch den Florentiner Francesco Petrarca (*1304, †1374), dem es noch um die Wiederbelebung der klassischen römischen Literatur aus der späten Republik und der augusteischen Zeit geht. Nach dem Fall von Konstantinopel kommt es, angeregt durch nach Italien eingewanderte griechische Gelehrte, zur Rezeption der antiken griechischen Literatur. Von ihr besitzt man bisher – über frühmittelalterliche arabische Übersetzungen, die seit dem 12. Jh. ins Lateinische übertragen worden sind –, nur wenig. Das späte 15. Jh. ist die große Zeit der „Wiedergeburt" („Renaissance") der griechisch-römischen Klassik in den Bildenden Künsten und der Literatur. Man erschließt sich nach und nach die antike Philosophie (vor allem die Platons und seiner Nachfolger), ferner die Jurisprudenz sowie die Medizin, die Naturwissenschaften und die Technik des Altertums. Der „Humanismus" (*studia humanitatis*) strahlt um 1500 von Italien nach West-, Mittel- und Nordeuropa aus und bewirkt eine geistige Revolution. Er ergreift – u. a. mit Erasmus von Rotterdam (*1469, †1536) – die Theologie; bald wird die Bibel in der griechischen Fassung (das Alte Testament später auch im hebräischen Urtext) studiert. Luthers und Zwinglis „Schriftprinzip" wären ohne diese Wende kaum denkbar. Der Humanismus erfasst zudem die Jurisprudenz, so dass man nun die römischen Rechtstexte bis zu ihrer Kodifizierung unter Justinian (vgl. GK I, S. 244f.) in ihrer historischen Entwicklung verstehen lernt. Er begründet eine neue „Altertumswissenschaft" mit textkritischen Ausgaben der antiken Autoren aufgrund des systematischen Vergleichs der handschriftlichen Überlieferung. Er führt zu neuen Überlegungen in den Naturwissenschaften, nicht zuletzt in der Astronomie und der Physik, was am Ende zur Revision des bisher gültigen Bildes vom Kosmos und seinem inneren Zusammenhang führt, angefangen von der These eines heliozentrischen Systems bei Nikolaus Kopernikus (*1473, †1543) über die Planetengesetze Johannes Keplers (*1571, †1630), die Entdeckung der Jupitermonde durch Galileo Galilei (*1562, †1642) und die Fixierung der Gravitationskonstante durch Isaac Newton (*1643, †1723) bis zur Theorie über die Planetenentstehung von Immanuel Kant (*1724, †1804) und Pierre Simon de Laplace (*1749, †1827).

6 Wissenschaft und Technik

Die Revolution in den Naturwissenschaften ist ein besonderes Kennzeichen der Frühen Neuzeit. Die im Wesentlichen seit etwa 1600 erzielten neuen Erkenntnisse ergeben sich letztlich aus dem kritischen Überdenken des neu entdeckten antiken Wissens. Sie beeinflussen aber auch die Weiterentwicklung der antiken Mathematik etwa durch René Descartes (* 1595, † 1650), Pierre de Fermat (* 1601, † 1665), Gottfried Wilhelm Leibniz (* 1646, † 1716), Isaac Newton oder Leonhard Euler (* 1707, † 1783). Die Trigonometrie erlaubt die genaue Vermessung von Gebieten, die man kartographisch erfassen will. Sie verbindet sich mit astronomischen Messmethoden, die erste Erkenntnisse über die Entfernung von Fixsternen liefern. Zugleich beherrscht man ab dem 18. Jh. die Vermessung von Längengraden: 1713 ergibt die Strecke zwischen Dünkirchen und Perpignan die annähernde Größe des Erdumfangs, 1792–1799 die zwischen Dünkirchen und Barcelona noch genauere Werte, so dass man als neues Längenmaß („Meter" von griech.: *métron* = Maß) den zehnmillionsten Teil des „Erdquadranten" festlegen kann. Schwierigkeiten bereitet noch lange die exakte Längengradbestimmung, die für die Navigation auf See erforderlich ist. Sie ist nur mit genau gehenden Uhren möglich, wie sie erst im späten 18. Jh. in England hergestellt werden können. Astronomische Beobachtungen mit technisch verbesserten Fernrohren erlauben Ende des 17. Jhs. zum ersten Mal auch die Bestimmung der Lichtgeschwindigkeit. Die Natur des Lichts erklären der Niederländer Christiaan Huyghens (* 1629, † 1695) durch seine Wellen- sowie Newton durch seine Korpuskulartheorie (Lichtverbreitung durch kleinste Teilchen). In der Medizin sind die anatomischen Studien eines Andreas Vesalius (* 1515, † 1564), die Entdeckung des doppelten Blutkreislaufs durch Miguel Servet (s. o., S. 28) sowie nochmals durch William Harwey (* 1578, † 1658) von Bedeutung; sie beeinflussen auch Betrachtungen über einen möglichen Kreislauf im Wirtschaftsleben, der 1758 in die „physiokratische" Theorie François Quesnays (* 1694, † 1774), dem Leibarzt König Ludwigs XV., mündet. Wichtige Entdeckungen betreffen neben der Physik auch die Chemie sowie die Biologie.

Teilweise parallel dazu gibt es grundlegende technische Neuerungen, angefangen vom Buchdruck mit beweglichen Lettern seit Johannes Gutenberg (* um 1400, † 1468), der – vor allem nach der Einführung kleinerer Buchformate durch Aldo Manuzio (* um 1450, † 1515) in Venedig – eine massenweise Verbreitung von Druckschriften ermöglicht, über neue Entwicklungen in der Architektur (Kuppelbauten, Brückenbau, Festungsanla-gen) wie im Schiffbau bis zur Entwicklung der Dampfmaschine seit dem späten 17. Jh. Sie hilft schließlich durch ihre Anwendung vor allem bei der Textilherstellung, zuerst in England, die „Industrielle Revolution" herbei-zuführen. Im Zusammenhang damit ist die Entwicklung der Stahlherstel-lung in Hochöfen durch den Einsatz von Koks von Bedeutung. Das Jahr 1783 erlebt zudem mit der Erfindung des Warmluftballons den Beginn der bemannten menschlichen Luftfahrt.

Mit allen diesen Veränderungen und Neuerungen stellt sich immer dringender die Frage vom Wesen menschlicher Erkenntnis überhaupt. Von entscheidender Bedeutung ist nach Descartes (s. o.) die Gewissheit, dass bei allem Zweifel an echter Erkenntnismöglichkeit kein Weg an der Tatsache vorbeiführt, dass der Mensch „denkt" (*cogito, ergo sum*). Darauf aufbauend kann der Mensch davon ausgehen, dass alles durch Vernunft erklärbar ist. Die Denkrichtung des „Rationalismus" ist vor allem für die französische Geistesgeschichte wichtig. Daneben stellt sich die von England ausgehende Richtung des „Empirismus", nach der jedwede Erkenntnis aus Erfahrungen bzw. Experimenten abgeleitet werden muss. Kant (s. o.) zeigt später die Grenzen beider Richtungen auf, indem er darlegt, dass der menschliche Ver-stand selbst bestimmten Grenzen unterworfen ist, z. B. die Dinge nur mit den „Kategorien" von Raum und Zeit erfassen kann.

Alle diese Denkrichtungen führen in das Zeitalter der „Aufklärung", die neben dem Humanismus eine weitere geistige Revolution einleitet. Sie geht aus von den durch hugenottische Emigranten aus Frankreich beeinflussten geistigen Strömungen in den Niederlanden des späten 17. Jhs. (u. a. Pierre Bayle, * 1647, † 1706) und strahlt über auf Frankreich, die Britischen Inseln, den deutschen Sprachraum und Skandinavien, Italien und Spanien, z. T. auch auf Ostmitteleuropa und Russland. Kennzeichnend für die Aufklärung ist der bedingungslose Glaube an die Vernunft und die darauf beruhende „Machbarkeit" des Weltgeschehens. Daraus folgt ein optimistischer Glaube an die Kraft des Fortschritts. Der Gebrauch der Vernunft verlangt aber auch, den einzelnen Menschen als autonomes Wesen zu betrachten, das von Geburt an frei geboren und den anderen gegenüber gleichberechtigt ist. Daraus folgt die Forderung nach Abschaffung der Standesschranken und gleicher Teil-habe an den gesellschaftlichen Ressourcen, nach religiöser Toleranz auch über die Christenheit hinaus und gleichen Aufstiegschancen für alle. Dies mündet u. a. in die rigorose Kritik an der katholischen Kirche durch Voltaire (eigentl.: François Marie Arouet, * 1694, † 1778) bzw. in die Vision universaler Toleranz durch Gotthold Ephraim Lessing (*1729, †1781) in seinem Drama „Nathan der Weise" (1779).

Die Aufklärung mit ihren Forderungen nach Herstellung der Gleichheit unter den Menschen und Anerkennung ihres Strebens nach Glück (festgehalten z. B. in der amerikanischen Unabhängigkeitserklärung von 1776) schafft sich eine eigene, hauptsächlich vom Bürgertum, aber auch von reformfreudigen Mitgliedern des Adels und der Geistlichkeit, getragene „Öffentlichkeit". Sie artikuliert sich in zahlreichen Pamphleten, in denen ihre Ziele propagiert werden. Ihre Basis ist eine europaweite Vernetzung, durch die Informationen verbreitet werden über Briefkorrespondenzen sowie Publikationen in Zeitschriften und Büchern. Sie werden oft von „Lesegesellschaften" abonniert und finden so breite Aufnahme. Neue Ideen teilen sich so nicht mehr nur wenigen Gebildeten mit, wie das noch bei den Humanisten der Fall war, sondern breiteren Schichten, zumal inzwischen auch die Volkssprachen sich als literaturfähige Medien herausgebildet haben. Trotz „konservativer" Reaktionen sind die neuen Ideen nicht aufzuhalten. Auf ihrer Grundlage vollziehen sich die Veränderungen um 1800.

7 Europäische Konfliktzonen

Die Konflikte zwischen den europäischen Staaten, die z. T. zu großen und langen Kriegen führen, spielen sich vor allem in drei Räumen ab, in denen die verschiedenen Interessen aufeinanderstoßen: im Mittelmeer, in Mitteleuropa sowie im Ostseeraum.

Im *Mittelmeer* sind es besonders die großen Gegner Spanien (mit seinen Besitzungen auf der Apenninenhalbinsel bis ins 18. Jh.) und das Osmanische Reich; beide sind das 16. Jh. über in ständige Kämpfe verstrickt, bis es ab den 1570er Jahren zwischen ihnen zu einer Pattsituation kommt. Die Osmanen liegen zudem dauernd mit den Staaten im Osten *Mitteleuropas* im Krieg, wobei die Eroberung des größten Teils von Ungarn durch Sultan Süleiman den Prächtigen ab 1526 und die gescheiterte Belagerung Wiens 1683 die Höhepunkte bilden. Die Streitigkeiten um das „burgundische Erbe" zwischen dem Haus Habsburg und dem französischen Königtum seit 1477 führen schließlich, nachdem die Habsburger in Spanien die Krone erlangt haben, zum großen *habsburgisch-französischen Gegensatz*; er findet erst 1756 durch das Bündnis zwischen Wien und Versailles ein (vorläufiges) Ende. Im *Ostseeraum*

(z. T. auf die Nordseeanrainer übergreifend) gibt es fortwährend Auseinandersetzungen um die Vorherrschaft dort (*dominium maris Baltici*) zwischen Polen, Schweden und Dänemark, in die sich seit Beginn des 18. Jhs. – mit großen Erfolg – auch Russland einmischt. Teilweise überlagern sich diese Konflikte wie im Dreißigjährigen Krieg (1618–1648) oder während des Spanischen und des Österreichischen Erbfolgekrieges (1701–1713/14 bzw. 1740–1748).

Diese Auseinandersetzungen werden im Laufe des 18. Jhs. abgelöst durch den – sich auch auf die überseeische Welt erstreckenden – Gegensatz zwischen Frankreich und Großbritannien, der im Siebenjährigen Krieg (1756–1763) seinen Höhepunkt findet und sich im amerikanischen Unabhängigkeitskrieg (1776–1786), ja bis in die napoleonische Zeit hinein fortsetzt. Dabei bildet sich eine Art Gleichgewichtssystem unter den fünf großen europäischen Mächten heraus, die sog. *Pentarchie*, die ihre Fortsetzung im „Konzert der Mächte" nach dem Wiener Kongress findet: Diese Mächte sind schließlich Großbritannien, Frankreich, Russland, Österreich und Preußen. Sie versuchen nach Möglichkeit, die innereuropäischen Konflikte gemeinsam zu regeln, notfalls auch auf Kosten kleinerer Staaten.

8 Europa und seine Expansion nach Übersee

Auf lange Sicht auch für die „Weltgeschichte" entscheidend sind die europäischen „Entdeckungen". Davon erfasst werden weite Überseegebiete, darunter die beiden amerikanischen Kontinente sowie die afrikanischen Küsten, Süd- und Ostasien und schließlich die Südsee (Entdeckung Australiens und Neuseelands) und der gesamte Pazifische Raum. Atlantik und Pazifik werden zunächst von den Spaniern und Portugiesen beherrscht (die bereits 1494 bzw. 1529 in den Verträgen von Tordesillas und Zaragoza ihre Interessensphären entlang des 50. Grads westlicher bzw. des 135. Grads östlicher Länge abgesteckt haben). Nachdem diese sich in Mittel- und Südamerika festgesetzt haben, folgen im übrigen Amerika die Niederländer, Engländer und Franzosen (französische Kolonien an der nordamerikanischen Ostküste und entlang des Mississippi bis hoch in den Osten Kanadas, englische Kolonien von Virginia bis nach Massachusetts). Die Franzosen setzen sich später auch in Indien fest. Die Niederländer dagegen fassen im heutigen Indonesien sowie auf der Insel Ceylon und an der Südspitze Afrikas Fuß. Der Atlantik wird durch die Expansion der westeuropäischen Mächte in Amerika gewissermaßen zum europäischen Binnenmeer. Der Doppelkontinent wird daher ständig in die innereuropäischen Auseinandersetzungen hineingezogen.

Die Entdeckungsfahrten nach Columbus (der zwischen 1492 und 1504 die Karibik erschlossen hat) beweisen bereits im 16. Jh. durch die Weltumsegelungen von Fernando de Magellan (1519–1522) und Francis Drake (1577–1580) die bislang nur – wenn auch plausibel – vermutete Kugelgestalt der Erde. Die Fahrten James Cooks (1768–1779) erschließen den weiten Raum des Pazifiks. Hier kommt es in der Folge zur Konfrontation mit dem nach Nordamerika ausgreifenden Russland um die beherrschende Stellung im Nordteil des Ozeans. Die Entdeckungsreisen stehen alle im Dienst der Expansion der jeweiligen Kolonialmächte. Der Ausbau der Kolonialreiche schreitet stetig voran und führt naturgemäß zu Konflikten unter den betroffenen Mächten. Die großen Friedensschlüsse des 18. Jhs. betreffen daher oft auch Kolonialprobleme. Einen Höhepunkt bildet der Frieden von Paris 1763 zwischen Großbritannien einer- sowie Frankreich und Spanien andererseits: Da Frankreich seinen Besitz in Kanada und einen Teil seiner Stützpunkte in Indien verliert, kann sich Großbritannien als führende Kolonialmacht etablieren, auch wenn das spanische Kolonialreich vorläufig flächenmäßig noch größer ist.

Die Beherrschung der „Kolonien" ist durchaus unterschiedlich. Zum einen geht es um die Einnahme oder die Gründung von Stützpunkten an den Küsten der jeweiligen Interessensgebiete, um diese für den Handel (mit eigenen Produkten für den Export sowie mit „Kolonialwaren – insbesondere Gewürzen – für den Vertrieb innerhalb Europas) zu erschließen. Die Durchdringung des Hinterlands und seine teilweise Besiedlung mit Einwanderern aus dem Mutterland zieht eine mehr oder minder ausgeprägte politische Herrschaft sowie eine Ausbeutung der einheimischen Bevölkerung, vor allem für landwirtschaftliche Arbeit, aber auch für die Exploitation vorhandener Bodenschätze nach sich. Dies kann zu einer regelrechten Beherrschung der betroffenen Gebiete und ihrer Bewohner führen. Für die Abwicklung des Handels sowie für die Ausübung der politischen Herrschaft werden oft (so vor allem von den Engländern/Briten und den Niederländern) „Handelskompanien" gegründet und eingesetzt, die im Namen der Regierung des Mutterlandes tätig werden. Die große Zeit der Handelskompanien (vor allem für „Ostindien") ist allerdings Ende des 18. Jhs. vorbei.

Staatliche Kolonialherrschaftsstrukturen entwickeln vor allem die Portugiesen (besonders in Brasilien) und Spanien (im übrigen Süd- sowie in Mittelamerika). Die spanischen Gebiete in Amerika sind in Vizekönigreiche aufgeteilt, diese wiederum bestehen aus sog. *audiencias*. Sie werden von Beamten aus dem Mutterland verwaltet, kommen also nicht aus den Kreisen der eingewanderten „kreolischen" Bevölkerung, so dass sich die Eliten in den Kolonien gesondert entwickeln und sich schließlich in Opposition zur von der spanischen Krone abgeordneten Beamtenschaft begeben. Die Ausbeutung der Kolonialbevölkerung erfolgt durch das System der sog. *encomiendas*, Grundherrschaften, in die Teile der „Indio"-Bevölkerung zur Arbeit (aber auch, um missioniert zu werden) abgeordnet sind. Die Ausbeutung inländischer Arbeitskräfte erfolgt auch durch ihren Einsatz in den Edelmetall- (vor allem Silber-)Minen Mexikos und Perus. Auf den agrarisch genutzten „Plantagen" werden u.a. Zuckerrohr, Tabak und Baumwolle angebaut. Plantagenwirtschaft gibt es auch im portugiesischen Brasilien, in Niederländisch-Indien (Indonesien) und Niederländisch-Guayana sowie in den französischen und britischen Kolonien in der Karibik wie in wärmeren Landstrichen Nordamerikas, in denen sich im Laufe des 17. und 18. Jhs. zahlreiche Auswanderer aus den jeweiligen Mutterländern ansiedeln.

Dort, wo die Indios die Plantagenarbeit nicht durchstehen, setzt man aus Afrika eingeführte Sklaven ein. Der Sklavenhandel, der erst im Laufe des 19. Jhs. international verboten wird, ist eine der abstoßendsten Erscheinungen der Frühen Neuzeit. Er ist Teil des lukrativen sog. Dreieckshandels, bei dem – vielfach von arabischen Banden gefangene – Schwarze in West- und Zentralafrika billig erworben und anschließend in Amerika mit Gewinn verkauft werden. Von dort aus werden von den Plantagenbesitzern erstandene Waren nach Europa verschifft und dort wiederum gewinnbringend verkauft. In Großbritannien wird so mit das Kapital angehäuft, das seit dem späten 18. Jh. die gewaltigen Investitionen in die beginnende Industrialisierung ermöglicht.

B Das konfessionelle Zeitalter (1500–1648/60)

I Europa bis 1559

1 Das Reich und seine konfessionelle Spaltung

Das „**Heilige Römische Reich deutscher Nation**" ist ein loser Territorialverband, dessen Oberhaupt, der „deutsche König", seit 1356 von sieben „**Kurfürsten**" gewählt wird (s. GK II/2, S. 84 ff.). Er kann anschließend vom Papst zum Kaiser gekrönt werden. 1508 nimmt Maximilian I. mit päpstlicher Billigung den Titel „erwählter römischer Kaiser" (*imperator Romanus electus*) an. Seitdem gibt es – außer 1530 (s. u., S. 54) – keine päpstliche Kaiserkrönung mehr, die Königswahl ist nun auch Kaiserwahl. Der Kaiser kann bei Lebzeiten einen Nachfolger wählen lassen, den „römischen König" (*rex Romanus*), der dann ohne Wahl seine Nachfolge antritt.

Organe des Reiches sind neben dem Kaiser:

a) der *Reichstag*, der in unregelmäßigen Abständen einberufen wird, bestehend aus den *Reichsständen* (dem Kurfürstenkolleg, dem Reichsfürstenrat aus weltlichen und geistlichen Fürsten sowie den Vertretern der **Freien und Reichsstädte**);

b) das **Reichskammergericht** (RKG – 1495 beschlossen, aber erst 1527 eingerichtet, zuerst in Speyer, seit 1693 in Wetzlar);

c) die (seit 1510) zehn **Reichskreise** jeweils mit Kreishauptmann (seit 1555 „Kreisoberst") und Kreistag, bestehend aus den jeweiligen „Kreisständen". Keine „Reichsstandschaft" haben die *Reichsritter*, Adlige, die nur dem Kaiser lehnspflichtig sind und oft – als Beamte oder Offiziere – in dessen Dienste treten, aber auch in hohe geistliche Würden, z. B. zu Bischöfen, aufsteigen können.

Die „Verfassung" des Reiches ergänzt der Wormser Reichstag von 1495. Er bildet den Höhepunkt der Reichsreformbewegung des 15. Jhs. (s. GK II/2, S. 90 ff.). Motor der Neuerungen ist der Mainzer Erzbischof Berthold von Henneberg (*1441, †1504, Eb. seit 1484): Es wird ein *Ewiger Landfriede* verkündet, der Fehden und andere kriegerische Auseinandersetzungen im Reich verbietet. Über Streitigkeiten soll künftig das RKG entscheiden. Da

Heiliges Römisches Reich deutscher Nation (lat.: *Sacrum Imperium Romanum Nationis Germanicae*) Bezeichnung für die Gebiete des deutschen Königreichs, des burgundisch-niederländischen Raumes und Oberitaliens, die seit dem 11. Jh. vom deutschen König regiert werden; seit dem späten Mittelalter im Wesentlichen beschränkt auf die Gebiete, die zum Herrschaftsbereich des deutschen Königs gehören (daher „deutscher Nation").

Kurfürsten a) drei geistliche (die Erzbischöfe von Mainz, Köln und Trier als *Kurerzkanzler* von Germanien und Italien sowie für Gallien und das Arelat) sowie b) vier weltliche (der König von Böhmen als *Erzschenk*, der Pfalzgraf bei Rhein als *Erztruchsess*, der Herzog von Sachsen als *Erzmarschall* und der Markgraf von Brandenburg als *Erzkämmerer*). 1623 wird die pfälzische Kurwürde auf den Herzog von Bayern übertragen, 1648 für die Pfalz eine achte Kur eingerichtet. Eine neunte Kur erhält 1692 bzw. 1708 der Herzog von Braunschweig-Lüneburg („Kurhannover", s. u., S. 180). Die bayerische und die pfälzische Kurwürde fallen 1777/78 zusammen (s. u., S. 224f.).

Freie Städte sind solche, die sich im Laufe des Mittelalters der Herrschaft eines Bischofs entledigt haben (z. B. Regensburg, Augsburg, Konstanz, Basel, Straßburg, Speyer, Worms und Köln), **Reichsstädte** solche, die sich keinem anderen weltlichen Herrn als dem Kaiser unterworfen haben (z. B. Frankfurt und Nürnberg). Beide werden seit dem 18. Jh. als *Freie und Reichsstädte* geführt.

Das **Reichskammergericht** soll über den Reichslandfrieden wachen: Es entscheidet bei Streitigkeiten unter den Reichsständen bzw. bei Klagen von Untertanen gegen ihre Landesherren. Die 16 Richter (Assessoren) werden von den Kurfürsten (außer dem böhmischen König), dem burgundischen und dem österreichischen Reichskreis sowie von den Reichskreisen bestimmt. Sie müssen zur Hälfte studierte Juristen sein. Zur Finanzierung führt man eine Reichssteuer, den *Gemeinen Pfennig*, ein. Da sich seine Eintreibung als undurchführbar erweist, geht man schließlich zum Umlageverfahren unter den Reichsständen über (vgl. auch u., S. 53 unter „Reichsexekutionsordnung").

Reichskreise 1500: 6, seit 1512: 1. der österreichische, 2. der bayerische, 3. der schwäbische, 4. der fränkische, 5. der oberrheinische, 6. der kurrheinische, 7. der burgundische, 8. der westfälische, 9. der niedersächsische und 10. der obersächsische. Nicht „eingekreist" sind die Länder der böhmischen Krone (Böhmen, Mähren, Schlesien, Ober- und Niederlausitz) sowie die Gebiete der Eidgenossenschaft (vgl. die Karte auf S. 41).

das RKG die Gerichtshoheit des Reichsoberhaupts einschränkt, setzt Maximilian I. den am eigenen Hof tagenden *Reichshofrat* ein, der später zur ständigen Einrichtung wird.

Die Beschlüsse von 1495 sehen auch eine Mitregierung der Reichsstände vor, das **Reichsregiment**. Maximilian I. wehrt sich dagegen, muss aber wegen seiner kriegsbedingten Finanznot 1500 seine Einrichtung für zwei Jahre hinnehmen. Auch der zweite Versuch einer solchen Mitregierung, 1521–1526 unter Kaiser Karl V., scheitert, diesmal wegen des inzwischen ausgebrochenen religiösen Konflikts.

Nach seiner Heirat mit der Erbin Karls d. Kühnen von Burgund (1477) steht Maximilian I. (*1459, röm. Kg. 1486, Kg./Kaiser 1493–1519) fortwährend im Konflikt mit dem französischen König um dessen Lehngebiete im burgundischen Territorialkomplex. Dieser Konflikt verquickt sich mit den Kriegen um die französischen Ansprüche auf Neapel wie auf Mailand. In Süditalien verteidigt der mit Königin Isabella von Kastilien verheiratete König Ferdinand II. von Aragón seine Interessen (s. u., S. 52). Die Annäherung zwischen ihm und Maximilian führt 1495/96 zu einer Doppelhochzeit: Juan und Juana, die Kinder Ferdinands und Isabellas heiraten den ältesten Sohn Maximilians, Herzog Philipp dem Schönen von Burgund (*1478, †1506), und dessen Schwester Margarethe. Da deren Mann bereits 1497 stirbt, wird Philipps ältester Sohn Karl (*1500, †1558) Thronfolger. Seit 1506 Herr der burgundischen Lande, wird er 1516 König von Spanien und 1519 Kaiser (Karl V., 1516–1556). Er erbt den Konflikt zwischen den Habsburgern und dem französischen Königtum sowohl um die burgundischen Territorien als auch um Mailand.

Zudem werden die habsburgischen Lande im Osten durch die osmanische Eroberungspolitik in Südosteuropa bedroht; 1520/21 kommt es im Zuge der Annäherung zwischen König Wladislaw von Böhmen und Ungarn (†1526) zur Doppelhochzeit zwischen Maximilians Enkelkindern Ferdinand (*1503, †1564) und Maria (*1505, †1558) mit dem böhmisch-ungarischen Kronprinzen Ludwig (*1506, †1526) und dessen Schwester. Als Ludwig (II.), König seit März 1526, bereits im August bei Mohács gegen die Osmanen fällt, wird Ferdinand sein Nachfolger. Der habsburgische Machtbereich erweitert sich durch die beiden Doppelheiraten und die sich daraus ergebenden Erbschaften enorm: Er umfasst Mitte der 1520er Jahre die beiden zu „Spanien" vereinten Königreiche Kastilien und Aragón, dessen Besitz in Italien sowie neben den österreichischen „Erblanden" die Königreiche Böhmen und Ungarn (von dem jedoch der größte Teil 1526 in osmanischen

Reichsregiment 1500 zwanzig Vertreter der Reichsstände (sieben Kurfürsten, je ein geistlicher und weltlicher Fürst, je ein Vertreter Österreichs und Burgunds und je einer der damals sechs Reichskreise, dazu Abgeordnete der Prälaten, Äbte und Grafen sowie der Reichsstädte). Den Vorsitz führt der König oder ein von ihm Beauftragter; 1521–1526 wird das Gremium um zwei weitere Vertreter des Kaisers erweitert.

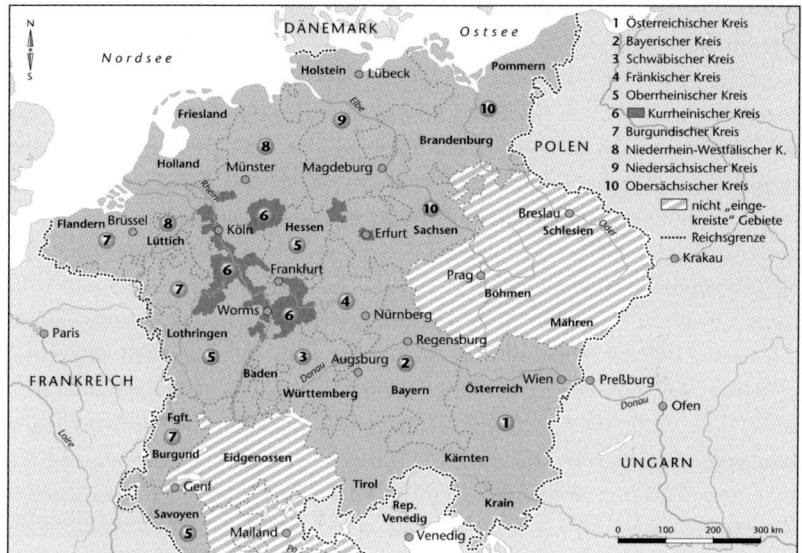

Karte 2: **Die Reichskreise seit 1512.**

Besitz gelangt). Daher der berühmte Spruch vom *Glücklichen Österreich*, das sich nur durch Heiraten vergrößere.

Auf seinem letzten Reichstag in Augsburg (August–Oktober 1518) versucht Maximilian I. die Wahl seines Enkels Karl (seit 1516 König von Spanien) zum Kaiser mit großen, vom Augsburger Bankhaus Fugger geliehenen Geldsummen abzusichern. Hier erscheint auch der päpstliche Legat Kardinal Cajetan, der ein Kreuzzugsbündnis zwischen dem Reich, Frankreich, Spanien und England gegen die Osmanen zustande bringen soll. Der Reichstag lehnt jedoch die Bewilligung der dafür erforderlichen Gelder ab und formuliert am 27. August die **Gravamina der Deutschen Nation** gegen das undurchsichtige Finanzgebaren des Papsttums. Cajetan verhört auch einen Theologieprofessor aus Wittenberg, der ketzerische Ansichten vertritt: Martin Luther (s. o., S. 19 ff.). Er unternimmt jedoch angesichts der aufgebrachten Stimmung nichts gegen ihn. Als Maximilian I. im Januar 1519 stirbt, ist weder seine Nachfolge endgültig geregelt, noch ahnt man, was in der Person Luthers in den nächsten Jahrzehnten auf das Reich zukommt.

Dieser nämlich bringt durch seine Schriften über den Ablasshandel und seine neue Sicht über die Erlangung der Gnade Gottes allein durch den persönlichen Glauben, d. h. ohne Vermittlung der Kirche, die inzwischen bereits vielfach romfeindlichen Gemüter in Wallung. Nach dem Bannspruch des Papstes gegen ihn muss er im Frühjahr 1521 vor Kaiser Karl V., der nach seiner Wahl im Juni 1519 erstmals den Boden des Reiches betritt, auf dem Reichstag zu Worms erscheinen. Die Weigerung, seine Ansichten zu widerrufen, zieht die Verhängung der Reichsacht gegen ihn nach sich (**Wormser Edikt**, Mai 1521), was in der Folge zu heftigen Auseinandersetzungen zwischen den Reichsständen führt, die seine Lehre annehmen, und denen, die der Papstkirche die Treue halten. Luther berät von Wittenberg aus seit 1525 die Fürsten, die seiner Lehre gemäß die kirchlichen Verhältnisse in ihren Territorien umwandeln wollen (**„Reformation"**). So entstehen ab 1525 nacheinander sog. *Landeskirchen* (s. o., S. 20), zuerst im Staat des Deutschen Ritterordens, der in ein weltliches Herzogtum umgewandelt wird (s. u., S. 70 f.), dann 1526 im Kurfürstentum Sachsen unter Johann d. Beständigen (*1468, Kf. 1525–1532) und in der Landgrafschaft Hessen unter Philipp d. Großmütigen (*1504, Ldgf. 1509–1567). Wichtig ist vor allem die Einführung der Reformation in den bedeutenden Reichsstädten, so in den Hansestädten Bremen, Hamburg und Lübeck zwischen 1522 und 1529, in Speyer 1523 (endgültig 1540), in Nürnberg 1524, in Worms 1525, in Konstanz 1526, in Straßburg 1529, in Frankfurt 1530 sowie in Augsburg 1534/37.

Das Distichon:

Bélla geránt alií! Tu félix Aústria núbe!
Nám quae Márs aliís, dát tibi régna Venús!
(Sollen doch andere Kriege führen, Du glückliches Österreich, heirate!
Denn die Reiche, die Mars anderen gibt, die gibt Venus Dir!)

ist einer Stelle beim römischen Dichter Ovid nachempfunden und im frühen 16. Jh. von einem unbekannten Autor verfasst worden.

Gravamina der Deutschen Nation　Seit 1451 auf den Reichstagen immer wieder gegen die Kurie vorgetragene Beschwerden, insbesondere über die Besetzung kirchlicher Stellen, die päpstliche Besteuerungspraxis und Einmischung in Prozessverfahren.

Wormser Edikt　Nach dem Kirchenbann gegen Luther erfolgt die Verhängung der Reichsacht gegen ihn. Außerdem werden Druck und Vertrieb seiner Schriften im Reich unter Strafe gestellt.

Reformation　Der Ausdruck stammt aus der Kirchenreformdebatte auf den großen Konzilien des 15. Jhs. (Konstanz 1414–1418, Basel 1431–1449; vgl. Grundkurs Geschichte, Jörg Schwarz, Das europäische Mittelalter 2, S. 86–92) und bedeutet ursprünglich „Wiederherstellung" im Sinne der im Neuen Testament (Apostelgeschichte des Lukas) beschriebenen Urkirche. Erst infolge des Wirkens von Luther, Zwingli, Calvin u. a. nimmt er den Sinn von „Erneuerung" (später auch im weltlichen Bereich) an.

Die späten 1520er Jahre stehen im Zeichen der Auseinandersetzung zwischen Luther und dem Zürcher Theologen Zwingli (s. o., S. 22 f.) um die *Abendmahlslehre*. Dieser Streit kann auch auf einem 1529 durch Philipp von Hessen zwischen Luther und Zwingli in Marburg anberaumten Religionsgespräch nicht ausgeräumt werden. Er entzweit dauerhaft die beiden sich neu herausbildenden **„evangelischen"** Konfessionen und trägt zur Lösung der **Eidgenossenschaft** vom Reich bei.

Im Reich führen die Kontroversen zwischen den Papsttreuen und den Anhängern Luthers zu Konflikten. 1522 unternimmt Franz von Sickingen (* 1481), glühender Anhänger Luthers und Führungsfigur der schwäbischen wie der rheinischen Reichsritterschaft, eine Fehde gegen den Kurfürsten von Trier. Dieser erhält auch Hilfe von Fürsten, die der Reformation nahe stehen, und findet bei der Belagerung der Ebernburg in der Pfalz im April 1523 den Tod.

Heftiger entladen sich die Leidenschaften im *Bauernkrieg* von 1524/25, einem jener Ausbrüche bäuerlicher Unzufriedenheit, die es in West- und Mitteleuropa seit dem späten 14. Jh. schon mehrfach gegeben hat. Der „deutsche" Bauernkrieg erfasst Südwest- und Mitteldeutschland; er wird zwar vor allem von Bauern getragen, die sich gegen grundherrschaftliche Ausbeutung wehren, dazu von einfachen Stadtbewohnern, so dass man auch von einer Bewegung des **Gemeinen Mannes** sprechen kann. Ideologisch spielen Luthers Gedanken von der Autonomie des Einzelnen dabei eine Rolle. Von zentraler Bedeutung sind die **Zwölf Artikel** der Bauern, die Ende Februar 1525 u. a. von einem Memminger Kürschner verfasst werden. Der Bewegung schließen sich einige Geistliche an, ursprünglich Anhänger Luthers, die jetzt radikalere Auffassungen vertreten, u. a. Thomas Müntzer (* 1490, † 1525), der sich dem thüringischen „Bauernhaufen" anschließt und nach dessen Niederlage bei Frankenhausen (Mitte Mai 1525) hingerichtet wird. An der Niederschlagung der Bewegung beteiligen sich die betroffenen Landesherren, u. a. Philipp von Hessen. Luther, auf den sich die Bauern mit berufen, geht zu ihnen in seiner Schrift **Wider die räuberischen und mörderischen Rotten der Bauern** (Mai 1525) auf Distanz, ja rät dazu, sie einfach totzuschlagen. Denn Luther ist alles andere als ein „Revolutionär"; ihm geht es darum, seine Kirchenreform in landesherrliche Hände zu legen und damit in geordnete Bahnen zu lenken.

Auf dem ersten Reichstag zu Speyer (1526) wird beschlossen, angesichts des Widerhalls, den Luthers Lehre inzwischen gefunden hat, die Vollstreckung der Reichsacht durch das Wormser Edikt außer Kraft zu setzen. Der Kaiser, der sich gerade in Italien im Krieg gegen Franz I. von Frankreich befindet

Evangelisch Selbstbezeichnung der Anhänger Luthers (später anderer „Reformatoren") wegen ihres direkten Bezugs auf die Evangelien, d. h. auf die Lehren Jesu, die im Neuen Testament dargelegt sind. Zum Begriff *protestantisch* S. 46 (vgl. auch S. 47).

Eidgenossenschaft Sie ist eine gegen die landesherrlichen Bestrebungen der österreichischen Habsburger im späten Mittelalter entstandene Föderation verschiedener Städte und Territorien in der heutigen Schweiz, zu der fortlaufend weitere Gebiete hinzugetreten sind. Die auf einer Versammlung aller zur Beratung gemeinsamer Belange (Tagsatzung) vertretenen Gebiete werden als „Orte" bezeichnet (erst später spricht man von „Kantonen"), insgesamt acht „alte" (darunter die Städte Zürich und Bern sowie die ländlichen Uri, Schwyz und Unterwalden) sowie fünf „neue" (darunter Freiburg i. Üechtland und Basel), dazu die erst später beigetretenen „zugewandten Orte" (unter ihnen Mülhausen im Elsass, Neuenburg und St. Gallen). Außerdem gibt es von mehreren „Orten" gemeinsam verwaltete „Gemeine Herrschaften". Vgl. auch die Karte auf S. 23.

Gemeiner Mann Zeitgenössischer Sammelbegriff für die einfachen Leute auf dem Land und in der Stadt.

Zwölf Artikel Die hier niedergelegten Forderungen betreffen u. a. die freie Pfarrerwahl durch die Gemeinden, Abschaffung ungerechter Frondienste sowie der Leibeigenschaft, Unparteilichkeit der Rechtsprechung und Wiedereinführung des alten (statt des vielfach eingeführten römischen) Rechts, Freiheit der Jagd und des Fischfangs sowie freie Holznutzung.

Quelle: Aus Luther, Wider die räuberischen und mörderischen Rotten der Bauern (1525):

Drum, liebe Herren, loset hie, helft hie, rettet hie. Erbarmet euch der armen Leute. Steche, schlage, würge hie wer da kann. Bleibst du darüber tot, wohl dir; seliglichern Tod kannst du nimmermehr überkommen ... So bitte ich nun, fliehe vor dem Bauern, wer da kann, als vor dem Teufel selbst. Die aber nicht fliehen, bitte ich, Gott wollte sie erleuchten und bekehren ... Dünkt das jemand zu hart, der denke, dass untrüglich ist Aufruhr und alle Stürme der Welt Verstörung zu warten sei.

(s. u., S. 54), ist dagegen machtlos. Als er jedoch 1529 erfolgreich Frieden geschlossen hat, kann er auch in Abwesenheit auf dem zweiten Speyerer Reichstag 1529 Druck auf die „evangelischen" Reichsstände ausüben; zugleich stellt sein Bruder Ferdinand, der ihn vertritt, ein Konzil in Aussicht, das sich mit den von Luther aufgeworfenen Problemen beschäftigen soll. Gegen den mehrheitlichen Beschluss der Reichsstände, das Wormser Edikt wieder anzuwenden, legen die Evangelischen, angeführt vom sächsischen Kurfürsten und vom hessischen Landgrafen, Protest ein (**Speyerer Protestation**, 25. April 1529). Damit ist die Kirchenspaltung im Reich faktisch vollzogen.

1529 belagern die Osmanen erstmals Wien. Karl V. ist auf die Hilfe aller Reichsstände angewiesen. Zudem will er seinen Bruder zum römischen König wählen lassen, damit dieser ihn im Reich auch von Rechts wegen vertreten kann. Deshalb versucht er auf dem von ihm selbst geleiteten Augsburger Reichstag von 1530 zwischen den religiösen Lagern zu vermitteln und die Glaubensspaltung aufzuhalten. In Augsburg legt Melanchthon für die „Lutheraner" eine gleichfalls auf Vermittlung zielende Bekenntnisschrift vor, die **Confessio Augustana** (25. Juni 1530: s. o., S. 20). Die katholische Seite antwortet mit einer Widerlegung (*Confutatio*), zudem präsentieren die oberdeutschen Reichsstädte Straßburg, Memmingen, Konstanz und Lindau eine von Zwingli inspirierte „Vierstädte"-Bekenntnisschrift (*Confessio tetrapolitana*). Obwohl sie später der lutherischen Lehre folgen, wird dadurch die Spaltung unter den deutschen Protestanten offenkundig. Aber auch die zwischen den „Altgläubigen" und den Protestanten insgesamt ist nun unumkehrbar. Karl V. erreicht anschließend zwar die Wahl seines Bruders Ferdinand zum römischen König (Januar 1531), doch einen Monat später schließen die protestantischen Reichsstände im thüringischen Schmalkalden ein Bündnis ab. Angesichts der osmanischen Bedrohung und da der Papst die Einberufung eines Konzils zur Regelung der Religionsfrage im Reich verzögert, willigt der Kaiser in einen vorläufigen Religionsfrieden ein (Nürnberger Anstand, Juli 1532). Danach sollen die konfessionellen Verhältnisse solange bestehen bleiben, bis eine Konzilsentscheidung erfolgt ist.

Indessen ist die Reformation und mit ihr die Bildung von Landeskirchen weiter auf dem Vormarsch. Sie setzt sich vor allem im nördlichen Deutschland sowie – von dort ausstrahlend – in Dänemark-Norwegen und Schweden-Finnland durch. Im Reich findet sie 1534 im Herzogtum Württemberg sowie 1539 im Kurfürstentum Brandenburg und im Herzogtum Sachsen (beherrscht von einer Nebenlinie des sächsischen Kurhauses, s. u.) statt. Sie alle treten dem Schmalkaldischen Bund bei, der somit zu einem gewich-

Speyerer Protestation Auf dem Reichstag von 1529 wurde vom Kaiser (über seinen Bruder) der Vorschlag (Proposition) unterbreitet, dass bis zu einem Konzil zur Beratung der anstehenden Religionsprobleme die Regelung von 1526 über die Freiheit eines jeden Reichsstands, die Beschlüsse des Wormser Edikts anzuwenden, aufgehoben sein sollte. Gegen den mehrheitlichen Beschluss dafür protestierten der Kurfürst von Sachsen, der Landgraf von Hessen, der Markgraf von Brandenburg-Ansbach, der Herzog von Braunschweig-Lüneburg sowie der Fürst von Anhalt und verwahrten sich damit gegen das Prinzip mehrheitlicher Beschlüsse in Religionsangelegenheiten. Vierzehn Städte (darunter Straßburg, Konstanz, Nürnberg und Ulm) schlossen sich der „Protestation" an. Seitdem spricht man im Reich (sowie später auch außerhalb) von „Protestanten" und „Protestantismus" für das Kirchenwesen neben der von Rom aus gelenkten Kirche.

Confessio Augustana (Augsburgisches Bekenntnis)

Die Bekenntnisschrift behandelt in 21 Artikeln die lutherische Glaubenslehre und in weiteren 7 die in den neuen Landeskirchen inzwischen abgestellten Missbräuche der katholischen Kirche. Sie werden anschließend in der „Apologie" (Verteidigungsschrift gegen die von der katholischen Seite vorgelegte „Widerlegung" *[Confutatio]*) theologisch näher begründet. Mehrfach abgeändert (z. B. 1540 in der *Variata* mit Annäherungen an die zwinglianische Abendmahlslehre) wird sie ab 1560 in der reinen Form *[Invariata]* zur wichtigsten Bekenntnisschrift des Luthertums.

tigen Machtfaktor im Reich wird. 1539 wird im „Frankfurter Anstand" die Nürnberger Regelung von 1532 bestätigt. Die Territorien, die protestantisch geworden sind, dürfen es bleiben.

Die Entwicklung zwischen 1517 und 1555 ist vor dem Hintergrund der Auseinandersetzungen Karls V. mit Franz I. von Frankreich (1515–1547) sowie dessen Nachfolger Heinrich II. (1547–1559) einerseits sowie mit dem Osmanischen Reich andererseits zu sehen. Der Kaiser bzw. sein Bruder, König Ferdinand, versuchen die Religionsprobleme „reichsrechtlich" zu regeln, da das geplante Konzil vom Papst erst 1545 nach Trient einberufen wird. Daher werden verschiedene Religionsgespräche abgehalten, so 1540 in Worms und schließlich 1541 auf dem Regensburger Reichstag, auf dem Karl V. wieder persönlich anwesend ist. Vom Papst hierher entsandt ist einer seiner „Reformtheologen", Kardinal Contarini (s. u., S. 56). Von protestantischer Seite nimmt Melanchthon an den Verhandlungen teil. Zwar nähern sich die Positionen beider Religionsparteien an, eine Einigung scheitert aber an der Abendmahlsfrage: Die Katholiken halten an der Transsubstantiationslehre (s. o., S. 25) fest, denn an ihr hängt mit der Priesterweihe die gesamte Hierarchie der Papstkirche. Der Kaiser hält von nun an eine Lösung der Kirchenspaltung nur noch durch kriegerische Mittel für möglich. Er kommt zwar den protestantischen Reichsständen durch das Versprechen, auch evangelische Richter beim RKG zuzulassen, entgegen (damit soll die Neutralität des Gerichts in Religionsangelegenheiten gesichert werden), doch er bereitet sich auf einen künftigen Waffengang vor.

Eine wesentliche Verschiebung der Kräfte im Reich ergibt sich aus Karls V. Sieg im *Geldrischen Erbfolgekrieg* (1542/43). Er verhindert nicht nur die Einführung der Reformation in den Herzogtümern Jülich-Kleve-Berg, sondern bringt mit dem Erwerb des Herzogtums Geldern den Habsburgern auch eine Landbrücke zwischen den niederländischen Besitzungen im Westen und Norden. Der Schmalkaldische Bund ist inzwischen entscheidend geschwächt: Landgraf Philipp von Hessen, der eigentliche politische Kopf der Allianz, ist 1540 – mit Billigung durch einen „Beichtrat" Luthers und Melanchthons – eine Zweitehe mit einer Hofdame eingegangen. Auf Bigamie steht aber nach dem im Reich geltenden Strafrecht (der *Peinlichen Halsgerichtsordnung*) die Todesstrafe. Karl V. kann Philipp so unter Druck setzen, dass er in die bevorstehende Auseinandersetzung nicht eingreift. Hinzu kommen Spannungen zwischen dem sächsischen Kurfürsten Johann Friedrich (* 1503, † 1554, Kf. 1532–1547) und seinem Vetter, Herzog Moritz von Sachsen (* 1521, † 1553, Hz. seit 1541, Kf. seit 1547). Dieser verspricht

Übersicht über die Kriege Karls V. mit Franz I. bzw. Heinrich II. von Frankreich

1521–1526	**Erster Krieg gegen Franz I. v. Frankreich**
1525	Sieg des Kaisers bei Pavia, Franz I. gefangen
1526, Januar	Friede v. Madrid, v. Franz I. widerrufen
1526–1529	**Zweiter Krieg gegen Franz I.**
1527	*Sacco di Roma* (Plünderung Roms durch die kaiserlichen Truppen)
1529	„Damenfrieden" von Cambrai
1529	Osmanische Truppen erstmals vor Wien
1535	Feldzug Karls V. in Nordafrika (Eroberung von Tunis)
1536–1538	**Dritter Krieg gegen Franz I.** (mit den Osmanen verbündet)
1538	Waffenstillstand von Nizza
1541	Expedition Karls V. gegen Algier
1542–1544	**Vierter Krieg gegen Franz I.** (1544 Friede von Crépy)
1542–1543	Geldrischer Erbfolgekrieg Karls V. gegen Hz. Wilhelm d. Reichen v. Jülich-Kleve-Berg (1543 Vertrag von Venlo)
1544	Die Osmanen erobern Ofen (Buda)
1546–1547	Schmalkaldischer Krieg (1547 Sieg bei Mühlberg/Elbe)
1548	„Geharnischter Reichstag" von Augsburg
1552–1559	**Krieg Karls V. bzw. seines Sohnes Philipps II. von Spanien gegen Heinrich II. von Frankreich** (dieser mit der protestantischen Fürstenopposition im Reich verbündet)
1552	Passauer Vertrag zwischen Kg. Ferdinand und den opponierenden Fürsten, führt zum
1555	Augsburger Religionsfrieden
1556	Abdankung Karls V. – sein Bruder Ferdinand (I.) wird Kaiser
1559	Frieden von Câteau-Cambrésis zwischen Heinrich II. und Philipp II.: Besiegelung der „Hegemonie" Spaniens in Europa

Nach: Großer Ploetz, 32. Aufl. 2000, S. 806

Verzweigungen des Hauses Wettin

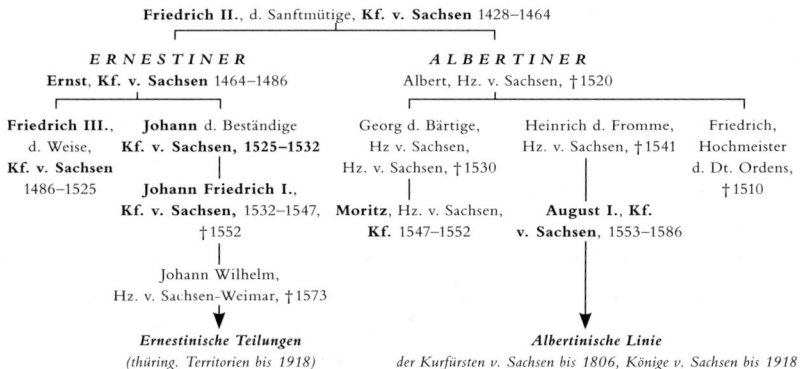

Karl V., sich aus dem bevorstehenden Konflikt mit den Schmalkaldenern herauszuhalten, und erhält dafür die Aussicht auf Übertragung der sächsischen Kurwürde.

1546 hat der Kaiser die Hände gegen den Schmalkaldischen Bund frei, und es kommt zum Krieg (1546/47). Herzog Moritz fällt, nachdem er dessen Kurlande übertragen bekommen hat, dem sächsischen Kurfürsten in den Rücken. Die entscheidende Schlacht bei Mühlberg a. d. Elbe (April 1547) wird von den Kaiserlichen gewonnen. Kurfürst Johann Friedrich gerät in Gefangenschaft. Ebenso wird Philipp von Hessen, trotz der Zusicherung freien Geleits, in Haft genommen, als er sich zum Kaiser begibt.

Karl V. kann nun auf dem **Geharnischten Reichstag** von Augsburg 1547/48 daran gehen, die Religionsfrage in seinem Sinne zu regeln. Im Mai 1548 wird hierfür eine Zwischenlösung (lat.: **Interim**) verkündet. Es wird in Norddeutschland, wo der Arm des Kaisers weit ist, kaum befolgt. Zentrum des Widerstands ist hier die Stadt Magdeburg. In Süddeutschland (z. B. in der Reichstadt Konstanz, die ihren Status verliert) wird es dagegen rigoros durchgesetzt. – Die zweite bedeutsame Regelung des Reichstags von Augsburg ist der *Burgundische Vertrag* (Juni 1548, s. u., S. 58). Trotz seiner starken Position gelingt es Karl V. aber weder jetzt, noch auf dem Augsburger Reichstag von 1550/51, durch die Schaffung eines **Reichsbundes** das Reich straffer zu organisieren und die Territorialgewalten zurückzudrängen.

Die Behandlung Philipps von Hessen durch den Kaiser und seine fortdauernde Gefangenschaft führen bald zum Abfall Moritz' von Sachsen (Philipps Schwiegersohn), der selbst protestantisch gesinnt bleibt und die Vollstreckung der Reichsacht gegen Magdeburg ablehnt. Um ihn bildet sich eine Fürstenopposition, die mit Heinrich II. von Frankreich Verbindung aufnimmt. Für seine Unterstützung der opponierenden Fürsten erhält dieser von ihnen im Vertrag von Chambord (Januar 1552) das **Reichsvikariat** über die landesherrlichen Gebiete der Bischöfe von Metz, Toul und Verdun. Karl V. sieht sich von den Protestanten überraschend in Tirol angegriffen, muss nach Kärnten fliehen und übergibt, auch aus Krankheitsgründen, die Reichsgeschäfte an seinen Bruder Ferdinand. Dieser schließt im August 1552 angesichts der erneut aufflammenden osmanischen Bedrohung mit der Fürstenopposition den Passauer Vertrag ab. Darin wird vereinbart, den abgesetzten Kurfürsten von Sachsen und Philipp von Hessen aus der Gefangenschaft zu entlassen, zudem wird das Interim aufgehoben. Stattdessen einigt man sich auf die Grundzüge eines reichsrechtlich abgesicherten konfessionellen Miteinanders.

Geharnischter Reichstag So genannt, weil Karl V. hier nach seinem Sieg über die Schmal-kaldener in die Stadt Augsburg in Begleitung von tausenden Bewaffneter einzog, um vor dem Reichstag seine Macht zu demonstrieren.

Interim Übergangslösung bis zur Rückkehr der Protestanten in den Schoß der alten Kirche: *a)* der „Laienkelch" (Abendmahl in „beiderlei Gestalt", d. h. von Brot *und* Wein, *b)* Priesterehe für bereits verheiratete Geistliche.

Reichsbund Plan Karls V., nach dem Beispiel des Schwäbischen Bundes unter habsburgischer Führung zwischen 1488 und 1534, einem Zusammenschluss der schwäbischen Reichsstände – darunter den Habsburgern im heute südbadischen „Vorderösterreich" – zur Verteidigung gegen die Bedrohung benachbarter Fürsten und der Eidgenossenschaft einen Bund möglichst aller Reichsstände unter kaiserlicher Führung zu bilden. Er soll eine besondere Verfassung neben der „Reichsverfassung" erhalten, die Mitglieder sollen gleichmäßig besteuert werden. Gedacht ist der Bund als Instrument für eine wirksamere Kriegführung sowohl gegen das Osmanische Reich wie gegen Frankreich. Dabei verfolgt der Kaiser auch den Plan, die Erblich-keit seiner Würde durchzusetzen. Der Bundesplan scheitert am hinhaltenden Widerstand der – katholischen wie evangelischen – Reichsstände.

Reichsvikariat Rechtliche Konstruktion dafür, dass man einem fremden Fürsten die Herr-schaft über die drei Reichsterritorien überträgt.

Auf dem Reichstag von Augsburg (Februar–September 1555), den König Ferdinand leitet, kommt es zu dem bereits anvisierten Religionskompromiss. Man einigt sich darauf, die Wahl der Konfession künftig den Reichsfürsten bzw. den reichsstädtischen Obrigkeiten freizustellen (**Augsburger Religionsfriede**, 25. September 1555). Dies gilt allerdings nur für die katholischen und die „lutherischen" Reichsstände. Die geistlichen Gebiete bleiben von dieser Regelung ausgenommen. Zudem wird eine **Reichsexekutionsordnung** erlassen, die das künftige Vorgehen bei Verstößen gegen den Landfrieden regelt. Beide gehören künftig zu den Verfassungsgrundgesetzen des Römisch-Deutschen Reiches.

2 Italien und das Papsttum im Zeitalter von Renaissance und Reformation

Auf der Apenninenhalbinsel hat sich mit dem Frieden von Lodi (1454) ein politisches Gleichgewicht herausgebildet. Der vier Jahrzehnte anhaltende Frieden ist mit Grundlage für die Kulturblüte der *Renaissance*, die trotz neuer kriegerischer Verwicklungen um 1500 das gesamte 16. Jh. hindurch anhält. Ab 1494 wird das Gleichgewicht erschüttert durch den Einmarsch König Karls VIII. von Frankreich (1483–1498), der **Erbansprüche auf die Krone Neapels** erhebt. Sein Italienzug wird 1492 durch ein Abkommen mit Florenz abgesichert. Als Karl 1494 nach Florenz kommt, wird dort die quasi monarchische Herrschaft der *Medici* gestürzt und eine Republik errichtet (s. u.). Vor Neapel scheitert das französische Heer durch Krankheiten. Ein Bündnis zwischen Mailand, Venedig, dem deutschen König Maximilian I. und dem Papst zwingt Karl VIII. zum Rückzug nach Frankreich.

Sein Nachfolger Ludwig XII. (1498–1515) zieht erneut nach Süditalien (1500–1504), das Königreich Neapel wird zwischen ihm und Ferdinand II. von Aragón aufgeteilt, fällt dann aber an Letzteren, der inzwischen auch über Kastilien regiert (s. u., S. 58), und bleibt (zusammen mit Sizilien) bis zum frühen 18. Jh. Nebenland der spanischen Krone. Er erkennt dafür **Ludwigs Erbansprüche auf das Herzogtum Mailand** an. Dieses ist in den folgenden Jahren heftig umkämpft zwischen Frankreich, Venedig, dem Papst und Kaiser Maximilian, der es der dort seit 1450 regierenden Dynastie der *Sforza* erhalten will. Durch den Sieg bei Novara (1513) setzen sich vorübergehend die Eidgenossen als Herren über Mailand durch, verlieren es aber 1515

Regelungen des „Augsburger Religionsfriedens" *a)* über die Konfession ihrer Einwohner entscheiden die Reichsstände (um 1600 auf Latein formuliert: *cuius regio, eius religio*), wobei nur das katholische und das Augsburgische (nicht das reformierte) Bekenntnis zugelassen sind; in den Reichsstädten, wo seit 1548 beide Konfessionen vertreten sind, soll sich an den religiösen Verhältnissen nichts ändern; *b)* wer einer anderen Konfession von den beiden zugelassenen angehört, hat das Recht auszuwandern *(ius emigrandi)*; *c)* für geistliche Territorien gilt der „geistliche Vorbehalt" *(reservatum ecclesiasticum)*; *d)* zu dieser Regelung tritt die nicht in den Reichstagsbeschluss („Reichsabschied") aufgenommene Nebenerklärung König Ferdinands *(declaratio Ferdinandea)*, wonach in geistlichen Territorien beide Bekenntnisse gelten. Die Auslegung dieser Erklärung und die Nichtzulassung der Reformierten führen später zu ernsthaften Streitigkeiten.

Reichsexekutionsordnung Neben dem Religionsfrieden regelt der Reichsabschied von Augsburg die Landfriedenswahrung. Die Durchsetzung des Landfriedens liegt jetzt in der Hand der Reichskreise, in denen Kreisoberst (der mächtigste weltliche Reichsfürst) und Kreistag die notwendigen Maßnahmen gegen Landfriedensbrecher beschließen. Sie müssen sich gegebenenfalls mit den Nachbarkreisen abstimmen. Dies ist ein wesentlicher Schritt zur „Dezentralisierung" des Reiches. Auch das *Reichskammergericht* ist jetzt im Wesentlichen eine reichsständische Einrichtung, da der Kaiser nun nicht mehr, wie noch 1548 durchgesetzt, die Hälfte der Beisitzer, sondern nur noch ein Viertel (sechs von 24) bestimmt.

Erbansprüche des französischen Königtums auf Neapel und Mailand Der Anspruch auf Neapel leitet sich her von der Verwandtschaft mit dem Haus Anjou, einer Nebenlinie der französischen Capetinger (vgl. Grundkurs Geschichte, Jörg Schwarz, Das europäische Mittelalter II, S. 221), die zwischen 1265 und 1435 über das Königreich Neapel regiert hat, der auf Mailand von der Großmutter Ludwigs XII. aus der 1447 ausgestorbenen Herzogsfamilie Visconti.

Niccolò Machiavelli (*1469, †1527) (s. auch S. 54) Dichter und Humanist, Staatstheoretiker und Geschichtsschreiber, 1498–1512 in führender Position in der Republik von Florenz, schrieb u. a. eine Geschichte seiner Stadt, ferner einen Kommentar zu den ersten zehn Büchern der römischen Geschichte des Titus Livius *(Discorsi sopra la prima deca di Tito Livio)* über die Grundlegung der republikanischen Tugenden des antiken Roms sowie die Abhandlung „Der Fürst" *(Il principe)*, in der er in der Tradition mittelalterlicher „Fürstenspiegel", aber von einem negativen Menschenbild ausgehend, die für einen Herrscher notwendigen, auch negativen Charakterzüge hervorhebt. Das Werk erschien erst nach seinem Tod und gilt als Grundschrift für das Prinzip der „Staatsräson", dem auch moralische Grundsätze zu opfern sind.

an Franz I. von Frankreich (1515–1547; s. u., S. 62) durch die Niederlage von Marignano. Mailand bleibt bis 1525 in französischem Besitz. Franz I. hat jetzt in Norditalien eine Vormachtstellung. Sie nutzt er 1516 zum Abschluss des Konkordats von Bologna, in dem der Papst ihm weitreichende Rechte gegenüber der französischen Kirche zugesteht (s. u., S. 62).

In Florenz etabliert sich nach dem Sturz der Medici eine Republik, in der **Niccolò Machiavelli** (* 1469, † 1527) (s. S. 53) als zeitweilig für das Kriegswesen wie für die Außenpolitik Verantwortlicher eine wichtige Rolle spielt. 1512 gelangen die Medici wieder an die Macht, verlieren sie jedoch 1527 erneut. 1531 werden sie von Kaiser Karl V. als erbliche Herzöge in Florenz eingesetzt. Sie erwerben 1555 das Gebiet der Republik Siena und werden 1569 durch Papst Pius V. 1566–1572) zu „Großherzögen der Toskana" erhoben (1737 ausgestorben; s. u., S. 184).

Mit dem Herrschaftsantritt Karls I./V. in Spanien (1516) wie im Reich (1519) beginnt die Zurückdrängung des französischen Einflusses in Norditalien durch die Habsburger. Karl pocht auf die kaiserliche Lehnshoheit über Nord- und Mittelitalien (ausgenommen das Gebiet der Republik Venedig). Als es deshalb zum Krieg mit Franz I. kommt, wird dieser im Februar 1525 bei Pavia von den kaiserlichen Truppen vernichtend geschlagen und gerät selbst in Gefangenschaft. Im Frieden von Madrid (Januar 1526) verzichtet er auf Mailand und den burgundischen Besitz der Krone Frankreichs (vgl. die Karte in GK II/2, S. 149), widerruft dies aber nach seiner Freilassung. Der Krieg beginnt aufs Neue, nachdem Papst Clemens VI. (1523–1534), der das habsburgische Übergewicht in Italien beseitigen will, mit ihm sowie mit Venedig, dem wiedereingesetzten Herzog von Mailand und mit Florenz ein Bündnis abschließt („Heilige Liga von Cognac", Mai 1526). Die kaiserlichen Truppen marschieren auf Rom, erobern und plündern es (*Sacco di Roma*, Mai 1526). Der Papst ist jetzt völlig abhängig vom Kaiser (was Auswirkungen auf seine Beziehungen zu Heinrich VIII. von England hat; s. u., S. 66). Im Februar 1530 krönt er Karl V. in Bologna förmlich zum Kaiser. Bereits im August 1529 haben die Mutter Franz' I. und die Tante des Kaisers, Margarethe, in Cambrai einen Friedensschluss unterzeichnet (*Damenfriede* von Cambrai, s. o., S. 44 f.).

Die folgenden Konflikte zwischen dem Kaiser und Franz I. bringen in Italien keine Veränderungen. Als 1535 die Sforza in Mailand aussterben, zieht Karl V. das Herzogtum als kaiserliches Lehen ein und gibt es an seinen ältesten Sohn, den späteren König Philipp II. von Spanien (s. u., S. 84 f.). Es bleibt bis zum Spanischen Erbfolgekrieg im Besitz der spanischen Krone und

KGR.
FRANKREICH

Brünn ⊙

Wien ⊙

Basel

München

Salzburg

Charolles ⊙

EIDGENOSSEN-
SCHAFT

Genf

Gft. Tirol

HABSBURG.
LANDE

Lyon ⊙

Hzm.
Savoyen

Trient ⊙

REP.
VENEDIG

Krain

Hzm.
Mailand
(span.)

Triest

Rhône

Po

Avignon ⊙

Venedig

Genua
Rep. Genua

Bologna

OSMAN.
REICH

Marseille ⊙

Rep. Lucca

Florenz ⊙
Ghzm. Toskana

KIRCHEN-
STAAT

Elba

Korsika
(genues.)

Stato dei
Presidii
(span.)

Rom ⊙

KGR.
SARDINIEN
(span.)

Neapel ⊙

Tarent ⊙

KGR. NEAPEL-

Mittelmeer

Palermo ⊙

SIZILIEN
(span.)

Bugia ⊙
(1510–55
span.)

Bizerta ⊙

(1535–74
span.)

Bona
(1535 span.)

Tunis ⊙

La Goletta ⊙

N

S

······· Grenze des Römisch-Deutschen Reiches

Gebiet der Republik Venedig

Malta
(1530 Johanniter)

0   100   200   300 km

Karte 3: **Die italienische Staatenwelt im 16. Jahrhundert.**

fällt dann an Österreich. Damit ist die habsburgische Hegemonie über Italien für fast zwei Jahrhunderte besiegelt.

Der den Kirchenstaat regierende Papst hat eine weit über Italien hinausragende Bedeutung. Der Ruf des Papsttums nimmt allerdings schweren Schaden durch den Pontifikat Alexanders VI. (* 1430, P. 1492–1503) aus dem spanischen Haus Borja (it.: *Borgia*). Er sticht durch Sittenlosigkeit und das Bestreben hervor, seine unehelichen Kinder (darunter den skrupellosen Cesare Borgia [* 1475, † 1510], Vorbild für Machiavellis „Il Principe") angemessen zu versorgen. Julius II. (Giuliano della Rovere, * 1443, P. 1503–1513) tritt vor allem als Feldherr hervor, der dem Papsttum angesichts der Kriegswirren in Italien die Herrschaft über den Kirchenstaat sichert. Leo X. aus dem Haus Medici (* 1475, P. 1513–1521) beginnt mit dem Neubau des *Petersdoms*, der mit durch Ablasshandel (den äußeren Anlass für Luthers Reformation) finanziert wird. Er ist der Prototyp des „Renaissance-Papstes", führt aber auch 1517 das von seinem Vorgänger einberufene Laterankonzil zuende, ohne jedoch dessen Vorschläge zur Kirchenreform aufzugreifen.

Ansätze hierzu gibt es erst unter Paul III. (aus der Parmer Herzogsfamilie Farnese, * 1648, P. 1534–1549). Er beruft 1536 eine Reformkommission; zu ihr gehören u. a. die Kardinäle Gasparo Contarini (* 1483, † 1542) und Reginald Pole (* 1500, † 1558), ein Vetter König Heinrichs VIII. von England und späterer Berater von dessen Tochter Maria I. (s. u., S. 68). Paul erkennt 1540 den neu gegründeten *Jesuitenorden* (s. o., S. 28) offiziell an, zentralisiert 1542 die *Inquisition* und beruft 1545 das lange gewünschte Konzil zur Regelung der Glaubensstreitigkeiten nach Trient ein.

Das *Trienter Konzil* geht erst 1563 zuende und erweist sich – da man eine Wiederbelebung des früheren Konzilsgedankens (vgl. GK II/2, S. 90) scheut – als rein päpstliches Instrument. Die Vertreter der evangelischen Seite werden bald ausgeklammert; 1560 beschließen die protestantischen Fürsten in Naumburg, einer erneuten Einladung nicht zu folgen (zum *Tridentinum* s. o., S. 28 f.).

3 Westeuropa

3.1 Die Iberische Halbinsel

Im Zuge der *Reconquista* (s. GK II/2, S. 176–181) sind hier drei größere Königreiche entstanden: *Kastilien* (León, Alt- und Neukastilien sowie Andalusien); *Aragón* (Aragón, Katalonien, Valencia und seit 1512 Navarra südlich

Abb. 1: **Petersdom und Petersplatz in Rom.**

der Pyrenäen, dazu die Balearen, Sardinien, Sizilien sowie seit 1504 Neapel); schließlich *Portugal*. Die beiden ersteren werden durch das Königspaar Isabella I. von Kastilien (★ 1451, Kgn. 1474–1504) und Ferdinand II. von Aragón (★ 1472, Kg. 1479–1516) in Personalunion regiert, d. h., sie bilden bei Wahrung ihrer Eigenständigkeit seit 1479 eine gemeinsame Monarchie unter den beiden *Reyes Católicos*. Die innere Verwaltung „Spaniens" bleibt infolgedessen bis ins 18. Jh. hinein zersplittert. 1492 erobern Isabella und Ferdinand die letzte arabische Bastion auf der Halbinsel, das Königreich Granáda. Wegen des Gegensatzes der **Reyes Católicos** zu Frankreich kommt es zu Heiratsverbindungen mit bedeutsamen Konsequenzen:

a) 1496 zur Doppelhochzeit mit den Habsburgern (s. o., S. 40 ff.); sie hat zur Folge, dass der Enkel der Katholischen Könige, Erzherzog Karl nach dem Tod Ferdinands II. von Aragón 1516 die Königreiche Kastilien und Aragón erbt und so erster „spanischer" König wird (*Carlos I.*, 1516–1556);

b) eine Tochter des Königspaars, Katharina (von Aragón, ★ 1485, † 1536), heiratet 1501 den englischen Kronprinzen Arthur († 1502) und 1509 dessen Bruder König Heinrich VIII. von England (s. u., S. 64 f.).

c) Zudem führen mehrfache Heiratsvebindungen mit dem portugiesischen Königshaus i. J. 1580 zur bis 1640 bestehenden Vereinigung Spaniens mit Portugal, das allerdings, ebenfalls wie die spanischen Königreiche, seine Institutionen beibehält.

„Spanien" ist zu Beginn des 16. Jhs. das einzige Land Europas mit einer durchgreifenden, von oben durchgeführten Kirchenreform. Sie geht zurück auf die Tätigkeit von *Francísco Ximénez de Cisneros* (★ 1436, † 1517), seit 1495 Erzbischof von Toledo. Nicht nur institutionell, sondern auch von innen her (durch bessere Pfarrerausbildung, intensivere Seelsorge sowie weitgehende „Entweltlichung" des höheren Klerus) wird die Kirche erneuert, außerdem wird Glaubensabweichungen ein Riegel vorgeschoben. Damit sind von Anfang an reformatorischen Strömungen, wie sie von Luther, Zwingli u. a. ausgehen könnten, Riegel vorgeschoben. Spanien bleibt so gegenüber der Reformation, die zudem durch die Inquisition rigoros unterdrückt wird, immun.

Als Erzherzog Karl die Herrschaft 1517 persönlich übernimmt, stößt er anfangs auf Schwierigkeiten, da er als Landfremder Fehler begeht, u. a. indem er sein Königreich nach der Wahl zum Kaiser 1519 in eine mittelalterlichen Traditionen folgende „universale" Politik einbinden will. Die Quittung ist

Los Reyes Católicos   Vom Papst verliehener Titel des „katholischen Königspaars" Isabella von Kastilien und Ferdinand von Aragón, der den gemeinsamen Herrschaftsanspruch über beide Königreiche sowie die feste Treue zum christlichen Glauben unterstreicht.

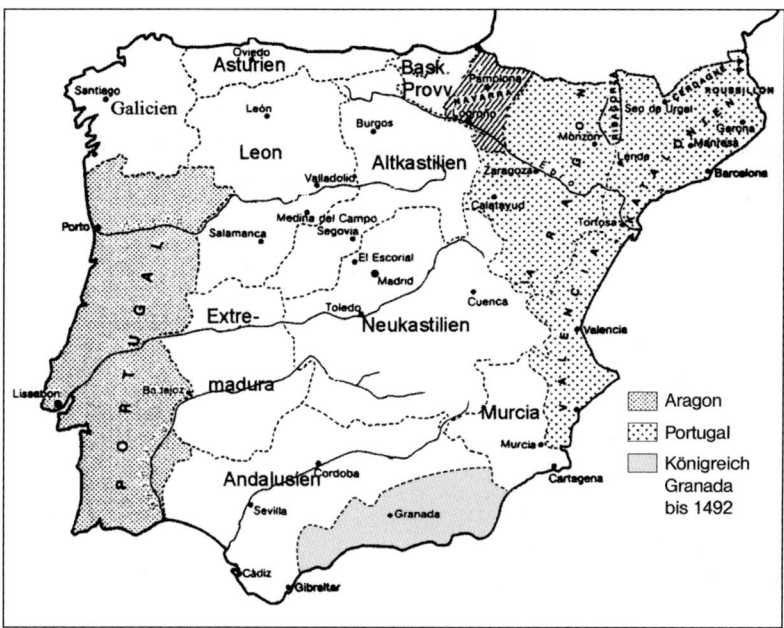

Karte 4: **Die spanischen Königreiche in der Frühen Neuzeit.**

1520/21, während seiner Abwesenheit im Reich, der Aufstand der *Comuneros.* Karl gelingt indes bald, die spanischen Interessen besser in seine Politik einzubinden und dem Land die Hegemonialrolle nahe zu bringen, die es aufgrund seiner Mittelmeerstellung und seines Kolonialreichs ausüben soll. Auf der anderen Seite wird es in die Konflikte mit Frankreich in Italien und wegen der „burgundischen Frage" hineingezogen.

Hinzu kommen laufend Auseinandersetzungen mit den Osmanen. Sie sind seit den 1530er Jahren mit den algerischen Seeräubern verbündet, da diese die Oberhoheit des Sultans anerkennen. Gegen sie erfolgen mehrere spanische Vorstöße nach Nordafrika, die zur Einnahme u. a. der Häfen Ceuta und Melilla sowie 1535 sogar von Tunis führen. Gegenüber den Osmanen kommt es im Laufe des 16. Jhs. im Mittelmeer, vor allem nach der Seeschlacht von Lepanto (1571, s. u., S. 106), zu einer Pattsituation.

Als Karl V. 1556 abdankt, erhält sein ältester Sohn Philipp II. (*1527, Kg. 1556–1598) Spanien und seine Nebenlande sowie die Gebiete des Burgundischen Reichskreises (s. o., S. 39). Philipp kann den Krieg, den Heinrich II. von Frankreich 1552 gegen seinen Vater begonnen hat, siegreich beenden: Der Frieden von Câteau-Cambrésis (April 1559) besiegelt für Jahrzehnte die spanische Hegemonie in Europa. Der nach dem Tod Maria Tudors, der Königin von England (s. u., S. 68), verwitwete König, heiratet zudem die älteste Tochter des Königs von Frankreich und gewinnt hier Einflussmöglichkeiten. Er muss sich allerdings bald mit der Opposition in den niederländischen Teilen seiner burgundischen Besitzungen auseinandersetzen (s. u., S. 90 ff.).

3.2 Frankreich

Nach dem Ende des Hundertjährigen Krieges (1453) kommt es unter Ludwig XI. (*1423, Kg. 1461–1483) zur Straffung der Königsherrschaft und zur Stärkung der Zentralgewalt gegenüber regionalen Oppositionsbestrebungen. Herrschaftsmittel des Königs sind

    a) die **Parlements,**
    b) die Generalständeversammlungen (**états généraux**). Hinzu kommt
    c) eine eigene *Steuerverwaltung,* da der König in einigen Provinzen das Recht durchgesetzt hat, selbst Steuern zu erheben;
    d) außerdem darf das Königtum ein *stehendes Heer* unterhalten; bedeutsam ist späterhin schließlich

Die spanischen Habsburger im 16./17. Jahrhundert

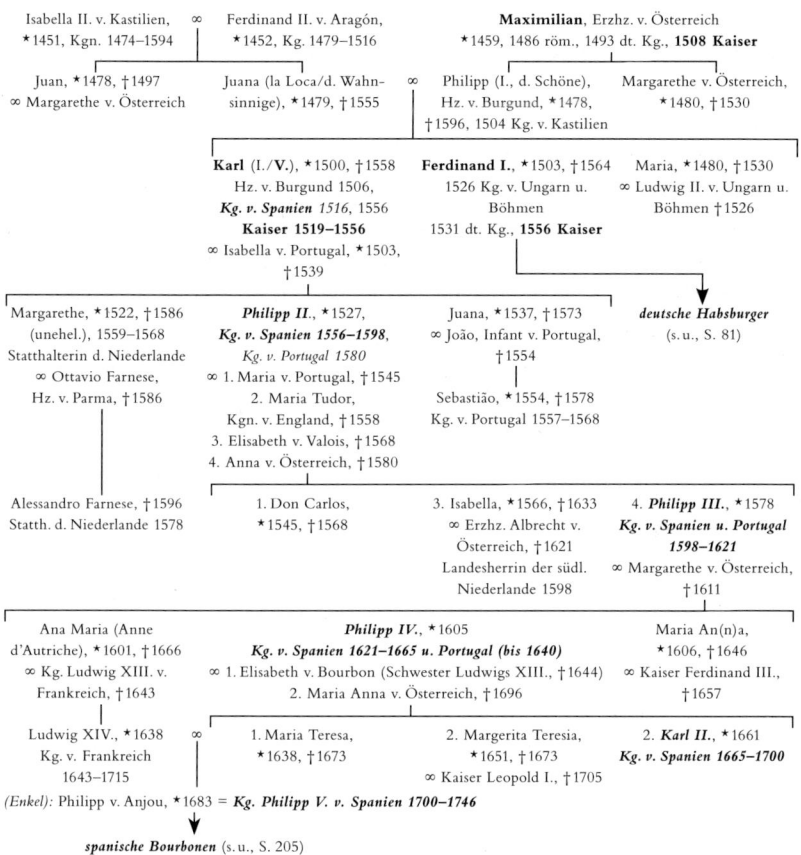

Isabella II. v. Kastilien, ∞ Ferdinand II. v. Aragón,
*1451, Kgn. 1474–1594 | *1452, Kg. 1479–1516

Maximilian, Erzh. v. Österreich
*1459, 1486 röm., 1493 dt. Kg., **1508 Kaiser**

Juan, *1478, †1497
∞ Margarethe v. Österreich

Juana (la Loca/d. Wahnsinnige), *1479, †1555 ∞

Philipp (I., d. Schöne),
Hz. v. Burgund, *1478,
†1596, 1504 Kg. v. Kastilien

Margarethe v. Österreich,
*1480, †1530

Karl (I./V.), *1500, †1558
Hz. v. Burgund 1506,
Kg. v. Spanien *1516*, 1556
Kaiser 1519–1556
∞ Isabella v. Portugal, *1503,
†1539

Ferdinand I., *1503, †1564
1526 Kg. v. Ungarn u.
Böhmen
1531 dt. Kg., **1556 Kaiser**

Maria, *1480, †1530
∞ Ludwig II. v. Ungarn u.
Böhmen †1526

Margarethe, *1522, †1586
(unehel.), 1559–1568
Statthalterin d. Niederlande
∞ Ottavio Farnese,
Hz. v. Parma, †1586

Philipp II., *1527,
Kg. v. Spanien 1556–1598,
Kg. v. Portugal 1580
∞ 1. Maria v. Portugal, †1545
2. Maria Tudor,
Kgn. v. England, †1558
3. Elisabeth v. Valois, †1568
4. Anna v. Österreich, †1580

Juana, *1537, †1573
∞ João, Infant v. Portugal,
†1554

Sebastião, *1554, †1578
Kg. v. Portugal 1557–1568

deutsche Habsburger
(s. u., S. 81)

Alessandro Farnese, †1596
Statth. d. Niederlande 1578

1. Don Carlos,
*1545, †1568

3. Isabella, *1566, †1633
∞ Erzh. Albrecht v.
Österreich, †1621
Landesherrin der südl.
Niederlande 1598

4. *Philipp III.*, *1578
Kg. v. Spanien u. Portugal
1598–1621
∞ Margarethe v. Österreich,
†1611

Ana Maria (Anne
d'Autriche), *1601, †1666
∞ Kg. Ludwig XIII. v.
Frankreich, †1643

Philipp IV., *1605
Kg. v. Spanien 1621–1665 u. Portugal (bis 1640)
∞ 1. Elisabeth v. Bourbon (Schwester Ludwigs XIII., †1644)
2. Maria Anna v. Österreich, †1696

Maria An(n)a,
*1606, †1646
∞ Kaiser Ferdinand III.,
†1657

Ludwig XIV., *1638 ∞
Kg. v. Frankreich
1643–1715

1. Maria Teresa,
*1638, †1673

2. Margerita Teresia,
*1651, †1673
∞ Kaiser Leopold I., †1705

2. *Karl II.*, *1661
Kg. v. Spanien 1665–1700

(Enkel): Philipp v. Anjou, *1683 = **Kg. Philipp V. v. Spanien 1700–1746**
↓
spanische Bourbonen (s. u., S. 205)

Parlements   Seit dem späten 13. Jh. vom König eingesetzte Gerichtshöfe, zunächst in Paris, später auch in den Provinzen. Sie sind mit gelehrten Juristen besetzt und unterstützen das Königtum bei der Gesetzgebung. Das Parlement von Paris übt eine juristische Normenkontrolle über königliche Gesetze aus, ehe sie von ihm registriert werden. Es kann Widerspruch einlegen („remonstrieren"), den der König aber durch seine persönliche Anwesenheit bei der entsprechenden Verhandlung („lit de justice") zunichte machen kann. Später werden die Richterämter verkauft und die Richter immer unabhängiger. Im 18. Jh. führt die Opposition des Parlaments von Paris gegen Steuerreformgesetze des Königtums zu einer Staatskrise, die mit die Französische Revolution auslöst (s. u., S. 228 ff.).

États généraux   Vom König erstmals 1302 einberufene Versammlung aus Vertretern der drei „Stände" des Königreichs: Klerus, Adel und „Dritter Stand" (*Tiers état:* Repräsentanten des Stadtbürgertums und der Großbauern). Sie gibt dem König vor allem bei außenpolitischen Konflikten Rückhalt und ist zuständig für die Bewilligung zusätzlicher Steuern.

e) das 1516 mit dem Papst ausgehandelte *Konkordat* von Bologna (s. o., S. 54): es gibt dem König faktisch das Recht, die höheren Pfründen, (Bistümer, Abteien) an Leute seiner Wahl zu vergeben.

Zum Lehngebiet des Königs gehören wichtige Teile des seit dem späten 14. Jh. zwischen Frankreich und dem Reich entstandenen Staatswesens der Herzöge von Burgund (s. GK II/2, S. 148–156), einer Nebenlinie des Hauses *Valois*, die 1477 mit dem Tod Karls des Kühnen ausstirbt: (Kron-)Flandern, Artois, Picardie und Bourgogne (Burgund). Da Karls Tochter Maria den Habsburger Maximilian (s. o., S. 40) heiratet und dieser die von Ludwig XI. als erledigte Lehen zurückgeforderten Gebiete behalten will, kommt es zu Auseinandersetzungen zwischen beiden: Sie begründen den bis 1756 dauernden habsburgisch-französischen Gegensatz. An Frankreich fallen bis 1529 die Bourgogne und die Picardie zurück, nicht aber das Artois und Flandern. Der Gegensatz verschärft sich zu einem Konflikt von europäischem Ausmaß, als die Habsburger auch Spanien (mit seinen Nebenländern) erben und das französische Königtum sich „eingekreist" sieht.

Neben den Konflikt um das burgundische Erbe tritt der um die Vorherrschaft über Norditalien: Ludwig XII. (* 1462, Kg. 1498–1515) erhebt Ansprüche auf Mailand, erobert es 1499 und behält es bis 1512; 1516 wird es von seinem Nachfolger Franz I. (* 1494, Kg. 1515–1547) erneut erobert. Dies ruft Kaiser Karl V. auf den Plan; die Mailänder Frage beschäftigt die Politik beider Monarchen bis in die 1540er Jahre (vgl. die Übersicht auf S. 49). Franz I. verbündet sich zeitweilig sogar mit den Osmanen.

Wegen der günstigen Regelungen des Konkordats von 1516 hat Franz I. kein Interesse, in seinem Land – ähnlich wie viele Landesherren im Reich – die Reformation durchzuführen. Er ist aber Kirchenreformen nicht abgeneigt, zudem fördert er den Humanismus, ähnlich wie seine Schwester, Königin Margarethe von Navarra (* 1492, † 1549), die den neuen religiösen Ideen noch näher steht. Diese werden im Reformkreis des Bischofs von Meaux, Guillaume Briçonnet (* 1472, † 1534), intensiv diskutiert. Veränderungen wie im Reich werden allerdings nicht erwogen, Anhänger Luthers sogar hart verfolgt. Die Offenheit Franz' I. gegenüber den neuen Ideen ändert sich radikal durch die **Affaire des Placards** (Oktober 1534). Seitdem verfolgt der König die Anhänger der Reformation.

Von Genf, der Wirkungsstätte Calvins (s. o., S. 24 f.), aus verbreitet sich die Lehre der „Reformierten", die in Frankreich als *Hugenotten* bezeichnet werden, immer mehr, obwohl nach Franz' I. Tod sein Sohn Heinrich II.

Verzweigungen des französischen Königshauses

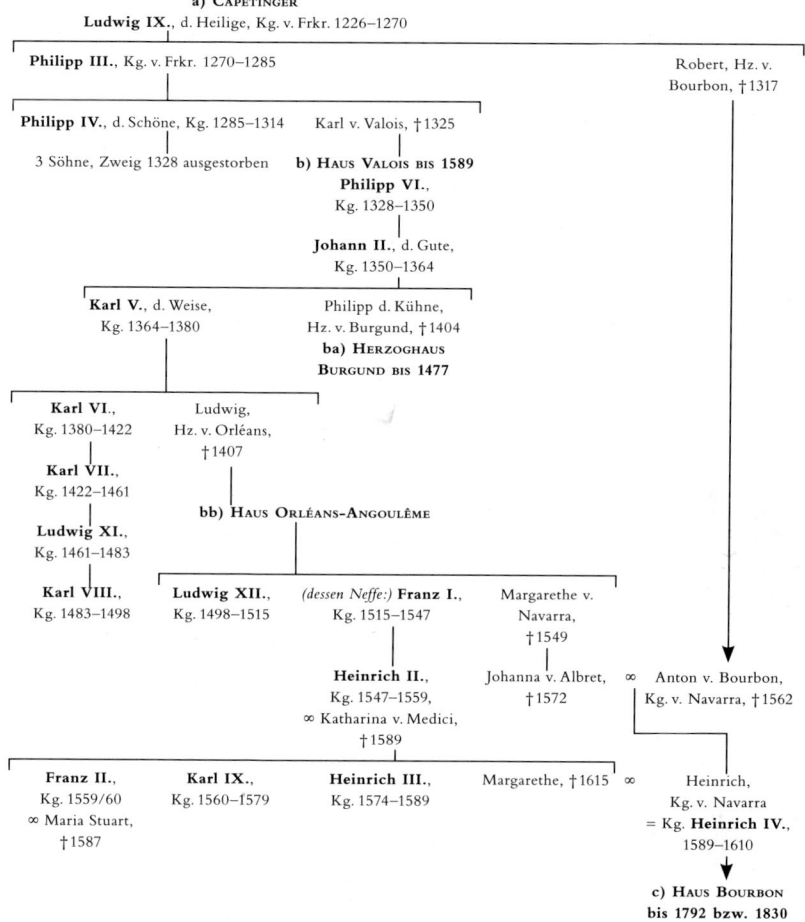

a) CAPETINGER
Ludwig IX., d. Heilige, Kg. v. Frkr. 1226–1270

Philipp III., Kg. v. Frkr. 1270–1285

Robert, Hz. v. Bourbon, †1317

Philipp IV., d. Schöne, Kg. 1285–1314

Karl v. Valois, †1325

3 Söhne, Zweig 1328 ausgestorben

b) HAUS VALOIS BIS 1589
Philipp VI., Kg. 1328–1350

Johann II., d. Gute, Kg. 1350–1364

Karl V., d. Weise, Kg. 1364–1380

Philipp d. Kühne, Hz. v. Burgund, †1404
ba) HERZOGHAUS BURGUND BIS 1477

Karl VI., Kg. 1380–1422

Ludwig, Hz. v. Orléans, †1407

Karl VII., Kg. 1422–1461

Ludwig XI., Kg. 1461–1483

bb) HAUS ORLÉANS-ANGOULÊME

Karl VIII., Kg. 1483–1498

Ludwig XII., Kg. 1498–1515

(dessen Neffe:) **Franz I.**, Kg. 1515–1547

Margarethe v. Navarra, †1549

Heinrich II., Kg. 1547–1559, ∞ Katharina v. Medici, †1589

Johanna v. Albret, †1572

∞ Anton v. Bourbon, Kg. v. Navarra, †1562

Franz II., Kg. 1559/60 ∞ Maria Stuart, †1587

Karl IX., Kg. 1560–1579

Heinrich III., Kg. 1574–1589

Margarethe, †1615 ∞

Heinrich, Kg. v. Navarra = Kg. **Heinrich IV.**, 1589–1610

c) HAUS BOURBON bis 1792 bzw. 1830

(vgl. Grundkurs Geschichte, Jörg Schwarz, Das europäische Mittelalter II, S. 221)

Affaire des placards In der Nacht vom 17./18. Oktober 1534 werden im Pariser Louvre und im Schloss von Amboise Flugblätter an die Tür des königlichen Schlafgemachs geheftet, in denen die evangelische Abendmahlslehre gegen die Transsubstantiationslehre (s. o., S. 25) verfochten wird. Franz I. fühlt sich kompromittiert, bekennt sich in offizieller Form zur alten Lehre und verfolgt seitdem heftig die Anhänger der Reformation.

(∗1519, Kg. 1547–1559) die Verfolgung religiös Missliebiger verschärft. In den *Parlements* werden eigene Kammern zur Ketzerverfolgung (*Chambres ardentes* genannt) eingerichtet. Dabei wird der König von einigen hohen Adelsfamilien unterstützt, vor allem von den Herzögen von Guise, einer Nebenlinie des lothringischen Herzogshauses. Zu ihr gehört Maria Stuart (∗1542, †1587; s. u., S. 98), die ins Königshaus einheiratet und 1559/60 als Frau Franz' II. (∗1544) kurz Königin wird. Mehr den Hugenotten zugewandt sind die Bourbonen, ein Seitenzweig des Königshauses.

Heinrich II. ist nach erfolglosen Auseinandersetzungen mit den Habsburgern 1556 von Philipp II. von Spanien im Kampf um die vom französischen Königtum nach wie vor beanspruchten Gebiete an der Grenze zu den Niederlanden geschlagen und im April 1559 zum Frieden von Câteau–Cambrésis genötigt worden (s. o., S. 60). Der Friedensschluss wird besiegelt durch die Heirat der ältesten Tochter Heinrichs, Elisabeth (∗1545, †1568), mit dem König von Spanien. Aus diesem Anlass findet in Paris ein Turnier statt, an dem Heinrich II. teilnimmt und am 10. Juli 1559 tödlich verwundet wird. Ihm folgen – zeitweise unter der Regentschaft der Königinmutter Katharina von Medici (∗1519, †1589) – nacheinander seine drei Söhne, die sämtlich schwache Herrscher sind und von denen der älteste, Franz II. († Dezember 1560), schon nach kurzer Zeit stirbt. Inzwischen sind die Hugenotten, obwohl sie eine Minderheit bleiben, immer stärker geworden: 1559 halten sie ihre erste nationale Synode ab. Drei Jahre später beginnt für Frankreich die bis 1598 andauernde Krisenzeit der religiösen Bürgerkriege.

3.3 England

In England ist 1485 nach den „Rosenkriegen" unter den beiden verfeindeten Zweigen des Hauses Plantagenet, Lancaster und York (s. GK II/2, S. 222), das Haus Tudor an die Herrschaft gelangt. Heinrich VII. (∗1457, Kg. 1485–1509) versteht es in Zusammenarbeit mit dem Parlament die königliche Herrschaft wieder zu stabilisieren. Dies gelingt auch deswegen, weil es nach der Dezimierung des hohen Adels in den vorangegangenen Wirren von dieser Seite keine nennenswerte Opposition mehr gibt. Heinrich VIII. (∗1491, Kg. 1509–1547) überlässt bis 1529 einen großen Teil der Regierungsgeschäfte, vor allem sämtliche Kirchenangelegenheiten, dem Erzbischof von York, Kardinal Thomas Wolsey (∗1474, †1530). Dieser wird 1515 **Lordkanzler** und fungiert seit 1518 als Legat des Papstes. Dies ist für die spätere

Abb. 2: **Bildnis Heinrich VIII. von Hans Holbein d. J. (1540). Das Bild mit der Inschrift „Anno aetatis suae XLIX" (im 49. Lebensjahr) zeigt den König (hier nur im oberen Ausschnitt) in prachtvoller Kleidung und spiegelt in typischer Weise das Selbstbewusstsein eines Renaissancefürsten wider.**

Lordkanzler *(Lord High Chancellor)* Ursprünglich Leiter der königlichen Kanzlei, als solcher für das gesamte Rechtswesen verantwortlich und zugleich wichtigster Staatsminister. Ursprünglich durch den Erzbischof von Canterbury versehen. Erster „weltlicher" Kanzler war Sir Thomas More (Morus, s. S. 66 f.).

Entwicklung von Bedeutung, weil man sich dadurch daran gewöhnt, nicht von Rom aus kirchlich geleitet zu werden.

Der König, als Zweitgeborener (sein Bruder Arthur ist 1502 gestorben) ursprünglich für den geistlichen Stand vorgesehen, ist an sich streng katholisch gesinnt; er nimmt 1521 sogar in einer theologischen Schrift zur Verteidigung der sieben Sakramente gegen Luther Stellung und erhält vom Papst den Titel „Verteidiger des Glaubens" (*defensor fidei*). Um die noch junge Dynastie zu sichern, benötigt er einen männlichen Thronerben, den ihn seine Frau Katharina von Aragón nicht gebären kann. Von mehreren Kinder erreicht lediglich die spätere Königin Maria (* 1516) das Erwachsenenalter. Wolsey betreibt seit 1525 bei der Kurie die Scheidung des Königs. Ihr kann aber der Papst nach dem *Sacco di Roma* (s. o., S. 54) aus Rücksicht auf Karl V., dessen Tante die Königin ist, nicht zustimmen. Heinrich VIII. geht ab 1531 mit Billigung des schon länger romfeindlichen Parlaments daran, die *Ecclesia Anglicana* von Rom zu lösen und sich selbst zu ihrem Oberhaupt (*Supreme Head of the Church of England*) zu machen. Beschleunigt wird dies dadurch, dass seine Geliebte Anne Boleyn seit Anfang 1533 schwanger ist. Der König hofft auf einen Sohn, der als Thronfolger von legitimer Geburt sein soll, und will sie heiraten. Als Kirchenoberhaupt kann er die Scheidung von seiner Frau Katharina selbst vollziehen. Anfang September kommt allerdings kein Sohn, sondern eine Tochter, die spätere Königin Elisabeth, zur Welt. Der König verstößt Anne Boleyn 1536 wegen angeblicher Untreue und lässt sie hinrichten. In dritter Ehe heiratet er eine Frau aus dem englischen Adel, Jane Seymour, die im Oktober 1537 bei der Geburt eines Sohnes stirbt. Drei weitere Ehen Heinrichs VIII. bleiben kinderlos.

Obwohl er selbst am katholischen Charakter der Kirche festhalten will, muss er angesichts der seit langem gewachsenen Kirchenfeindschaft in weiten Teilen der Bevölkerung und vor allem im Parlament Kompromisse eingehen. U. a. werden in den späten 1530er Jahren die Klöster abgeschafft; ihre Güter fallen an die Krone und gelangen wegen der Geldnot des Königs zum erheblichen Teil an den Landadel (*gentry*). Die Bischofsverfassung wird allerdings beibehalten. Die Untertanen müssen einen Eid auf den König als Kirchenoberhaupt schwören (Suprematseid). Der seit 1529 amtierende Lordkanzler Sir **Thomas More** (lat.: *Morus*, * 1478) verweigert dies und wird 1535 hingerichtet. Heinrichs wichtigste Mitarbeiter bei der Umwandlung der englischen Kirche in eine Staatskirche, sind Erzbischof Thomas Cranmer von Canterbury (* 1489, † 1556) und sein Minister Thomas Cromwell (* 1485, † 1540). Als dieser allerdings zu offen seine protestantischen Neigungen zeigt, wird

Abb. 3: Thomas Morus. Kreidezeichnung des frisch zum englischen Lordkanzler ernannten Thomas Morus von Hans Holbein d. J. aus dem Jahr 1529 (vgl. die Beschriftung oben links: Tho; Moore L^{d}Chancelour). Morus ist vor allem durch seine Schrift *Utopia* von 1516 berühmt geworden. „Utopia" ist ein von ihm geprägtes griechisches Kunstwort und bedeutet „Nirgendwo". Er beschreibt darin einen angeblich auf einer weit entfernten Insel existierenden Idealstaat. Der Titel der Schrift dient seitdem als Bezeichnung für die literarische Gattung sog. Staatsromane über ideale Gesellschafts- und Staatswesen.

er hingerichtet. Denn der König hat bereits 1539 in den sog. *Six Articles* seinen Willen bekundet, am katholischen Charakter der englischen Kirche – wenn auch ohne den Papst als Oberhaupt – nichts zu ändern.

Heinrichs Thronfolgeordnung sieht vor, dass ihm sein Sohn Edward (★1537) als König nachfolgt (Edward VI., 1547–1553). Für den 1547 noch Minderjährigen übernehmen sein Onkel Edward Seymour (Herzog von Somerset, 1500, †1552) sowie nach dessen Sturz 1550 John Dudley, Earl of Warwick (später Herzog von Northumberland, ★1504, †1553) als **Lord Protectors** die Regentschaft. Beide sind Anhänger der Reformation. 1549 werden die „Sechs Artikel" aufgehoben, das Abendmahl wird von nun so wie bei den Reformierten verabreicht. Ebenso wird die Zahl der Sakramente auf zwei festgeschrieben und die Priesterehe zugelassen. Die „Zweiundzwanzig Artikel" von 1551 schreiben die theologischen Grundsätze Calvins vor; hierbei spielen auswärtige Theologen wie die Italiener Ochino und Vermigli (s. o., S. 28) sowie der deutsche Reformator Martin Bucer (★1491, †1551) eine wichtige Rolle. Treibende Kraft bei diesen Veränderungen ist Thomas Cranmer.

Als der stets kränkliche junge König im Juli 1553 stirbt, kann sich seine älteste Halbschwester Maria als Königin durchsetzen (Maria I., 1553–1558). Sie ist strikte Anhängerin des alten Glaubens, zudem heiratet sie im Juli 1554 Philipp II. von Spanien. Beraten von ihrem Verwandten Kardinal Reginald Pole (s. o., S. 56), der als Legat des Papstes wirkt und nach der Hinrichtung Cranmers 1556 das Erzbistum Canterbury übernimmt, betreibt sie die Rekatholisierung des Landes. 1554 wird die kirchliche Gerichtsbarkeit des Papstes wieder hergestellt, seitdem werden die Anhänger der Reformation blutig verfolgt. Die Verbindung mit Spanien wirkt sich jedoch ungünstig aus, weil England in den Krieg Philipps gegen Heinrich II. von Frankreich hineingezogen wird (s. o., S. 60) und im Juni 1558 seinen letzten Festlandsbesitz, die Stadt Calais, verliert.

Nach dem Tod der kinderlos gebliebenen Maria kann ihre jüngere Halbschwester Elisabeth (★1533) den Thron für sich erringen (Elisabeth I., 1558–1603). Sie führt das Land wieder zu den religiösen Verhältnissen vor Marias Thronbesteigung zurück (s. u., S. 96 ff.).

Lord Protector Reichsverweser bzw. Regent für einen noch unmündigen König. Später Titel
Oliver Cromwells (vgl. u. S. 130).

Das Haus Tudor

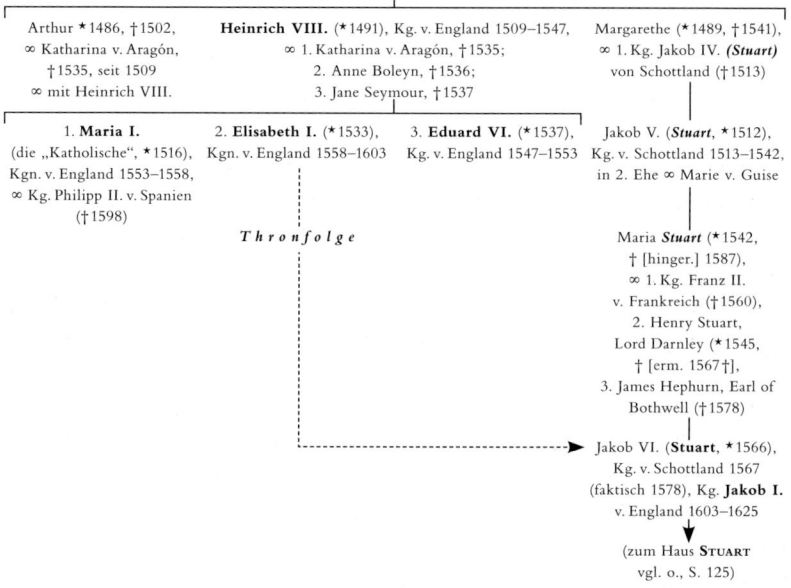

Heinrich VII. (*1457),
Kg. v. England 1485–1509

Arthur *1486, †1502,
∞ Katharina v. Aragón,
†1535, seit 1509
∞ mit Heinrich VIII.

Heinrich VIII. (*1491), Kg. v. England 1509–1547,
∞ 1. Katharina v. Aragón, †1535;
2. Anne Boleyn, †1536;
3. Jane Seymour, †1537

Margarethe (*1489, †1541),
∞ 1. Kg. Jakob IV. *(Stuart)*
von Schottland (†1513)

1. **Maria I.**
(die „Katholische", *1516),
Kgn. v. England 1553–1558,
∞ Kg. Philipp II. v. Spanien
(†1598)

2. **Elisabeth I.** (*1533),
Kgn. v. England 1558–1603

3. **Eduard VI.** (*1537),
Kg. v. England 1547–1553

Jakob V. (*Stuart*, *1512),
Kg. v. Schottland 1513–1542,
in 2. Ehe ∞ Marie v. Guise

T h r o n f o l g e

Maria *Stuart* (*1542,
† [hinger.] 1587),
∞ 1. Kg. Franz II.
v. Frankreich (†1560),
2. Henry Stuart,
Lord Darnley (*1545,
† [erm. 1567†],
3. James Hepburn, Earl of
Bothwell (†1578)

Jakob VI. (**Stuart**, *1566),
Kg. v. Schottland 1567
(faktisch 1578), Kg. **Jakob I.**
v. England 1603–1625

(zum Haus STUART
vgl. o., S. 125)

69

4 Skandinavien, Polen und der Ostseeraum

In Skandinavien haben sich im Mittelalter zwei große Königreiche herausgebildet: a) *Dänemark* mit Norwegen und Island (sowie Grönland und den Faeröer), ferner die Herzogtümer Schleswig und Holstein (letzteres zum Reich gehörend) sowie b) *Schweden* mit Finnland (vorläufig noch ohne die heutigen südschwedischen Landschaften Skåne, Halland und Blekingen sowie die Insel Gotland).

Seit 1397 bilden die Königreiche Dänemark, Norwegen und Schweden (-Finnland) durch die sog. Kalmarer Union mit Unterbrechungen ein uniertes Königreich (vgl. GK II/2, S. 186). Damit schwindet der früher sehr starke Einfluss der norddeutschen Hanse-Kaufleute, insbesondere der Lübecker Kaufmannschaft. Der letzte Unionskönig, Christian II. (*1503, †1559, Kg. 1513–1523) aus dem dänischen Königshaus, kann sich allerdings gegenüber der schwedischen Adelsopposition trotz zahlreicher Hinrichtungen beim sog. Stockholmer Blutbad von 1520 nicht durchsetzen. Wegen seines tyrannischen Herrschaftsstils wird er auch von seinen dänischen Untertanen vertrieben (1523). Damit fallen die Königreiche Dänemark-Norwegen und Schweden-Finnland wieder auseinander. Die Reformation kommt in beiden Ländern u. a. deswegen voran, weil der umstrittene König Christian II., ein Schwager Kaiser Karls V., der katholischen Kirche treu bleibt, so dass sich die Opposition gegen ihn auch gegen die römische Kirche richtet.

Zu einer weiteren bedeutenden Ostseemacht hat sich das seit 1386 gemeinsam mit dem *Großfürstentum Litauen* regierte Königreich *Polen* unter der Dynastie der Jagellonen (1386–1572) entwickelt. Dies ist auf Kosten des Staatswesens erfolgt, das der Deutsche Ritterorden seit dem 13. Jh. im Zusammenhang mit der Christianisierung der *Prußen* errichtet hat (vgl. GK II/2, S. 162 f.). Der *Ordensstaat* reicht zur Zeit seiner größten Ausdehnung von Hinterpommern bis an den Finnischen Meerbusen. Im Laufe mehrerer kriegerischer Auseinandersetzungen verliert er das Gebiet um die Weichselmündung (Erster u. Zweiter Thorner Friede 1411 bzw. 1466). Das Ordensgebiet ist seitdem im Wesentlichen auf das spätere „Ostpreußen" (ohne das Ermland) beschränkt, die Hauptstadt wird von der Marienburg nach Königsberg verlegt. Die Lehnshoheit, die der König von Polen über dieses Gebiet beansprucht, wird vom Deutschen Orden bestritten. Der letzte Hochmeister, Albrecht von Brandenburg (*1490, †1568) aus einer Nebenlinie der brandenburgischen Kurfürsten, erkennt 1525 die polnische Lehnshoheit an und wandelt den Rest-Ordensstaat mit Zustimmung des Königs von Polen

Karte 5: **Entwicklung des Gebiets des Deutschen Ordens bis 1525.**

in ein erbliches Herzogtum um; zugleich wird hier (als erstem Flächenstaat überhaupt) die Reformation eingeführt.

Schweden verselbstständigt sich unter der Führung des Leiters der Adelsopposition gegen Christian II. von Dänemark, Gustav Wasa (* 1496, † 1560). Hierbei leistet Lübeck, das an der Schwächung des Unionskönigtum interessiert ist, Hilfe. Gustav wird 1523 zum König von Schweden gewählt (G. I., Kg. 1523–1560). Unter ihm wird das Land der Reformation zugeführt (Reichstag von Västerås, 1527) und erhält eine lutherische Landeskirche (die Bischöfe werden jedoch beibehalten). Da dies mit der Einziehung der Kirchengüter verbunden ist, wird das Königtum, dessen Einnahmen sich verfünffachen, enorm gestärkt.

In *Dänemark* wählen die Stände („Reichstag") 1523 anstelle von Christian II. dessen Onkel Friedrich I. (* 1471, Kg. 1523–1533) zum König. Christian II. versucht 1531 vergeblich, im Land wieder Fuß zu fassen, was die Einführung der Reformation beschleunigt. Sie erfolgt unter Christian III. (* 1503, Kg. 1534–1559) vor allem auf Betreiben des Bürgertums, auf das sich der König gegen den Adel und die meist adligen Bischöfe stützt. Der entsprechende Reichstagsbeschluss ergeht 1536: Eingeführt wird eine Landeskirche nach dem Vorbild der lutherischen Kirchen in Norddeutschland mit Superintendenten (später als „Bischöfe" bezeichnet) als obersten Kirchenbeamten. Das Kirchengut wird säkularisiert, was die Einnahmen der Krone verdreifacht.

Schweden und Dänemark befinden sich das ganze 16. und frühe 17. Jh. hindurch im Wettstreit um die Ostsee-Vorherrschaft, nachdem der Niedergang der Hanse im frühen 16. Jh. immer deutlicher wird. Es geht hierbei vor allem um Livland und Kurland (den Norden des heutigen Litauen und Süden des heutigen Lettland), nachdem der livländische Schwertorden, der diese Gebiete im Mittelalter missioniert hat, zum Luthertum übergewechselt ist, außerdem um das Erzbistum Riga und das Bistum Dorpat. In diese Auseinandersetzungen greift ab 1558 auch der russische Zar ein (s. u., S. 100).

Aus *Polen* und dem mit ihm seit 1386 in Personalunion regierten *Litauen* machen die Jagellonen eine europäische Großmacht (vgl. GK II/2, S. 156–162). Eine Nebenlinie von ihnen herrscht zudem zwischen 1490 und 1526 über Böhmen und Ungarn (vgl. ebd., S. 162–170). Diese beide Königreiche fallen 1526 an das Haus Habsburg (s. o., S. 40).

Trotz des starken Königtums bleibt Polen ein Ständestaat, in dem der Adel (12–15 % der Bevölkerung!) eine wichtige, später sogar dominierende Rolle spielt. Er besteht aus dem hohen und dem niederen Adel (Magnaten

Karte 6: **Politische Verhältnisse im Ostseeraum um 1600.**

und *szlachta*). Beide sind auf dem Reichstag (*sejm*) vertreten, der aus zwei Kammern besteht: dem Senat, in dem die Magnaten sitzen, und der „Landbotenkammer", d. h. der Abgesandten der Landtage (*sejmiki*) in den „Pfalzgrafschaften" (*województwa*, dt.: Wojewodschaften), die sog. *nuntii terrestres* (Landboten, poln.: *posłowie ziemscy*). Der Reichstag tritt alle zwei Jahre zusammen. 1505 setzt er in Radom durch, dass die Gesetzgebung in Adelsangelegenheiten in seine eigene Kompetenz fällt. Polen entwickelt sich damit zur „Adelsrepublik" (*Rzeczpospolita szlachecka*), in der der König vom Adel gewählt wird, auch wenn man bis zum Aussterben der Jagellonen (1572) bei der gleichen Dynastie bleibt. Seit der Union von Lublin 1569 gibt es einen einheitlichen Reichstag mit Warschau als Tagungsort. In ihm sitzen 140 Senatoren und 170 „Landboten".

Die anfänglich von Luther, später von Calvin geprägte Reformation breitet sich allmählich aus und findet – wie anderswo auch – vor allem beim Adel, dazu im Bürgertum der mehrheitlich deutschsprachigen Hafenstädte Anhänger. Zeitweilig sind rund 40% des Adels nicht mehr romtreu. Im Adel sind viele von den Sozinianern (s. o., S. 28) beeinflusst. Seit der „livländische Schwertorden", im Mittelalter Träger der christlichen Mission im Baltikum, die Lehre Luthers angenommen hat, ist diese vor allem im Norden Litauens verbreitet. Während man bis in die 1570er Jahre in religiöser Hinsicht in Polen tolerant ist, verändert sich diese Haltung nach dem Aussterben des Jagellonenhauses (1572), da die folgenden Könige dezidiert am katholischen Glauben festhalten.

5 Das Osmanische Reich und Europa 1453–1566

Die Osmanen sind Teil einer aus Innerasien in den Vorderen Orient eingewanderten Gruppe von Turkvölkern, die seit der Spätantike immer wieder nach Westen gezogen sind. Von großer Bedeutung sind die seit dem 10. Jh. über Persien bis nach Syrien und Kleinasien eingewanderten Seldschuken. Sie haben den Islam angenommen und schließlich ein Großreich gebildet, das in Kleinasien fast bis zu den Toren von Konstantinopel reicht. Mitte des 12. Jhs. zerfällt das Seldschukenreich in einzelne Herrschaften. Von diesen haben diejenigen besondere Bedeutung, die das Byzantinische Reich („Rhomäer"-Reich, arab.: *Bālid-i-Rum*) bekämpfen, die sog. Rum-Seldschuken. Der Zustrom von Turkvölkern hält unvermindert an, so dass Kleinasien bereits um 1300 mehrheitlich von ihnen bewohnt ist. Von den

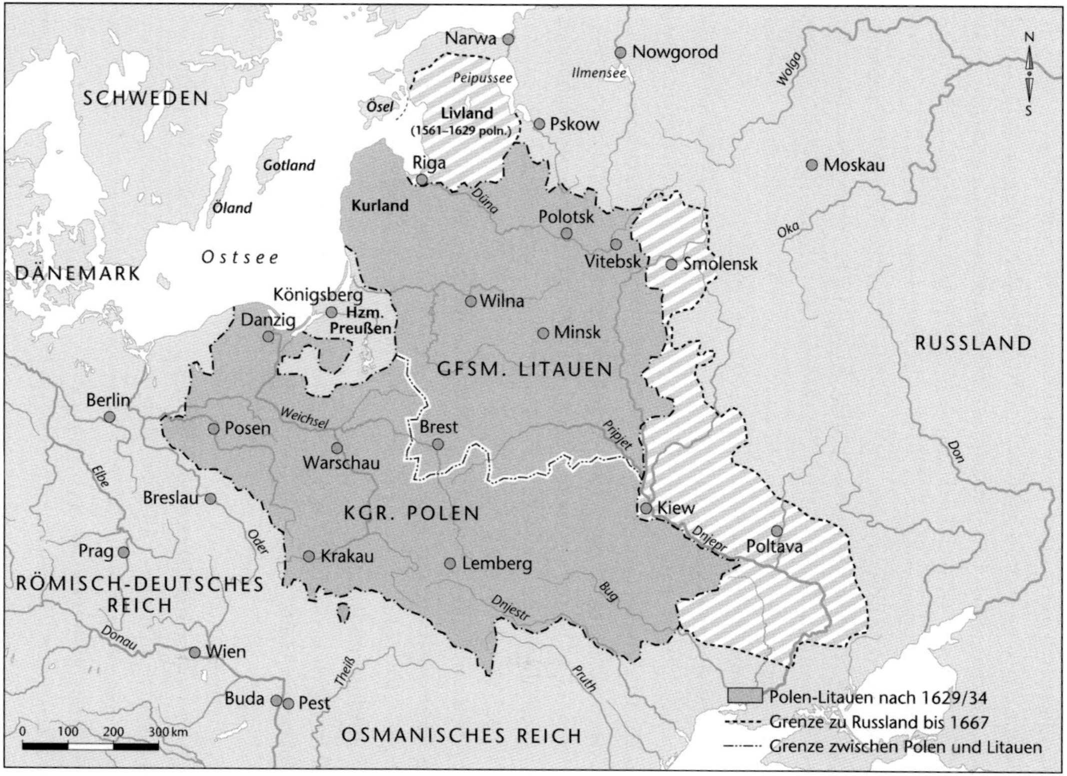
SCHWEDEN
DÄNEMARK
Ostsee
Gotland
Öland
Ösel
Narwa
Peipussee
Livland
(1561–1629 poln.)
Riga
Kurland
Ilmensee
Nowgorod
Pskow
Wolga
Moskau
Oka
Düna
Polotsk
Vitebsk
Smolensk
Königsberg
Hzm.
Preußen
Danzig
Wilna
Minsk
GFSM. LITAUEN
RUSSLAND
Berlin
Posen
Weichsel
Warschau
Brest
Pripjet
Elbe
Breslau
KGR. POLEN
Kiew
Dnjepr
Poltava
Don
Oder
Prag
Krakau
Lemberg
Bug
RÖMISCH-DEUTSCHES
REICH
Dnjestr
Donau
Wien
Theiß
Pruth
Buda
Pest
0 100 200 300 km
OSMANISCHES REICH
Polen-Litauen nach 1629/34
Grenze zu Russland bis 1667
Grenze zwischen Polen und Litauen
N
S

Karte 7: **Polen-Litauen nach der Union von Lublin (1569).**

seldschukischen Territorien sticht vor allem das des Kriegsherrn Osman (I.,
* 1258, † 1326) im Nordwesten hervor. Er bekämpft besonders heftig das seit
den Rückschlägen ab 1204 langsam wieder erstarkende Byzantinische Reich
und nimmt um 1300 den Titel „Sultan" (arab.: „Herrscher") an. 1359 fassen
die „Osmanen" zum ersten Mal in Europa Fuß, 1361 erfolgt die Einnahme
von Adrianopel (Edirne), um 1400 gebieten sie über Ost- und Nordgrie-
chenland. Konstantinopel gerät in die Zange. Die Eroberung verzögert sich
allerdings infolge der Niederlage des osmanischen Heeres bei Ankara gegen
die Mongolen unter Tamerlan (Timur Lenk) 1402, von der sich das junge
Reich nur langsam erholt.

Für das Abendland wird die „Türkengefahr" deutlich, als die Serben am
28. Juni 1389 auf dem „Amselfeld" (serb.: *Kosovo polje*) zwischen Skopje
und Priština besiegt werden. 1448 ist die osmanische Herrschaft auf dem
Balkan endgültig gefestigt. 1453 nimmt Mehmed II. (d. Eroberer, * 1432,
reg. 1451–1481) Konstantinopel ein und erhebt es zur eigenen Hauptstadt.
Das Osmanische Reich ist jetzt nicht nur Vormacht im Nahen Osten, sondern nach der Eroberung Ägyptens durch Selim I. (* 1467, reg. 1512–1520)
auch beherrschende Seemacht im östlichen Mittelmeer. Selim eignet sich
den Kalifentitel an (der zuletzt bei den Herrschern über das Nilstromland
gelegen hat) und gilt nunmehr als weltliches wie als geistliches Oberhaupt
des sunnitischen Islams.

Die osmanische Expansion erreicht ihren Höhepunkt unter Süleiman dem
Prächtigen (* 1494, reg. 1520–1566). Er erobert den größten Teil Ungarns
und belagert 1529 sogar Wien; bei seinem Tod erstreckt sich das Reich vom
Irak (Eroberung Bagdads 1534) bis zu den Küstengebieten der arabischen
Halbinsel (mitsamt den heiligen Stätten von Mekka und Medina) sowie
vom östlichen bis zum südlichen Mittelmeer, wo man Algerien kontrolliert,
ferner über den größten Teil des Donaugebiets und über fast die gesamten
Küsten des Schwarzen Meeres. Damit stoßen die Osmanen aber auf Gegner,
die ihre weitere Expansion hemmen: im Osten auf den Iran, im Westen auf
Spanien. Die hier regierenden Habsburger unterstützen ihre österreichischen
Verwandten auch bei ihren Ansprüchen auf Ungarn nach der Schlacht von
Mohács (1526; s. o., S. 40).

Das riesige Reich ist schwer zu verwalten. Sein Zusammenhalt erklärt
sich dadurch, dass es für längere Zeit in Regionen, in denen zuvor heftige
politische und religiöse Konflikte getobt haben, den Frieden sichert und
Wohlstand bringt. Eine besondere Stärke ist dabei die religiöse Toleranz, die
sich auf die Juden und die verschiedenen christlichen Konfessionen erstreckt.

Abb. 4: Bildnis Mehmeds des Eroberes von dem venezianischen Künstler Giovanni Gentile (* c.1429, † 1507) aus dem Jahr 1480. Gentile war damals als Mitglied einer Delegation seiner Vaterstadt in Konstantinopel. Er porträtiert den Herrscher als Herrn von sechs Königreichen (s. die Kronen beiderseits des Rundbogens) mit seinem Anspruch, die Kaisertradition des oströmischen Reiches fortzusetzen.

Die Verwaltung ist bis ins späte 16. Jh. weitgehend uneigennützig und effektiv, hinzu kommt ein für die damalige Zeit hervorragendes Heer- und Marinewesen. Als Durchgangsland zwischen Europa und den verschiedenen Gebieten des Orients, zudem als Vielvölkerstaat entfaltet das Reich auch eine bemerkenswerte Kultur, die zeitweilig auf die Nachbargebiete großen Einfluss ausübt.

Die Gesellschaft besteht einmal aus den *Osmānlis*, die dem Sultan unbedingten Gehorsam schulden, sich zum Islam bekennen und den sog. osmanischen Weg verfolgen, d. h. die gesellschaftlichen Konventionen ihrer Kaste beachten und das Türkische beherrschen müssen; zum zweiten aus der *rāyā*, der „behüteten Herde", zu der alle übrigen Bevölkerungsteile gehören. Die *Osmānlis* haben formal Sklavenstatus, allerdings als Untergebene des Oberherrn eine herausragende soziale Stellung. Die Mitglieder der „Herde" erzeugen den Reichtum, den die herrschende Kaste, angeführt vom Sultan, verteilt. Die Gesellschaft ist aufgeteilt in die sog. *millets*, d. h. Religionsgemeinschaften: neben den Moslems die verschiedenen Christen (orthodoxe, armenische, koptische usw.) und die Juden. Sie sind religiös, kulturell und rechtlich autonom; lediglich bei Rechtsstreitigkeiten zwischen Angehörigen verschiedener *millets* bzw. zwischen diesen und Moslems gilt das islamische Recht. Außerdem ist das Leben durch ein festes Ordnungs- und Wertesystem geregelt. Dadurch stehen der Autoritätsanspruch des Sultans und die Daseinsberechtigung des Einzelnen bzw. der verschiedenen religiösen Gruppen zueinander in einem ausgewogenen Verhältnis, dessen Beachtung der Gesellschaft des Reiches den Zusammenhalt sichert. Der Verfall dieses Ordnungs- und Wertesystems führt seit dem späten 17. Jh. zum langsamen inneren Niedergang, der mit äußerem Druck durch die europäischen Großmächte einhergeht. Beides führt seit dem späten 18. Jh. zum allmählichen Zerfall.

II Europa bis zum frühen 17. Jahrhundert

1 Das Reich im späten 16. und zu Beginn des 17. Jahrhunderts

Im Augsburger Religionsfrieden sind die religiösen Probleme im Reich nicht vollständig gelöst worden. Einmal sind die Reformierten nicht einbezogen, zum anderen gibt es ständig Streitigkeiten um die Gebiete der geistlichen Fürsten. Das Bekenntnis der Reformierten gilt seit 1562 in einem der

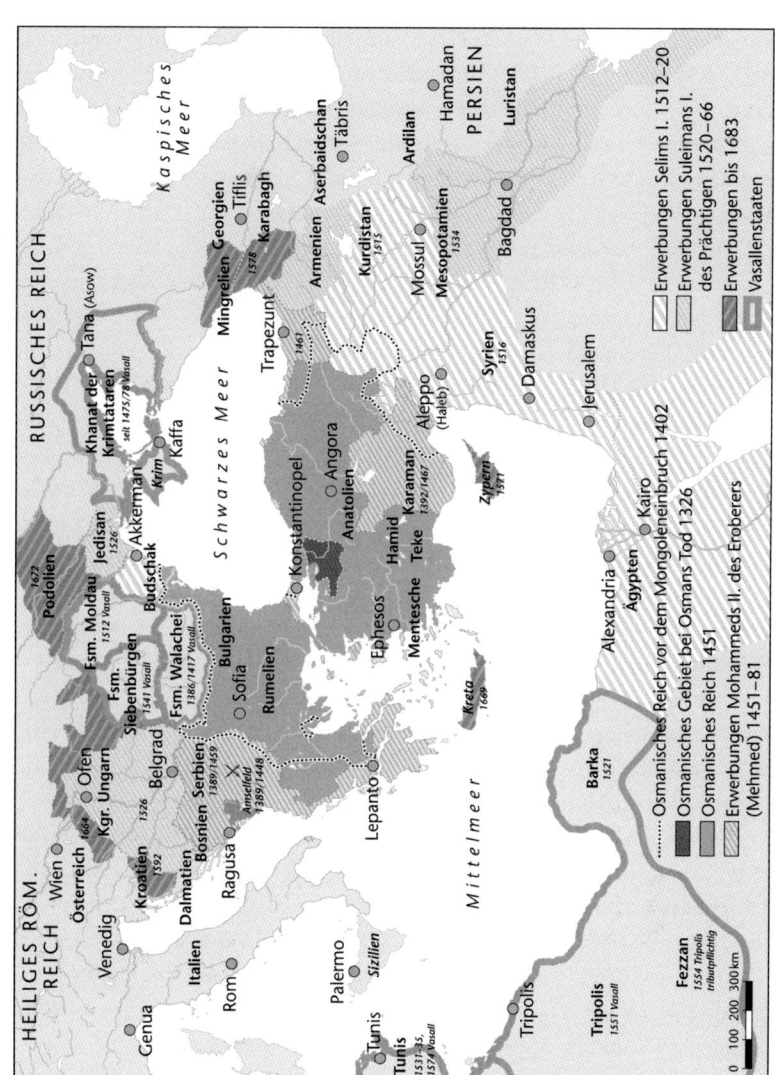

Karte 8: **Ausdehnung des Osmanischen Reiches bis 1566.**

HEILIGES RÖM.
REICH

RUSSISCHES REICH

PERSIEN

Kaspisches Meer

Hamadan

Luristan

Ardilan

Täbris

Armenien   Aserbaidschan

Mingrelien Georgien
              Tiflis
              Karabagh
        1578

Trapezunt
        1461

Kurdistan
  1515

Mossul   Mesopotamien
            1534
            Bagdad

Syrien
  1516

Aleppo   Damaskus
(Haleb)

Angora

Konstantinopel   Anatolien

Jerusalem

Zypern
  1571

Schwarzes Meer

Kaffa

Krim

Akkerman
  1526

Jedisan

Khanat der
Krimtataren
seit 1475/78 Vasall

Tana (Asow)

Podolien
  1672

Fsm. Moldau
  1512 Vasall

Budschak

Fsm. Walachei
  1386/1417 Vasall

Bulgarien

Sofia

Rumelien

Ephesos

Mentesche Teke
Hamid
Karaman
1397/1467

Fsm.
Siebenbürgen
  1541 Vasall

Belgrad
  1526

Ofen

Kgr. Ungarn

Österreich
  1664

Wien

Kroatien
  1592

Dalmatien

Bosnien Serbien
        1389/1459
Amselfeld
1389/1448

Ragusa

Venedig

Italien

Genua

Rom

Palermo

Sizilien

Lepanto

Kreta
1669

Mittelmeer

Tunis
  1531–35,
  1574 Vasall

Tripolis

Tripolis
  1551 Vasall

Barka
  1521

Fezzan
1554 Tripolis
tributpflichtig

Alexandria

Ägypten

Kairo

0 100 200 300 km

.... Osmanisches Reich vor dem Mongoleneinbruch 1402

▢ Osmanisches Gebiet bei Osmans Tod 1326

▢ Osmanisches Reich 1451

▢ Erwerbungen Mohammeds II. des Eroberers
    (Mehmed) 1451–81

▢ Erwerbungen Selims I. 1512–20

▢ Erwerbungen Suleimans I.
    des Prächtigen 1520–66

▢ Erwerbungen bis 1683

▢ Vasallenstaaten

wichtigsten Territorien, dem Kurfürstentum Pfalz (mit einer Unterbrechung 1576–1583). Die Pfalz übernimmt Anfang des 17. Jhs. die Führung der aggressiveren protestantischen Reichsstände. Dies führt ab 1618 zu langen kriegerischen Auseinandersetzungen, die schließlich europäische Ausmaße annehmen. Ein weiteres Problem sind die Zwistigkeiten innerhalb der Konfessionen, aber auch zwischen „Lutheranern" und Reformierten („Calvinisten") mit z. T. massiven politischen Auswirkungen über das Reich hinaus. Im Reich selbst kommt es zu immer heftigeren politischen Streitigkeiten, die eng mit den Religionsfragen zusammenhängen.

Sowohl Ferdinand I. (1556–1564) als auch sein Sohn Maximilian II. (*1527, Ks. 1564–1576) fahren religionspolitisch einen moderaten Kurs. Maximilian neigt vor seinem Regierungsantritt sogar dem Protestantismus zu. Sein Nachfolger Rudolf II. (*1552, Ks. 1576–1612), der in Prag residiert, ist streng katholisch gesinnt, muss aber im Zwist mit seinem Bruder Matthias (*1557, Ks. 1612–1619) um die Nachfolge in den habsburgischen Erblanden, Böhmen und Ungarn die Hilfe der böhmischen Stände in Anspruch nehmen. 1609 erzwingen sie von ihm den sog. Majestätsbrief, der den Reformierten im Land Religionsfreiheit einräumt. 1610 muss Rudolf auf die böhmische Krone zugunsten von Matthias verzichten, der seinerseits die Religionsfreiheit bestätigt; dies tut auch sein Vetter Ferdinand von Steiermark, als er 1617 die böhmische Krone übernimmt, hält sich aber nicht an die Abmachung. Die Spannungen zwischen Krone und Ständen halten somit unverändert an, bis sie in einen Krieg münden (s. u.).

1577 kommt es zum *Kölner Kapitelstreit*, als Erzbischof Gebhard Truchsess von Waldburg zum lutherischen Bekenntnis übertritt und im Fürsterzstift/ Kurfürstentum die Reformation einführen will. Er kann sich nicht durchsetzen und muss abdanken (1583). Erzbischöfe werden anschließend fünfmal in Folge Angehörige des bayerischen Zweigs der Wittelsbacher. Eine ähnliche Auseinandersetzung (*Straßburger Kapitelstreit*) erschüttert 1583–1604 das Straßburger Domkapitel, in dem die protestantischen Domherren (die z. T. gleichzeitig im Kölner Domkapitel sitzen) die Mehrheit haben. Es kommt laufend zu Doppelwahlen z. T. prominenter Mitglieder des Reichsadels. Am Ende wird 1592 der bereits seit 1578 in Metz residierende Bischof Karl von Lothringen Straßburger Bischof und akzeptiert den Bruder Ferdinands von Steiermark, Erzherzog Leopold (*1586, †1632), als Nachfolger. Die übrigen Prätendenten, darunter der Kurfürst von Brandenburg, sind zuvor durch Geldzahlungen abgefunden worden. In beiden Fällen bedeutet der Ausgang der Streitigkeiten einen Sieg der katholischen Partei im Reich.

Die deutschen Habsburger 1493–1806

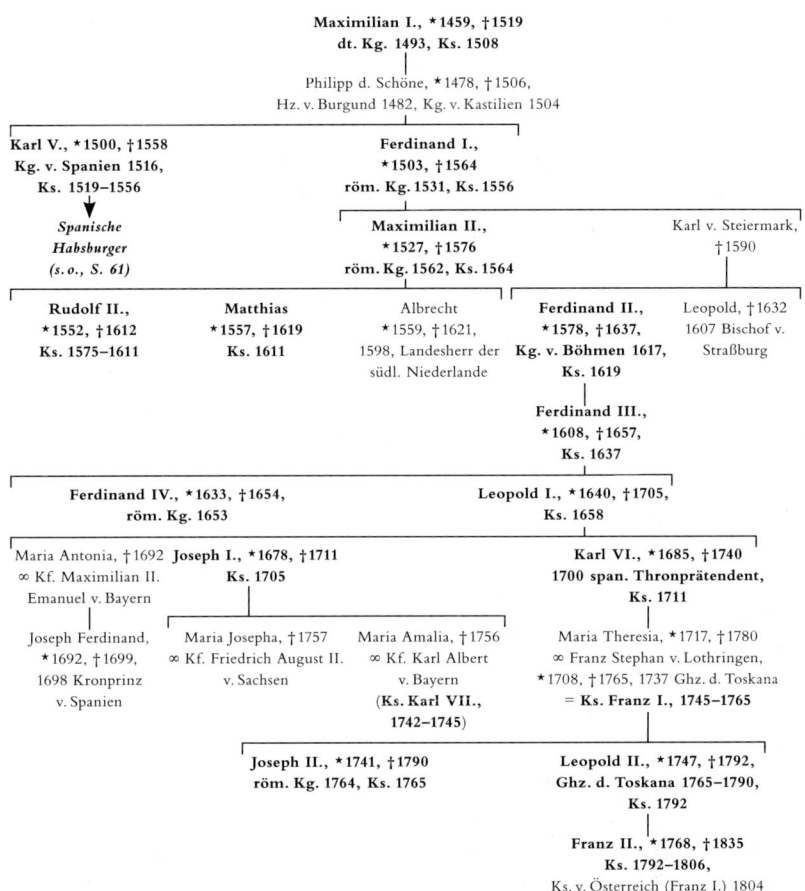

Maximilian I., *1459, †1519
dt. Kg. 1493, Ks. 1508

Philipp d. Schöne, *1478, †1506,
Hz. v. Burgund 1482, Kg. v. Kastilien 1504

Karl V., *1500, †1558
Kg. v. Spanien 1516,
Ks. 1519–1556

*Spanische
Habsburger
(s. o., S. 61)*

Ferdinand I.,
*1503, †1564
röm. Kg. 1531, Ks. 1556

Maximilian II.,
*1527, †1576
röm. Kg. 1562, Ks. 1564

Karl v. Steiermark,
†1590

Rudolf II.,
*1552, †1612
Ks. 1575–1611

Matthias
*1557, †1619
Ks. 1611

Albrecht
*1559, †1621,
1598, Landesherr der
südl. Niederlande

Ferdinand II.,
*1578, †1637,
Kg. v. Böhmen 1617,
Ks. 1619

Leopold, †1632
1607 Bischof v.
Straßburg

Ferdinand III.,
*1608, †1657,
Ks. 1637

Ferdinand IV., *1633, †1654,
röm. Kg. 1653

Leopold I., *1640, †1705,
Ks. 1658

Maria Antonia, †1692
∞ Kf. Maximilian II.
Emanuel v. Bayern

Joseph I., *1678, †1711
Ks. 1705

Karl VI., *1685, †1740
1700 span. Thronprätendent,
Ks. 1711

Joseph Ferdinand,
*1692, †1699,
1698 Kronprinz
v. Spanien

Maria Josepha, †1757
∞ Kf. Friedrich August II.
v. Sachsen

Maria Amalia, †1756
∞ Kf. Karl Albert
v. Bayern
(Ks. Karl VII.,
1742–1745)

Maria Theresia, *1717, †1780
∞ Franz Stephan v. Lothringen,
*1708, †1765, 1737 Ghz. d. Toskana
= **Ks. Franz I.**, 1745–1765

Joseph II., *1741, †1790
röm. Kg. 1764, Ks. 1765

Leopold II., *1747, †1792,
Ghz. d. Toskana 1765–1790,
Ks. 1792

Franz II., *1768, †1835
Ks. 1792–1806,
Ks. v. Österreich (Franz I.) 1804

(vgl. Grundkurs Geschichte, Jörg Schwarz, Das europäische Mittelalter II, S. 220)

81

Fast zum Krieg kommt es durch den *Jülich-Klevischen Erbfolgestreit* (1609–1614) nach dem Tod des kinderlosen Herzogs Johann-Wilhelm von Jülich-Kleve-Berg (*1562, Hz. 1592–1609). Erbschaftsansprüche haben die wittelsbachischen Pfalz-Neuburger und die brandenburgischen Hohenzollern. Das Haus Pfalz-Neuburg verschafft sich durch Übertritt vom lutherischen zum katholischen Bekenntnis die Rückendeckung des Kaisers und Spaniens, der brandenburgische Kurfürst Johann Sigismund (*1572, Kf. 1608–1619) durch Übertritt zum reformierten Bekenntnis die der Republik der Niederlande. Angesichts des drohenden Krieges bezieht auch Frankreich Stellung für die Sache der Protestanten; Heinrich IV. wird jedoch im Mai 1610 in Paris ermordet (s. u., S. 96). Der Konflikt wird schließlich durch Teilung beigelegt: Die Pfalz-Neuburger (ab 1685 Kurfürsten der Pfalz) erhalten die Herzogtümer Jülich und Berg, Brandenburg das Herzogtum Kleve sowie die Grafschaften Ravensberg und Mark.

In der Reichsstadt *Donauwörth* kommt es seit 1606 zu Dauerstreitigkeiten zwischen der protestantischen Mehrheit und der katholischen Minderheit, u. a. anlässlich von Fronleichnamsprozessionen. Kaiser Rudolf II. beauftragt 1607 Herzog Maximilian von Bayern (*1573, Hz. 1597–1651, Kf. seit 1623) mit der „Reichsexekution", um die religiöse Ordnung wiederherzustellen. Die Stadt wird erobert, verliert aber ihre Reichsfreiheit, weil sie an Maximilian zur Abgeltung der Exekutionskosten verpfändet wird. Daraufhin bildet sich 1608 unter der Führung des Pfälzer Kurfürsten Friedrich V. die *Protestantische Union* als Bündnis zahlreicher evangelischer Reichsstände. Die katholische Seite antwortet 1609 mit der Gründung der *Katholischen Liga* unter der Führung Maximilians von Bayern.

Seit der Habsburger Ferdinand von Steiermark (*1579) 1617 König von Böhmen geworden ist, wachsen Spannungen zwischen ihm und den böhmischen Ständen wegen der Religionsfrage. Im Mai 1618 setzen ihn die Stände ab; seine Räte werden aus dem Hradschin in den Burggraben geworfen („Prager Fenstersturz"). Ende August 1619 wird Ferdinand allerdings zum Kaiser gewählt (Ferdinand II., 1619–1637). Kurz darauf wählen die böhmischen Stände statt seiner den reformierten Kurfürsten Friedrich V. von der Pfalz (*1596, †1632, Kf. 1614–1621) zum König. Diese Wahl löst 1618/19 einen Krieg aus, der den Beginn des „Dreißigjährigen Krieges" markiert (s. u., S. 106 ff.).

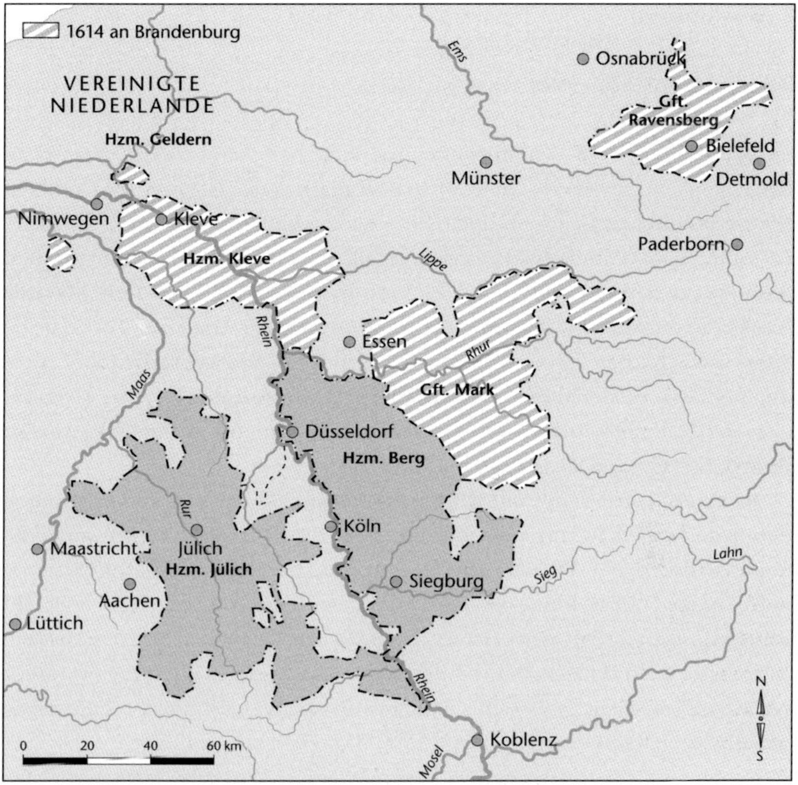

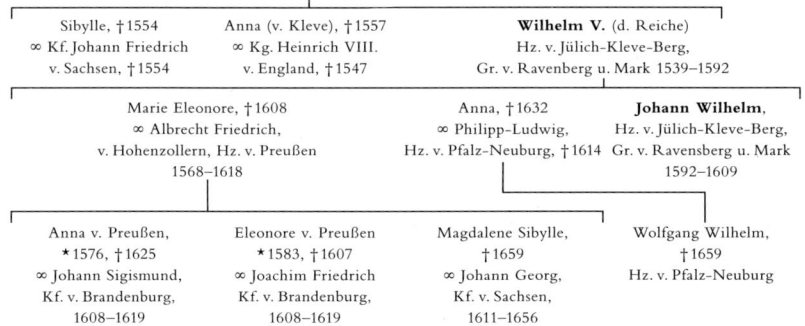

Karte 9: **Die Herzogtümer von Jülich-Kleve-Berg im späten 16. Jahrhundert.**

Map labels:
1614 an Brandenburg

VEREINIGTE NIEDERLANDE

Hzm. Geldern

Osnabrück
Gft. Ravensberg
Bielefeld
Detmold

Münster

Nimwegen
Kleve
Hzm. Kleve

Paderborn

Essen
Gft. Mark

Düsseldorf
Hzm. Berg

Köln

Maastricht
Jülich
Hzm. Jülich

Aachen
Lüttich

Siegburg

Koblenz

Ems · Lippe · Rhein · Maas · Ruhr · Rur · Sieg · Lahn · Mosel · Rhein

0 20 40 60 km

N / O / S

Ansprüche im jülich-klevischen Erbfolgestreit

Johann III., Hz. v. Jülich-Kleve-Berg,
Gf. v. Ravensberg und Mark, †1539

Sibylle, †1554	Anna (v. Kleve), †1557	**Wilhelm V.** (d. Reiche)
∞ Kf. Johann Friedrich	∞ Kg. Heinrich VIII.	Hz. v. Jülich-Kleve-Berg,
v. Sachsen, †1554	v. England, †1547	Gr. v. Ravenberg u. Mark 1539–1592

Marie Eleonore, †1608	Anna, †1632	**Johann Wilhelm,**
∞ Albrecht Friedrich,	∞ Philipp-Ludwig,	Hz. v. Jülich-Kleve-Berg,
v. Hohenzollern, Hz. v. Preußen	Hz. v. Pfalz-Neuburg, †1614	Gr. v. Ravensberg u. Mark
1568–1618		1592–1609

Anna v. Preußen,	Eleonore v. Preußen	Magdalene Sibylle,	Wolfgang Wilhelm,
*1576, †1625	*1583, †1607	†1659	†1659
∞ Johann Sigismund,	∞ Joachim Friedrich	∞ Johann Georg,	Hz. v. Pfalz-Neuburg
Kf. v. Brandenburg,	Kf. v. Brandenburg,	Kf. v. Sachsen,	
1608–1619	1608–1619	1611–1656	

83

2 Westeuropa

2.1 Spanien 1556–1598

Philipp II. regiert seit 1556 über ein Großreich, bestehend aus den spanischen Königreichen (sowie ab 1580 auch Portugal), den Balearen und einigen nordafrikanischen Brückenköpfen (von denen Algier, Bugia, Bona, Bizerta, La Goletta und Tunis bald wieder verloren gehen); ferner aus Sardinien, Neapel und Sizilien, dem „Stato dei Presidii" (Elba und die dazu gehörende Inselgruppe sowie der ihr gegenüberliegende Küstenstrich der Toskana seit 1557) sowie Mailand. Hinzu kommen die „Burgundischen Territorien" (d. h. die Siebzehn niederländischen Provinzen [s. u.] und die Franche-Comté), dazu der Kolonialbesitz im Atlantik (Kanarische Inseln), in Amerika und im Pazifik („Philippinen" seit 1563).

Mit dem siegreichen Ende des Krieges gegen Heinrich II. von Frankreich durch den Frieden von Câteau-Cambrésis (1559) steht Spanien auf dem Gipfel seiner Macht. Damals heiratet Philipp, dessen zweite Ehefrau Maria I. von England 1558 kinderlos verstorben ist, eine Tochter Heinrichs II., Elisabeth. Spanien als dem ersten europäischen Großreich seit dem frühen Mittelalter (und bis zum Beginn des 19. Jhs.) mangelt es allerdings an innerer Geschlossenheit, was sich vor allem in der Verwaltungszersplitterung bemerkbar macht.

Zudem ist das Königreich in verschiedene innereuropäische Konflikte verstrickt: als katholische Vormacht allgemein in die europäischen „Glaubenskämpfe", besonders in die innerfranzösischen Glaubensauseinandersetzungen, die erst mit dem Frieden von Vervins im Todesjahr Philipps II. (1598) beigelegt werden. Auch an den Konflikten im Reich ist man nicht unbeteiligt. Hinzu treten die Auseinandersetzungen mit dem Osmanischen Reich (1571 Seesieg bei Lepanto, gemeinsam mit den Venezianern); hierbei gelingt es wenigstens, die Insel Malta, den Riegel zum westlichen Mittelmeer, unabhängig zu erhalten. Ein weiterer Gegner, der im Laufe der Jahrzehnte immer ernstere Schwierigkeiten bereitet, ist das elisabethanische England, dessen Flotte schließlich 1588 die als unbesiegbar geltende spanische „Armada" besiegt (s. u., S. 100).

Im Inneren nimmt man, um der Glaubenseinheit willen, die man als Grundlage für die staatliche Geschlossenheit betrachtet, enorme Belastungen in Kauf: Die muslimische wie die jüdische Minderheit werden als Bedrohung angesehen. Beide (die muslimischen *Moriscos* wie die jüdischen

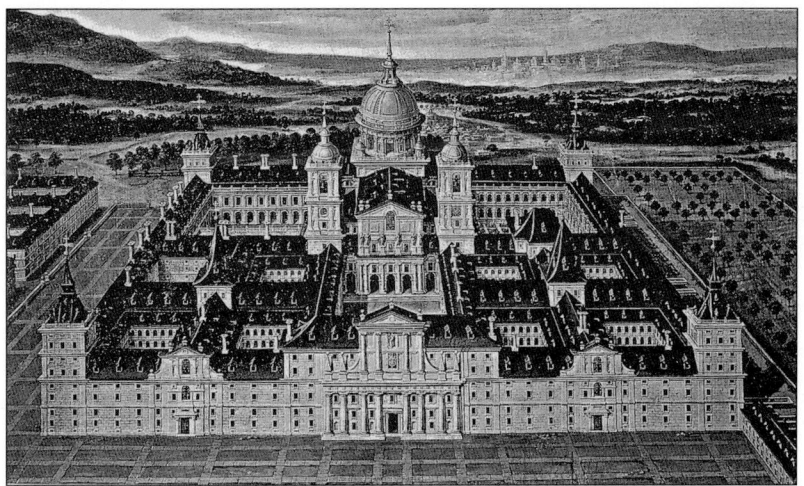

Abb. 5: San Lorenzo en el Escorial. Die Anlage, zwischen 1563 und 1584 im Auftrag Philipps II. errichtet, ist (ein dem Hl. Lorenz geweihtes) Kloster sowie Königspalast und sie beherbergt zugleich die Grablege der spanischen Könige. Sie legt somit Zeugnis sowohl für die Frömmigkeit wie für die Größe und Bedeutung des damals mächtigsten Monarchen im Abendland ab.

Marranos [= „Schweine"]) werden verfolgt, zum Christentum Übergetretene werden verdächtigt, insgeheim ihren Kultus weiterhin zu betreiben, die Anhänger beider Religionen werden schließlich ausgewiesen. Dies alles trägt zum Verfall der Landwirtschaft wie des Geld- und Kreditwesens bei.

Die Wirtschaft wird auch durch die Konsequenzen des Kolonialsystems in Mitleidenschaft gezogen: Das Engagement in die überseeischen Besitzungen erscheint als lohnender als das in die heimische Wirtschaft. Dieser schaden zudem die Silbereinfuhren aus den mittel- und südamerikanischen Kolonien, weil sie – in Münzen umgewandelt, die wegen der kriegerischen Verwicklungen weite Verbreitung finden – zu einer schleichenden und auf lange Sicht verhängnisvollen Inflation im Lande selbst wie in weiten Teilen Europas führen. Da die Silbereinfuhren, die man dringend für die kostspielige Außenpolitik benötigt, nicht immer zuverlässig eintreffen (im späten 16. Jh. zunehmend infolge von Kaperfahrten englischer Schiffe), muss Philipp II. mehrfach wegen überzogener Kredite „Staatsbankrott" anmelden. Das spanische Weltreich krankt an permanenter innerer Überforderung und dem Problem, sowohl ein starkes Heer als auch eine starke Kriegsflotte unterhalten zu müssen. Dies mündet im 17. Jh. in den stetigen Niedergang der spanischen „Weltmacht".

Zugleich allerdings erlebt das Land den Höhepunkt einer Kulturblüte, des von der Renaissance bis zum Barock dauernden „Goldenen Zeitalters" (*Siglo de Oro*) in der Literatur wie in der Malerei, jener spanischen Klassik, die sich in der Romankunst eines Miguel de Cervantes (*1547, †1616) oder im Kunstdrama Lope de Vegas (*1562, †1635) sowie in den Gemälden eines El Greco (*1541, †1614) bzw. eines Diego de Velázquez (*1599, †1660) niederschlägt.

Als besondere Belastung erweist sich der niederländische Aufstand gegen das spanische Königtum seit 1568.

2.1.1 Der Abfall der Niederlande und die Entstehung der niederländischen Republik

Unter den „Niederlanden" versteht man im 16. Jh. den Nordteil des Territorialkomplexes der Herzöge von Burgund. Es handelt sich dabei zur Zeit Karls V. um insgesamt siebzehn „Provinzen", die in Personalunion von *einem* Landesherrn regiert werden. Jede Provinz hat eine eigene Ständeversammlung. Vor ihr lässt sich der Landesherr durch einen „Statthalter" vertreten, den

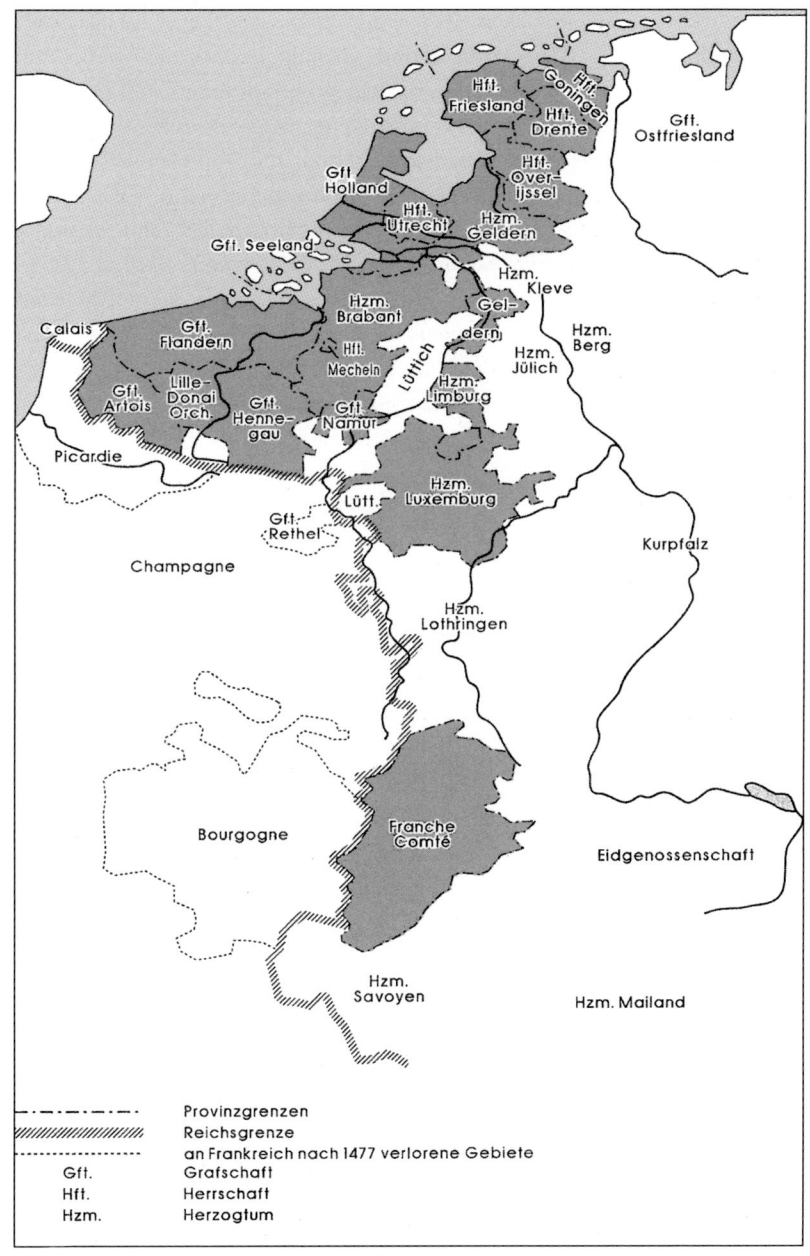

Karte 10: **Die „Siebzehn Provinzen" der Niederlande um 1550.**

er dem höheren einheimischen Adel entnimmt; in der Regel werden zwei Statthalterschaften (z. B. für Holland und Seeland) gemeinsam vergeben. Im Laufe der Zeit ist es dem in Brüssel, der Hauptstadt Brabants, residierenden Landesherrn aber gelungen, auch eine Generalständeversammlung (*états généraux, staten generaal*) zu institutionalisieren, die von den Provinzialständeversammlungen beschickt wird. Der Hof in Brüssel und die Generalstände bilden für die verschiedenen Territorien ebenso eine Klammer wie das in Mecheln tagende höchste Gericht, der *Grand Conseil de Malines* (ndld.: *Grote Raad van Mechelen*), und die Rechnungskammern (*Chambres des comptes*) zur Kontrolle der Steuereinnehmer in Den Haag, Brüssel und Lille. 1530 richtet Karl V. zudem drei zentrale Ratsgremien ein, die für bestimmte Gesamtbelange zuständig sind: den Staatsrat aus hohen Adligen, den Geheimen Rat aus studierten Juristen bürgerlicher Herkunft für die allgemeinen Verwaltungsbelange sowie den Finanzrat. Im Übrigen führt er den Brauch ein, sich selbst während seiner Abwesenheit in Brüssel durch ein Familienmitglied vertreten zu lassen. Er wählt dazu durchweg Frauen als *Landvögtinnen* aus, zunächst eine seiner Tanten, dann eine Schwester. Philipp II. bestimmt 1559 schließlich seine unehelich geborene Halbschwester, die Herzogin Margaretha von Parma (*1522, †1586), zur Landvögtin.

Das Verhältnis zum Reich wird im Juni 1548 auf dem Reichstag zu Augsburg durch den sog. Burgundischen Vertrag geregelt. Danach sind die Siebzehn Provinzen und die Franche-Comté als „Burgundischer Reichskreis" zwar Teile des Reiches und genießen dessen Schutz, sie bleiben aber außerhalb des Geltungsbereichs des Reichskammergerichts; ebenso haben Reichstagsbeschlüsse hier nicht automatisch Gültigkeit. Damit sind diese Gebiete innerhalb des Reiches quasi souverän. Außerdem sollen sie künftig unteilbar sein und einheitlich regiert werden, wobei auch die weibliche Erbfolge gilt.

Der stärkeren Zentralisierung (ebenso wie der wirksameren Abwehr der Reformation) soll zudem eine kirchliche Gebietsreform dienen. Der Plan dazu stammt bereits von Karl V., aber erst unter Philipp II. wird er durchgeführt. Es geht um die Herauslösung der niederländischen Kirche aus den drei Kirchenprovinzen Köln, Trier und Reims sowie um die Schaffung einer katholischen Landeskirche mit eigenen Kirchenprovinzen. Deren Grenzen sollen nach außen mit denen der Siebzehn Provinzen übereinstimmen. Die drei neuen Erzbistümer (Mecheln, Utrecht und Cambrai) mit einer erheblich vermehrten Anzahl von Bistümern werden vor allem mit klösterlichem Gut ausgestattet.

Karte 11: **Die kirchliche Neugliederung der Niederlande.**

Dies führt im niederen Adel zu Unzufriedenheit, weil die jetzt aufgelösten Klöster bisher zur Ausstattung jüngerer Söhne und nicht verheirateter Töchter gedient haben. Zudem ist der hohe Adel unzufrieden, weil die Landvögtin zunehmend den Staatsrat übergeht und er sich politisch ausgeschaltet sieht. Im Volk gärt es, weil durch den Siebenjährigen Nordischen Krieg (1563–1570, s. u., S. 100) die Getreideimporte aus dem Ostseeraum stocken und – auch wegen Missernten – die Nahrungsmittelpreise steigen. Zudem werden weniger Waren im Osten Europas abgesetzt, was zu vermehrter Arbeitslosigkeit führt. Überhaupt befindet sich das Land in einer Krise, da es als reichster Teil des habsburgischen „Weltreichs" viel zu den Kriegslasten Karls V. und jüngst auch Philipps II. beigetragen hat. Hinzu kommt, dass die reformatorische Lehre Calvins, anders als die Luthers zuvor, immer mehr an Boden gewinnt.

Die Spannungen entladen sich 1566 in einem landesweiten Sturm auf Kirchen, in denen Bilder und andere Kunstwerke zerstört werden (sog. Bildersturm) und der sozialrevolutionäre Züge trägt. Zwar bekommt die Landvögtin die Lage in den Griff (man spricht daher vom *Wunderjahr 1566*), Philipp II. aber befiehlt hartes Durchgreifen und ernennt 1568 seinen besten Feldherrn, den Herzog von Alba (* 1507, † 1583), zum neuen Landvogt. Dessen Vorgehen, u. a. die Hinrichtung einiger prominenter Adliger, führt jedoch – auch nach seiner Abberufung i. J. 1573 – zu allgemeinem Widerstand. Er wird angeführt vom Statthalter von Holland und Seeland, Wilhelm von Oranien (* 1533, † 1584). Den Spaniern gelingt es nicht, diesen Widerstand zu brechen. 1576 beschließen die Generalstände in der *Pazifikation von Gent*, die Dinge selbst in die Hand zu nehmen, das Verhältnis zum Landesherrn neu zu regeln und die spanischen Truppen, die inzwischen ohne Sold marodierend umherziehen, zu entlohnen und nach Hause zu schicken. Die Calvinisten sind allerdings – trotz des persönlichen Einsatzes Wilhelms von Oranien – nicht zu religiösen Kompromissen (d. h. zur Toleranz gegenüber den Katholiken) bereit. Der seit 1578 amtierende Landvogt, Herzog Alessandro Farnese von Parma (* 1545, † 1592), ist militärisch erfolgreich, außerdem diplomatisch geschickt und kann im Januar 1579 die Stände des Artois und Hennegaus sowie die Städte Lille, Douai und Orchies durch eine neue Union mit dem Landesherrn (*Union von Arras*) wieder auf die Seite König Philipps bringen. Diese Union erweitert sich allmählich auf die gesamten südlichen Niederlande. Sie werden 1598 der Herrschaft von Philipps Tochter Isabella (* 1566, † 1633) und ihres (für die Heirat mit ihr aus dem geistlichen Stand entlassenen) Ehemannes Erzherzog Albrecht von Österreich (* 1559,

Abb. 6: **Plünderung und Zerstörung einer katholischen Kirche 1566. (Radierung von Frans Hogenberg 1583)**

† 1621) unterstellt, bleiben zwar formal als *Spanische Niederlande* erhalten, sind aber vorläufig faktisch selbstständig. In der sog. Erzherzogszeit gelingt die weitgehend friedliche Rekatholisierung des Landes, das zugleich eine kurze Kulturblüte erlebt („Zeitalter von Rubens").

Die nördlichen Provinzen schließen sich ebenfalls noch im Januar 1579 zur *Union von Utrecht* zusammen. Zu ihr gehören schließlich sieben Provinzen: Holland, Seeland, Utrecht, Geldern, Overijssel, Friesland und Groningen, dazu die Herrschaft Drente (als nicht vollberechtigtes Mitglied, das aber unter dem Schutz aller steht). Nach innen ist jede Provinz eigenständig; die bisherigen Ständeversammlungen bleiben erhalten. Lediglich die Außenpolitik und damit auch die Kriegssachen sind gemeinsam. Darüber beschließt eine Generalständeversammlung (*Staten Generaal*), in der jede Provinz (außer Drente) eine Stimme führt. Jede Provinz hat weiterhin einen Statthalter (*stadhouder*), der nun von der jeweiligen Ständeversammlung gewählt wird. Im Juli 1581 setzen die Generalstände den formal immer noch als Landesherrn geltenden König von Spanien förmlich ab, indem sie eine „Abschwörungsurkunde" (*Placcaet van verlatinghe*) erlassen. Da man keinen neuen Landesherrn findet, der allen genehm ist, wird aus der Utrechter Union die *Republik der* (nördlichen) *Niederlande*. Zur Koordination der Regierungsgeschäfte wird 1584 ein *Staatsrat* gebildet, dem alle Provinzialstatthalter sowie zwölf Vertreter der Provinzialstände angehören. Der Krieg mit den südlichen Niederlanden wird zwischen 1609 und 1621 durch einen Waffenstillstand (*Twaalfjarig bestand*) unterbrochen, flammt aber im Zusammenhang mit dem Beginn des Dreißigjährigen Krieges (1618–1648) erneut auf. 1633 entsendet die spanische Krone wieder einen Landvogt in die südlichen Niederlande. Die Republik erobert das weitgehend rekatholisierte (und auch mehrheitlich katholisch bleibende) nördliche Brabant, das 1648 angegliedert und von den Generalständen als „Generalitätslande" verwaltet wird. Der Frieden von Münster (Januar 1648) bringt der Republik die Anerkennung durch Spanien als unabhängiger Staat.

2.2 Frankreich 1559–1610

Nach dem Tod Heinrichs II. im Juli 1559 wird das Land zum Spielball der Interessenkonflikte einiger großer Adelsfamilien, die zugleich verschiedenen Glaubensrichtungen angehören, und der Gemahlin des verstorbenen Königs, Katharina von Medici (* 1519, † 1589). Führer der katholischen Fraktion sind

Abb. 7: Titelblatt des Abdrucks der Abschwörungsurkunde, erschienen in Leiden 1581.

Der niederländische Text lautet in freier Übersetzung auf Deutsch: „Plakat (= öffentliche Bekannt-
machung") der Generalstände der vereinigten
Niederlande, durch das, vermittels der in aller
Länge dargelegten und in sich selbst verständ-
lichen Gründe man den König von Spanien der
Oberhoheit und Herrschaft über diese Niederlande
für verlustig erklärt und verbietet, seinen Namen
und sein Siegel in denselben Landen weiterhin
zu gebrauchen usw." – Der Text stellt den relativ
seltenen Fall einer Herrscherabsetzung wegen
Missbrauchs herrscherlicher Rechte dar. Die
„Abschwörungsurkunde" hat Auswirklungen bis
hin zur englischen *Bill of Rights* von 1689 (s. o.,
S. 166) und zur *amerikanischen Unabhängigkeitserklärung* von 1776 (s. u., S. 232 f.)

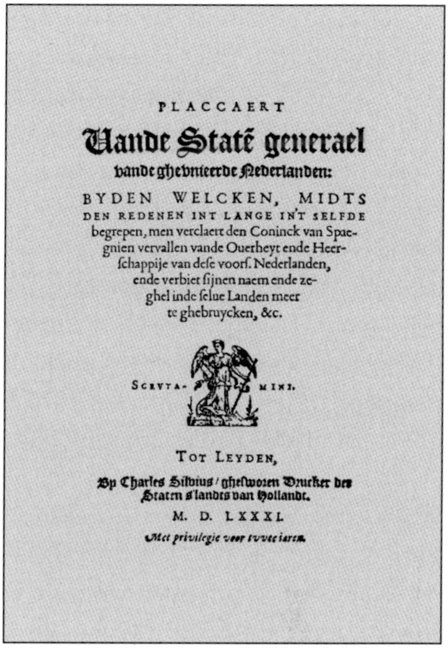

PLACCAERT

Uande Staté generael
vande ghevnieerde Nederlanden:

BYDEN WELCKEN, MIDTS
DEN REDENEN INT LANGE INT SELFDE
begrepen, men verclaert den Coninck van Spae-
gnien vervallen vande Ouerheyt ende Heer-
schappije van defe voorf. Nederlanden,
ende verbiet fijnen naem ende ze-
ghel inde felue Landen meer
te ghebruycken, &c.

SCRVTA-   MINI.

TOT LEYDEN,

By Charles Silvius / ghefwoien Drucker der
Staten s landts van Hollandt.

M. D. LXXXI.

Met privilegie voor tvvee iaren.

93

die Herzöge von Guise, die während der Regierung von Heinrichs Nachfolger Franz II. (Kg. 1559/60) kurzfristig großen Einfluss auf den Thron haben (s. o., S. 64). Anschließend wächst das Gewicht der Königinmutter, die für ihren zweiten Sohn Karl IX. (* 1550, Kg. 1560–1574) für einige Jahre die Regentschaft übernimmt. Sie laviert zwischen den Guise und den nächsten Verwandten des Königshauses, den Bourbonen. Von ihnen regiert seit 1555 Anton von Bourbon (* 1518, † 1562) über das kleine Königreich Navarra im Süden Frankreichs. Er steht – gemeinsam mit seinem Bruder Ludwig von Condé (* 1530, † 1569) – an der Spitze der Hugenotten; deren politischer Kopf sowie später auch militärischer Leiter ist der Admiral Gaspard de Coligny (* 1519, † 1572). Nach 1572 übernimmt Antons Sohn Heinrich von Navarra (* 1553, † 1610; s. u.) die Führung.

Die religiösen Gegensätze im Land sowie die politischen Spannungen zwischen den führenden Adelsfamilien verursachen 1562 die sog. **Religionskriege**, die bis 1598 immer wieder aufflammen. Zum Elitenkonflikt zwischen dem Königshaus und den großen Adelsfamilien tritt im späten 16. Jh. eine wirtschaftlich prekäre Lage, einmal infolge des Preisverfalls durch die von Spanien ausgehende Inflation (s. o., S. 86), zum anderen durch häufige Missernten und Subsistenzkrisen. Das Land sieht sich überdies durch den hohen Steuerdruck überfordert, der auf die Geldnot des Königtums zurückzuführen ist. Die Lage verschärft sich schließlich entscheidend in den 1590er Jahren durch die militärische Einmischung des spanischen Königs.

Höhepunkt der religiös–politischen Konflikte ist zunächst die Bartholomäusnacht (23./24. August 1572). Coligny will Frankreich gegen das Übergewicht Spaniens einen und in den niederländischen Aufstand eingreifen. Er betreibt daher die Aussöhnung zwischen Katholiken und Hugenotten, die durch die Hochzeit zwischen Heinrich von Navarra und der Schwester Karls IX., Margarethe (* 1553, † 1615), gefördert werden soll. Als sie in Paris gefeiert wird, kommt es zu einer von der Königinmutter initiierten, dann teilweise spontan vom Volk getragenen Eskalation: Die in Paris als Gäste anwesenden Hugenotten, darunter Coligny selbst, werden großenteils abgeschlachtet, ja das Morden greift auch auf die Provinz über. Heinrich von Navarra entgeht dem Tod nur durch seinen raschen Übertritt zum katholischen Bekenntnis, den er kurze Zeit später widerruft.

In dieser Lage bricht nicht nur der bewaffnete Religionskonflikt erneut aus, sondern es wird nun auch verbreitet die Ansicht vertreten, dass der König zum Tyrannen entartet sei und abgesetzt werden müsse und dass gegen ihn aktiver Widerstand geboten sei. Darauf antwortet Jean Bodin (* 1529, † 1596)

Zeittafel zu den Religionskriegen in Frankreich

1559, 3. April	Frieden von Câteau-Cambrésis
1559, 10. Juli	Tod Kg. Heinrichs II., sein Sohn Franz II. tritt die Nachfolge an (†1560, 5. Dezember)
1560–1574	Kg. Karl IX., Regentschaft durch die Königinmutter Katharina v. Medici
1562–1563	*1. Religionskrieg; endet mit dem Frieden von Amboise:* privater Gottesdienst wird den Hugenotten überall, außer in Paris, gestattet
1567–1568	*2. Religionskrieg; endet mit dem Frieden von Longjumeau:* Bestätigung des Friedens von Amboise
1569–1570	*3. Religionskrieg; endet mit dem Frieden von St. Germain:* Bestätigung der vorherigen Friedensschlüsse
1572, 23./24. August	**Bartholomäusnacht**
1572–1573	*4. Religionskrieg; endet mit dem Edikt von Boulogne (8. Juli 1573):* La Rochelle, Nîmes, Monauban hugenottische Sicherheitsplätze, Religionsfreiheit für den hohen Adel, häusliche Andacht für übrige Hugenotten
1574, 30. Mai	Tod Karls IX.; Nachfolger ist sein Bruder Heinrich III. (1574–1589)
1574–1576	*5. Religionskrieg; endet mit dem Frieden von Beaulieu* (auch „paix de Monsieur" nach dem Bruder des Königs, Franz v. Alençon [*1555, †1584] und Thronfolger): Glaubensfreiheit für alle Hugenotten, außer in Paris
1576	dagegen Bildung der „Heiligen Liga"
1577	*6. Religionskrieg; endet mit dem Frieden von Bergerac oder Poitiers:* Bestätigung des Edikts von Boulogne; Einrichtung von gemischten Parlamentskammern im Süden
1580	*7. Religionskrieg; endet mit dem Vertrag von Fleix:* Bestätigung der vorherigen Regelungen
1585–1598	*8. Religionskrieg (auch: „Krieg der drei Heinriche": Heinrich III., Heinrich v. Navarra, Heinrich v. Guise).* Heinrich III. wird am 31. Juli 1589 ermordet; Philipp II. von Spanien greift 1590 von den Niederlanden aus in die Kämpfe ein
1589–1610	Heinrich v. Navarra wird als Heinrich IV. Nachfolger des ermordeten Königs; er tritt 1593 zum katholischen Bekenntnis über und kann daraufhin in Paris einziehen und wird 1594 in Reims gekrönt
1598, 15. April	**Edikt von Nantes**
1598, 2. Mai	***Friedensschluss von Vervins mit Spanien***

1576 mit seiner berühmten Abhandlung *Les six livres de la république*, die den königlichen Anspruch auf absolute Herrschaft begründet (s. o., S. 18). Seine Auffassung findet vor allem im Bürgertum, aber auch unter den wichtigen königlichen Amtsträgern, den sog. *Politiques*, großen Anklang, weil man glaubt, dass nur eine starke königliche Gewalt die verfahrene innere Lage bereinigen kann.

Nachfolger Karls IX. wird 1574 sein Bruder Heinrich III. (★1551, Kg. 1574–1589), der im Jahr zuvor in Polen zum König gewählt worden ist (s. u., S. 102) und nun eilends nach Frankreich zurückkehrt. Da er als letzter seines Hauses keine Kinder hat, läuft die Nachfolge in den späten 1580er Jahren auf Heinrich von Navarra zu. Heinrich III. wird gegen Ende seiner Regierung, u. a. weil er dessen Nachfolge befürwortet, von der radikaleren Richtung der Katholiken, der *Heiligen Liga*, heftig befehdet; 1589 wird er von einem ihrer Anhänger ermordet. Heinrich von Navarra (als König Heinrich IV., 1589–1610) kann sich, obwohl legitimer Nachfolger, erst nach erneutem Übertritt zum katholischen Glauben im Jahre 1593 allgemeine Anerkennung verschaffen. Im Mai 1598 gelingt ihm der Friedensschluss mit Spanien (Friede von Vervins). Im Innern wird die Lage durch das bereits im April 1598 erlassene Edikt von Nantes stabilisiert. Es sichert den Hugenotten gewisse Rechte bei der Religionsausübung zu: freier Gottesdienst auf den Schlössern des Adels, nicht öffentlicher in zahlreichen Städten, allerdings nicht in Paris, dazu konfessionell gemischte Kammern in den *Parlements* von Paris, Toulouse, Grenoble und Bordeaux, um Fehlurteilen aus religiösen Gründen vorzubeugen, sowie Einräumung etlicher bewaffneter Plätze, vor allem im Süden des Königreichs.

Beraten von seinem wichtigsten Minister, Maximilien de Béthune, Herzog von Sully (★1560, †1641), führt Heinrich das Land wieder zu innerer Stabilität und Wohlstand; er begründet dabei den Ruf des *bon roi Henri*, an den das Bourbonenhaus später immer wieder anknüpfen wird. Im Mai 1610 wird er von einem katholischen Fanatiker in Paris ermordet, als er auf der Fahrt zum *Parlement* ist, um dort die Regentschaft während seiner geplanten Abwesenheit im Krieg um die jülich-klevische Erbfolge (s. o., S. 82) zu regeln.

2.3 England 1558–1603

Nach dem Tod Marias im November 1558 kann Heinrichs VIII. 1533 geborene jüngere Tochter Elisabeth, obwohl sie als unehelich gilt, den Thron

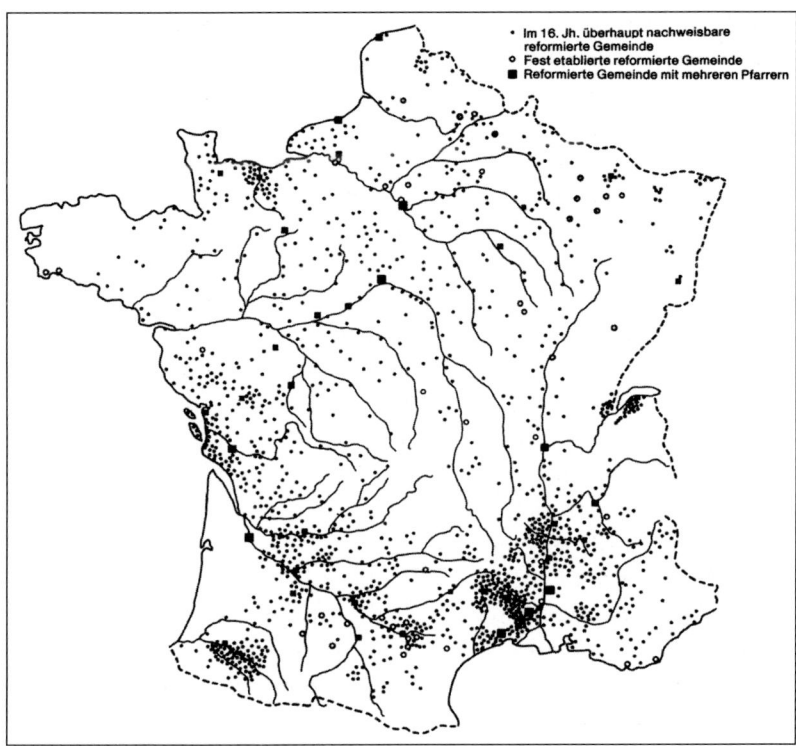

Karte 12: **Reformierte Gemeinden in Frankreich im späten 16. Jahrhundert.**

für sich erringen (Elisabeth I., 1558–1603). Sie muss den äußeren Frieden wiederherstellen, darf dabei ihren Schwager Philipp II. nicht vor den Kopf stoßen und sieht sich dem Problem gegenüber, im Innern die religiöse Zerrissenheit zu beseitigen, die durch ihre beiden Vorgänger bewirkt worden ist. Sie geht dabei besonnen vor und erweist sich während ihrer langen Regierungszeit als überaus fähige Herrscherin.

1559 wird der königliche Supremat über die Kirche, wie ihn Heinrich VIII. eingeführt hat, wiederhergestellt (*Act of Supremacy*; die Königin ist allerdings als Frau „nur" *supreme governor of the Church of England*). Die Bischöfe, die sich weigern, den Eid auf die Königin zu leisten, werden ihrer Ämter enthoben und müssen emigrieren. Zugleich sorgt der *Act of Uniformity* für die Wiedereinführung der Liturgie, die bereits unter Eduard VI. gegolten hat; allerdings werden Bilder, Kreuzdarstellungen, Priestergewänder und Kirchenmusik beibehalten. 1563 folgen die „Neununddreißig Artikel", eine Neubearbeitung der Zweiundvierzig von 1551. Damit ist das *Elizabethan Settlement* mit seiner *Established Church* perfekt.

Allerdings ist der königliche „Episkopalismus" nicht unumstritten, nicht wenige wollen die Kirche weiter „reinigen"; es entsteht die Bewegung des *Puritanismus* (bis hin zu *nonconformists* und *dissenters*), aus dem zahlreiche Sektenbewegungen erwachsen. Am radikalsten sind die Anhänger von Robert Browne (*1560, †1633), die *Brownisten* oder *Independenten*, die für die völlige Unabhängigkeit der Einzelgemeinden eintreten. Staatlicherseits wird mit scharfer Intoleranz sowohl auf die Katholiken wie auf die *congregationalists* geantwortet.

Kirchen- und Außenpolitik Elisabeths hängen eng miteinander zusammen. Elisabeth widersteht zunächst der Werbung ihres Schwagers Philipps II., der sich um ihre Hand bemüht. Das hat auch innenpolitische Gründe, da die Heirat mit ihm mit der Fortsetzung der Rekatholisierungspolitik ihrer Schwester verbunden wäre. Sie schlägt aber auch Heiraten mit Prinzen aus anderen europäischen Königshäusern aus, um sich außenpolitisch nicht festlegen zu müssen (Ehelosigkeit als Mittel der Außenpolitik). Doch wird ab 1577 vorsichtig, seit den späten 1580er Jahren offen der niederländische Aufstand gegen die Krone Spanien unterstützt.

Eine große Gefahr entsteht für Elisabeth, als 1568 die aus Schottland vertriebene Königin Maria Stuart (als französische Königin s. o., S. 64) nach England flieht. Sie ist eng mit dem Haus Tudor verwandt. Elisabeth – deren „uneheliche Geburt" immer noch als Makel auf ihr lastet – sieht sich in ihrer Position als Königin von England gefährdet, Maria wird interniert und in

Abb. 8a: **Elisabeth I. nach ihrer Krönung in der Westminsterabtei (17. November 1558) im königlichen Ornat.**

Abb. 8b: **Die Königin gegen Ende ihres Lebens in bescheidenem Gewand, in der Hand ein Sieb, Symbol für Weisheit und Keuschheit.**

England gefangen gehalten. Sie wagt dennoch die Teilnahme an einem katholischen Komplott gegen die Königin und wird im Februar 1587 wegen Hochverrats hingerichtet.

Dies führt zum offenen Krieg mit Spanien. Philipp II. entsendet 1588 seine Kriegsflotte (span.: *armada*) gegen England. Diese erleidet aber im August im Ärmelkanal gegen die englischen Schiffe eine Niederlage und wird bei der anschließend notwendigen Umrundung der britischen Inseln durch stürmisches Wetter nahezu vernichtet. Der Krieg mit Spanien, den England vor allem mit Kaperfahrten gegen die spanischen Silberflotten führt, wird erst 1604 durch Elisabeths Nachfolger beendet (s. u., S. 124).

Da Elisabeth kinderlos ist, geht die Nachfolge auf ihren nächsten Verwandten – Maria Stuarts Sohn Jakob (James) V. von Schottland – über, der im Frühjahr 1603 als Jakob I. die Herrschaft in England antritt (Haus Stuart, 1603–1714).

3 Skandinavien, Polen und der Ostseeraum bis 1604

Schweden und *Dänemark* sind im 16. und im frühen 17. Jh. die Mächte, die um die Ostsee-Vorherrschaft am heftigsten streiten. Es geht hierbei vor allem um *Livland* und *Kurland*, nachdem der livländische Schwertorden, zum Luthertum übergewechselt ist (s. o., S. 72), außerdem um das Erzbistum Riga und das Bistum Dorpat, die reformiert worden sind.

Die Auseinandersetzungen um dieses Gebiet, in die sich auch Polen und – zum ersten Mal in der europäischen Geschichte – ab 1568 auch Russland einmischen, gipfeln im Siebenjährigen Nordischen Krieg (1563–1570). Der Bruder des dänischen Königs Friedrichs II. (1559–1588), Magnus (★ 1540, † 1583), sucht Anlehnung an Zar Ivan IV. (Grosnyj, der „Schreckliche", ★ 1530, reg. 1547–1584), der ihn 1570 zum „König von Livland" ernennt. Magnus kann sich aber gegen den schwedischen und polnischen Druck nicht halten und verzichtet 1577 auf sein Königreich: Schweden kann in Estland und auf der Insel Dagö Fuß fassen, Kurland wird polnisch. Nach Magnus' Tod fällt die Insel Ösel an die dänische Krone, das südliche Livland an Polen.

In *Schweden* kommt es nach dem Tod Gustavs I. zu einer inneren Krise, da sein ältester Sohn Erik XIV. (★ 1533, † 1577, Kg. 1560–1568) geisteskrank und seinen Aufgaben nicht gewachsen ist. Er wird 1568 abgesetzt. Nachfolger ist sein Bruder Johann III. (★ 1537, Kg. 1568–1592), der mit einer polnischen

Das Haus Wasa in Schweden und Polen

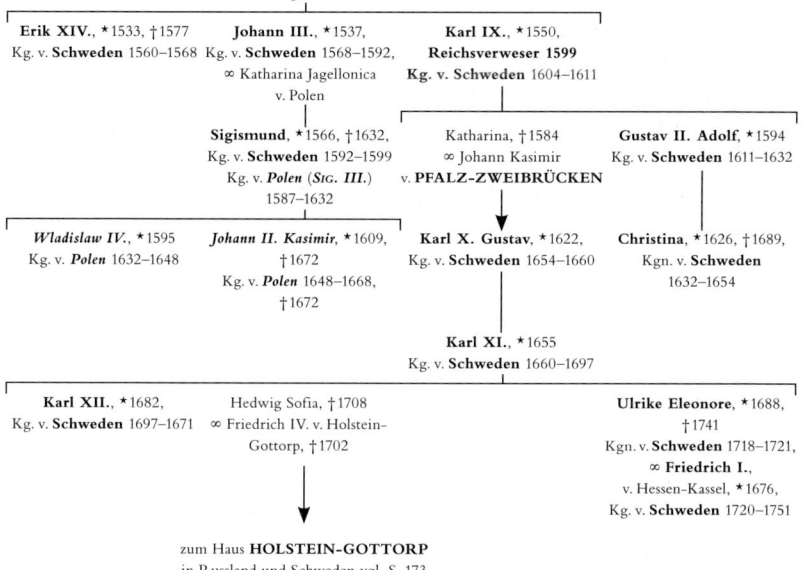

Gustav I., * 1496, Kg. v. Schweden 1523–1560

Erik XIV., * 1533, † 1577
Kg. v. **Schweden** 1560–1568

Johann III., * 1537,
Kg. v. **Schweden** 1568–1592,
∞ Katharina Jagellonica
v. Polen

Karl IX., * 1550,
Reichsverweser 1599
Kg. v. Schweden 1604–1611

Sigismund, * 1566, † 1632,
Kg. v. **Schweden** 1592–1599
Kg. v. *Polen* (*Sig. III.*)
1587–1632

Katharina, † 1584
∞ Johann Kasimir
v. **PFALZ-ZWEIBRÜCKEN**

Gustav II. Adolf, * 1594
Kg. v. **Schweden** 1611–1632

Wladislaw IV., * 1595
Kg. v. *Polen* 1632–1648

Johann II. Kasimir, * 1609,
† 1672
Kg. v. *Polen* 1648–1668,
† 1672

Karl X. Gustav, * 1622,
Kg. v. **Schweden** 1654–1660

Christina, * 1626, † 1689,
Kgn. v. **Schweden**
1632–1654

Karl XI., * 1655
Kg. v. **Schweden** 1660–1697

Karl XII., * 1682,
Kg. v. **Schweden** 1697–1671

Hedwig Sofia, † 1708
∞ Friedrich IV. v. Holstein-
Gottorp, † 1702

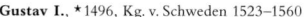

zum Haus **HOLSTEIN-GOTTORP**
in Russland und Schweden vgl. S. 173

Ulrike Eleonore, * 1688,
† 1741
Kgn. v. **Schweden** 1718–1721,
∞ **Friedrich I.**,
v. Hessen-Kassel, * 1676,
Kg. v. **Schweden** 1720–1751

101

Jagellonin verheiratet ist. Sie erzieht ihren Sohn Sigismund, der 1587 zum König von Polen gewählt wird, katholisch. Als er nach seinem Herrschaftsantritt in Schweden 1592 die Reformation dort rückgängig machen will, kommt es zu einem Aufstand unter seinem Onkel Karl von Södermanland (*1550, †1611), der den König durch einen von ihm einberufenen Reichstag 1595 absetzen und sich zum *Gubernator* (Reichsverweser) ernennen lässt. Nach dem Sieg über Sigismund (1598) wird Karl 1604 zum König ausgerufen (Karl IX.).

Ihm folgt 1611 sein noch unmündiger Sohn Gustav II. Adolf (*1594, †1632). Er muss sich zunächst gegen die Thronansprüche des polnischen Königs behaupten. 1613 ist er genötigt, den Dänen Handelsvorteile im Baltikum einzuräumen. Unterstützt wird er von der Republik der Niederlande, die ihre Handelsinteressen in der Ostsee am ehesten durch Schweden gewahrt sieht, außerdem an den mittelschwedischen Erzvorkommen interessiert ist. 1617 muss Russland im Frieden von Stolbova Ingermanland und Karelien an Schweden abtreten. Der Krieg gegen Polen 1621–1629 führt zur Eroberung von Riga und ganz Livlands. Der von Frankreich vermittelte Waffenstillstand zwischen den Königen von Schweden und Polen (1629) ermöglicht es Gustav II. Adolf 1630 in die Auseinandersetzungen im Römisch-Deutschen Reich einzugreifen.

In *Polen* markiert das Aussterben der Jagellonendynastie im Jahre 1572 den Beginn eines langen Niedergangs von einer Großmacht zum Spielball der Nachbarmächte. 1572 beginnt die Zeit der Wahlkönige, von denen gleich der erste, Heinrich von Anjou (*1551, Bruder des Königs von Frankreich, Kg. v. Polen 1573/74) bei seiner Wahl 1573 dem Reichstag weitreichende Zugeständnisse machen muss (*Articuli Heinriciani* und *Pacta conventa*). Die *Articuli Heinriciani* sind eine Art Grundgesetz der jetzt etablierten polnischen „Adelsrepublik“: freie Königswahl durch den Adel, allgemeines Heeresaufgebot lediglich mit dessen Zustimmung, Steuern nur mit Genehmigung durch den Reichstag, ohne dessen Billigung der König auch keine Ehe schließen darf, Verwaltung des Königssiegels durch den königlichen (vom hohen Adel gestellten) Kanzler, Mitbestimmung der königlichen Politik durch einen Ausschuss von sechzehn Senatoren. Die *Pacta conventa* enthalten besondere Regelungen der Königswahl. Ende 1575 wird der Wojewode von Siebenbürgen, Stephan Báthory (*1582, †1586), zum König gewählt, der sich im Krieg gegen den Zaren von Russland, Ivan IV. Grosnyj, durchsetzen und russische Vorstöße ins Baltikum abwehren kann. 1587 fällt die Wahl auf den von seiner polnischen Mutter streng katholisch erzogenen Kronprinzen

GUSTAVUS ADOLPHUS DEI GRATIA SVECORUM
GOTHORVM WANDALORVMQ, REX, MAGNVS DVX FINLANDIAE,
DVX ESTHONIAE AC CARELIAE, INGRIAEQ: DOMINVS etc.

Abb. 9: **Zeitgenössischer Stich über die Krönung Gustavs II. Adolf zum König von Schweden 1617. Der Stich zeigt die Wappen der verschiedenen Landschaften des Königreichs. Die lateinische Inschrift unten:** *Gustavus Adolphus Dei Gratia Suecorum, Gothorum Wandalorumque Rex, Magnus Dux Finlandiae, Dux Esthoniae ac Careliae, Ingriaeque Dominus etc.* **bedeutet: Gustav Adolf, von Gottes Gnaden König der Schweden, Goten und Wandalen, Großherzog von Finnland, Herzog von Estland und Karelien, Herr von Ingermanland usw.**

Sigismund von Schweden (Sigismund III., *1566, Kg. 1587–1632), der 1592 auch den schwedischen Thron erbt, aber 1599 aus Schweden vertrieben wird. Ihm folgen seine Söhne, Wladislaw IV. und Johann II. Kasimir nach (s. u., S. 134).

Die wichtigste politische Figur in den letzten Jahrzehnten des 16. Jhs. ist der studierte Jurist Jan Zamoyski (*1542, †1605), Mitglied des Kleinadels und Verfechter der Adelsfreiheit. Er wird unter Stephan Báthory Großkanzler und 1586 Großhetman. Er betreibt 1586 auch gegen einen habsburgischen Thronkandidaten die Wahl von Sigismund Wasa zum König von Polen. Dieser leitet mit Hilfe der Jesuiten die Rekatholisierung Polens ein und gerät, zumal er das Land in eine kriegerische Auseinandersetzung mit Schweden verwickelt, zunehmend mit dem Adel in Konflikt, zuletzt auch mit seinem ursprünglichen Förderer Zamoyski. Um Bundesgenossen zu gewinnen, überträgt Sigismund die Vormundschaft über den geisteskranken Herzog Albrecht von Preußen dessen Verwandtem Kurfürst Joachim Friedrich von Brandenburg, der damit die Anwartschaft auf das Herzogtum erhält, das in der Tat 1618 den Brandenburgern als polnisches Lehn übertragen wird.

1609 setzt der Adel seine 1573 niedergelegten Rechte endgültig durch. Dies hängt mit dem Scheitern der Russlandpolitik Sigismunds III. seit 1604 zusammen. In *Russland* geben sich nach dem Tod Ivans IV. (s. o., S. 100) unter dessen geisteskrankem Nachfolger Fjodor I. (*1557, Zar 1584–1598), der faktisch unter der Vormundschaft seines Schwagers Boris Godunov (*1550, †1605, Zar ab 1598) steht, mehrere „Prätendenten" als Sohn Ivans IV., den 1591 unter undurchsichtigen Umständen verstorbenen Dimitrij aus; vor allem der entlaufene Mönch Grigorij Otrepev findet viel Zulauf, wird aber 1606, nachdem er im Juli 1605 zum Zaren gekrönt worden ist, ermordet. Ihn unterstützt 1604 auch Sigismund von Polen. Danach findet ein zweiter „Pseudodemetrius" viel Anhang, wird aber 1610 auf der Jagd getötet: 1608–1610 setzt Sigismund von Polen mit russischer Hilfe seinen eigenen Sohn Wladisław (*1596, als W. IV. 1632–1648 Kg. v. Polen) in Russland als Zaren ein. Dieser kann sich dort aber nicht halten, zumal sein Vater Zusagen an den russischen Adel im Hinblick auf ähnliche Freiheiten wie in Polen nicht einhält. Der Zarenthron gelangt schließlich 1613 an die Familie Romanov (s. u., S. 176).

Die Verfassungsstruktur der polnischen Adelsrepublik

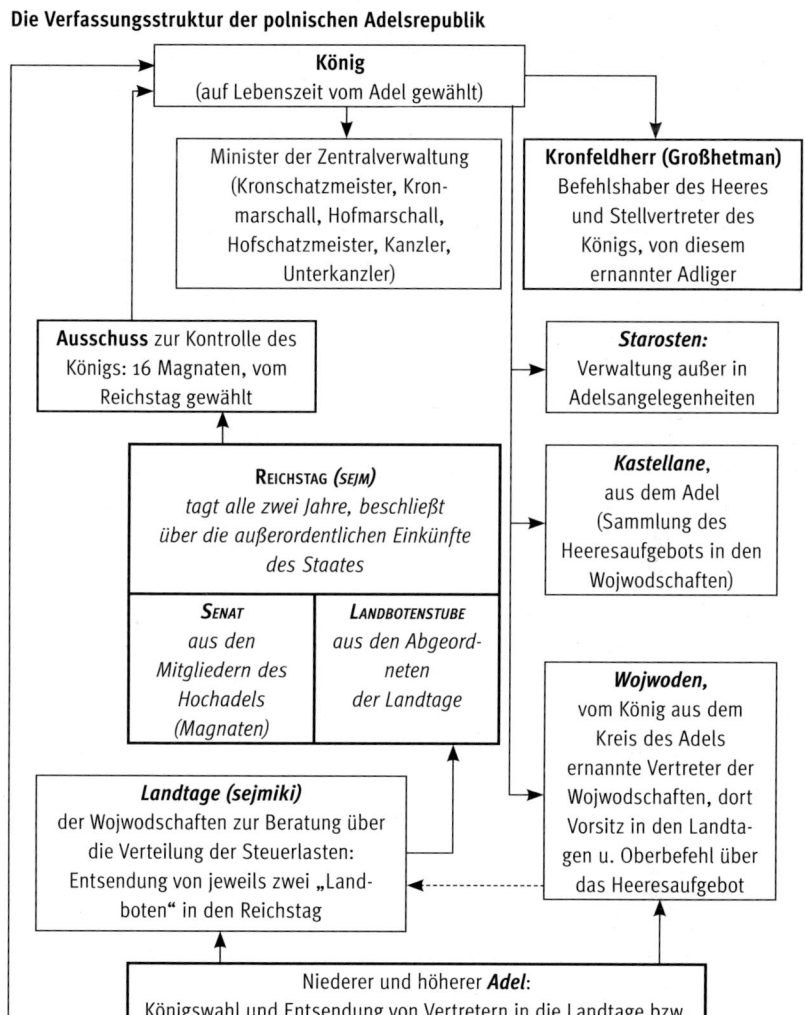

König
(auf Lebenszeit vom Adel gewählt)

Minister der Zentralverwaltung
(Kronschatzmeister, Kron-
marschall, Hofmarschall,
Hofschatzmeister, Kanzler,
Unterkanzler)

Kronfeldherr (Großhetman)
Befehlshaber des Heeres
und Stellvertreter des
Königs, von diesem
ernannter Adliger

Ausschuss zur Kontrolle des
Königs: 16 Magnaten, vom
Reichstag gewählt

Starosten:
Verwaltung außer in
Adelsangelegenheiten

REICHSTAG *(SEJM)*
tagt alle zwei Jahre, beschließt
über die außerordentlichen Einkünfte
des Staates

Kastellane,
aus dem Adel
(Sammlung des
Heeresaufgebots in den
Wojwodschaften)

SENAT
aus den
Mitgliedern des
Hochadels
(Magnaten)

LANDBOTENSTUBE
aus den Abgeord-
neten
der Landtage

Wojwoden,
vom König aus dem
Kreis des Adels
ernannte Vertreter der
Wojwodschaften, dort
Vorsitz in den Landta-
gen u. Oberbefehl über
das Heeresaufgebot

Landtage (sejmiki)
der Wojwodschaften zur Beratung über
die Verteilung der Steuerlasten:
Entsendung von jeweils zwei „Landboten" in den Reichstag

Niederer und höherer *Adel*:
Königswahl und Entsendung von Vertretern in die Landtage bzw.
in den Reichstag

4 Das Osmanische Reich und Südosteuropa im späten 16. Jahrhundert

Nach dem Tod Süleimans (September 1566) wird das Reich durch Thronfolgestreitigkeiten lahm gelegt und zudem von einer Reihe schwacher Herrscher regiert. 1571 erleidet die osmanische Flotte bei Lepanto (am Eingang des Golfs von Korinth) durch die Spanier und die Venezianer eine vernichtende Niederlage. Sie wird zwar rasch wieder aufgebaut, und die Osmanen bleiben eine ernst zu nehmende Seemacht, doch es bildet sich im Mittelmeer schließlich ein Patt zwischen ihnen (dem tonangebenden Staat im östlichen Mittelmeer) und Spanien (der Vormacht im westlichen Mittelmeer) heraus. Lediglich der Gewinn von Zypern 1571 ist ein dauerhafter Erfolg (die Insel bleibt bis 1878 osmanisch). Belastend ist der lange Konflikt mit dem Iran (1578–1590), auch wenn er Gebietsgewinne in der Kaukasusregion bringt. Unentschieden endet der „lange" Krieg mit den Habsburgern um den beherrschenden Einfluss in Ungarn (1593–1606). Es ist hierbei für den Sultan demütigend genug, wegen Friedensbedingungen überhaupt verhandeln zu müssen.

Begleitet werden diese Rückschläge von einer großen Währungskrise zwischen 1585 und 1610, die mit auf die finanziellen Belastungen zurückzuführen ist, sowie von Aufständen in Anatolien (1591, 1601 und nach 1610), in denen sich die Unzufriedenheit der einfachen Bevölkerung über die Steuerlasten und die Militärdienstpflicht entlädt. Dies alles führt dazu, dass die Osmanen nicht in den Dreißigjährigen Krieg eingreifen.

III Europa bis 1660

1 Das Reich bis zum Ende des Dreißigjährigen Krieges

Der Dreißigjährige Krieg (1618–1648) besteht aus mehreren aufeinander folgenden bewaffneten Konflikten. Der Anlass des ersten – des *Böhmisch-Pfälzischen Krieges* (1618–1623) – ist der „Prager Fenstersturz" vom 23. Mai 1618 (s. o., S. 82). Die Zuspitzung der Streitigkeiten zwischen den böhmischen Ständen und König Ferdinand führt am 19. August 1619 zu dessen Absetzung. Anschließend wählen die Stände den Führer der Protestantischen Union, Kurfürst Friedrich V. von der Pfalz, zum neuen König. Ferdinand, Ende August zum Kaiser gewählt, verbündet sich mit dem Führer der Katholischen Liga, Herzog Maximilian von Bayern, der die Oberpfalz erhalten

Abb. 10: **Der Aufmarsch der gegnerischen Flotten zur Seeschlacht bei Lepanto (griech.: *Naupaktos*) am 7. Oktober 1571. (Venezianischer Stich um 1590)**

soll. Sein Feldherr Johann Tserclaes Graf Tilly (✶1559, †1632) besiegt den „Winterkönig" im November 1620 in der Schlacht am Weißen Berge bei Prag. Friedrich V. flieht in die Republik der Niederlande, sein Kurfürstentum wird von Truppen der Liga und – aus den südlichen Niederlanden vorrückenden – spanischen Verbänden besetzt. Maximilian von Bayern erhält im Februar 1623 vom Kaiser die Kurpfalz und deren Kurwürde übertragen.

Aus diesen Auseinandersetzungen, in die bereits weitere protestantische Fürsten eingegriffen haben, erwächst der *Dänisch-Niedersächsische Krieg* (1625–1629). König Christian IV. von Dänemark (1588–1648), als Herzog von Holstein zugleich Kreisoberst des Niedersächsischen Kreises, möchte Friedrich V. – mit Rückendeckung durch dessen Schwiegervater Jakob I. von England und durch die niederländische Republik – in sein Land zurückführen, zugleich hofft er auf den Gewinn geistlicher Territorien in Norddeutschland. Beide Hoffnungen erfüllen sich nicht: Tilly schlägt ihn im August 1626 bei Lutter am Barenberge (südwestlich des Harzgebirges). Gemeinsam mit dem vermögenden böhmischen Adligen Albrecht von Wallenstein (✶1583, †1634), der auf eigene Kosten ein dem Kaiser unterstelltes Heer aufgestellt hat, dringt er bis weit nach Jütland vor. Im Frieden von Lübeck (7. Juni 1629) erhält der dänische König zwar seine Territorien zurück, verpflichtet sich aber, sich künftig jeglicher Eingriffe in die Verhältnisse des Reiches zu enthalten. Bereits im Februar 1628 hat Wallenstein die Länder der mit Christian IV. verbündeten Herzöge von Mecklenburg besetzt. Sie werden vom Kaiser geächtet, die Herzogtümer Mecklenburg-Schwerin und Mecklenburg-Strelitz werden Wallenstein übertragen. Im April 1628 verleiht Ferdinand ihm den Titel „General des ozeanischen und baltischen Meeres". Damit verbunden ist offenkundig das Bestreben, sich habsburgischerseits als Ostseemacht zu etablieren.

Am 6. März 1629 ergeht durch Ferdinand II. (der die kaiserliche Macht im Reich zu einer ähnlichen Höhe geführt hat wie vor ihm nur Karl V. in den späten 1540er Jahren) das *Restitutionsedikt*. Gemäß dem „geistlichen Vorbehalt" des Augsburger Religionsfriedens sollen die seit 1552 von den protestantischen Reichsständen säkularisierten geistlichen Territorien wieder hergestellt werden. Gegen die kaiserliche Machtfülle gibt es alsbald heftige Opposition sowohl der katholischen als auch der protestantischen Fürsten. Auf ihrer Tagung mit Ferdinand in Regensburg setzen die Kurfürsten durch, dass dieser seinen Oberfeldherrn Wallenstein entlässt, drei Viertel seines Heeres verabschiedet und den Rest in das Heer der katholischen Liga einreiht.

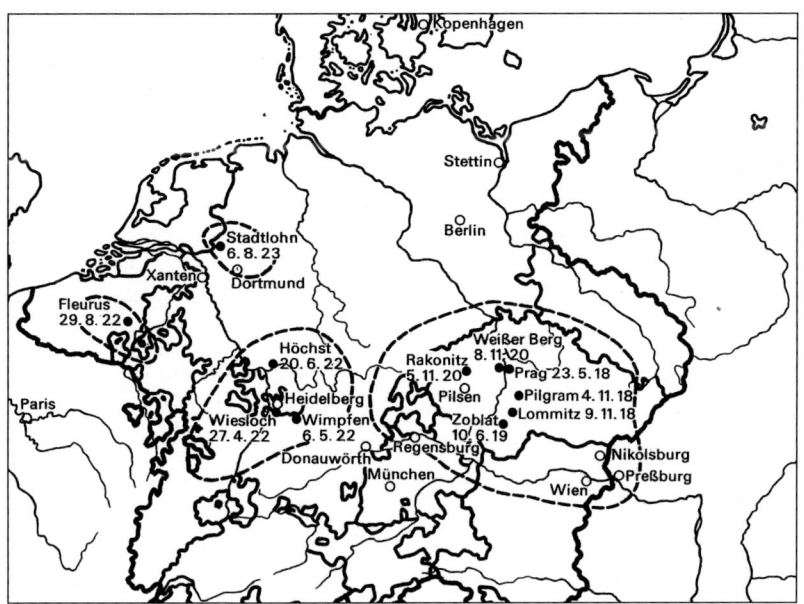

Karte 13a: **Der Verlauf des Dreißigjährigen Krieges 1618–1623.**

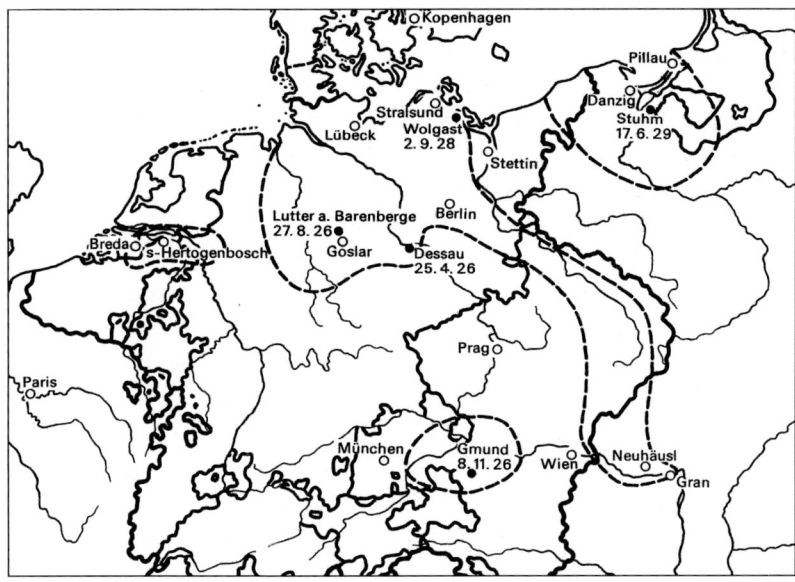

Karte 13b: **Der Verlauf des Dreißigjährigen Krieges 1625–1629. Hauptkampfgebiete und wichtige Schlachten.**

Inzwischen ist allerdings im Norden des Reiches ein neuer Krieg ausgebrochen. Gustav II. Adolf von Schweden (s. o., S. 102) ist bereits im Juni 1630 auf der Insel Usedom gelandet. Er will die Herzöge von Mecklenburg in ihre Lande zurückführen, außerdem verhindern, dass der Kaiser an der deutschen Ostseeküste festen Fuß fasst. Unterstützung erfährt Gustav Adolf durch Frankreich, wo man über das Erstarken der Habsburger im Reich zutiefst beunruhigt ist. Damit beginnt der *Schwedische Krieg* (1630–1635). Er ist zunächst ein einziger Siegeszug der taktisch überlegenen wie auch waffentechnisch gut ausgestatteten Schweden, denen sich zwangsläufig die Kurfürsten von Brandenburg und Sachsen anschließen. Mitte November 1631 fällt Tilly in der Schlacht bei Breitenfeld in Sachsen, im Mai 1632 zieht der schwedische König in München ein. Wallenstein wird vom Kaiser in seine Stellung als kaiserlicher Oberfeldherr zurückberufen. Mitte November trifft er bei Lützen auf Gustav Adolf. Die Schlacht bleibt letztlich unentschieden, aber der schwedische König fällt. Sein Kanzler Oxenstierna (s. u., S. 132) setzt den Krieg fort und fasst im April 1533 die protestantischen Reichsstände im Süden im *Heilbronner Bund* zusammen. Damit haben die Schweden in weiten Teilen des Reiches die Hegemonialstellung erlangt. Wallenstein knüpft ohne Einverständnis des Kaisers mit ihnen Verhandlungen an. Von Ferdinand insgeheim für abgesetzt erklärt, wird er durch eine Verschwörung einiger seiner Offiziere am 25. Februar 1634 in seinem Winterquartier im böhmischen Eger ermordet. Die kaiserlichen Truppen können die Schweden im September 1634 bei Nördlingen schlagen. Daraufhin schließt der sächsische Kurfürst Ende Mai 1635 in Prag mit dem Kaiser Frieden. Diesem treten nach und nach fast alle Reichsstände bei. Erleichtert wird dies dadurch, dass Ferdinand als neues „Normaljahr" für die Restitution der Kirchengüter das Jahr 1627 festlegt.

Diese Entwicklung ist ganz und gar nicht im Sinne Richelieus, des Lenkers der französischen Außenpolitik (s. u., S. 118), der – die habsburgische Bedrohung vor Augen – eine Koalition mit der niederländischen Republik und einigen Staaten im Norden Italiens zustande bringt, mit dem Ziel, den Habsburgern die südlichen Niederlande und Mailand zu entreißen. Der 1635 mit Spanien ausgebrochene bewaffnete Konflikt weitet sich dadurch aus, dass Frankreich im Mai 1636 auch dem Kaiser den Krieg erklärt (*Schwedisch-Französischer Krieg*, 1635/36–1648). Die – ursprünglich durch religiöse Streitigkeiten ausgelösten – Auseinandersetzungen im Reich münden so endgültig in einen europäischen Hegemonialkrieg. Die bereits weit nach Norddeutschland abgedrängten Schweden gehen wieder zur Offensive

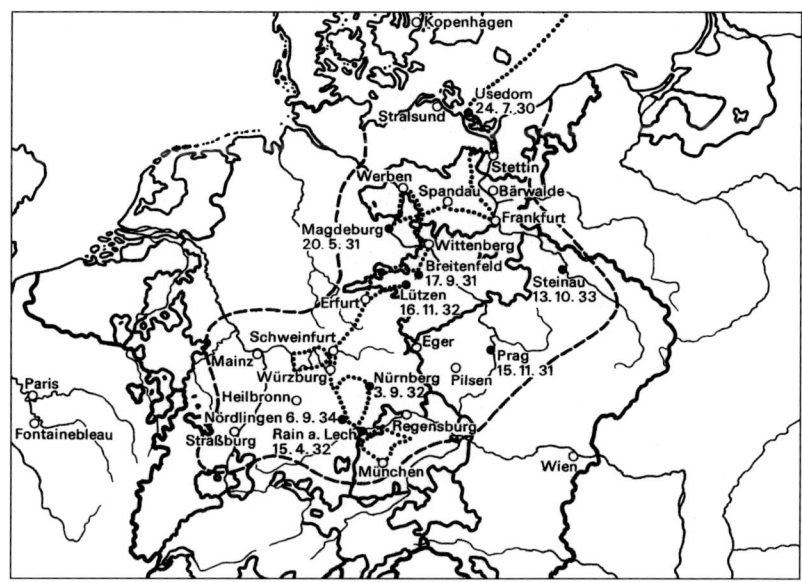

Karte 13c: **Der Verlauf des Dreißigjährigen Krieges 1630–1635.**

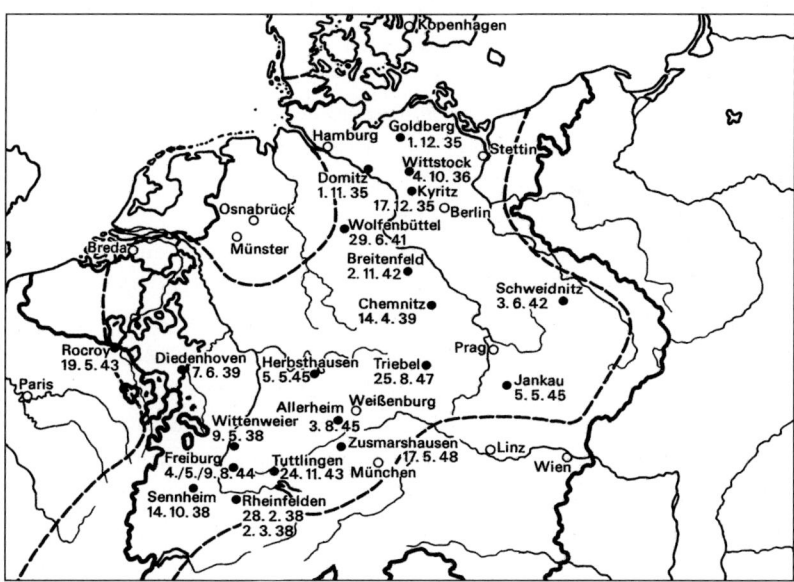

Karte 13d: **Der Verlauf des Dreißigjährigen Krieges 1635/36–1648. Hauptkampfgebiete und wichtige Schlachten.**

über, sie stoßen 1642 nach Böhmen und 1645 sogar bis kurz vor die Tore Wiens vor. Französische Truppen dringen erst ins Elsass und 1646 weiter nach Süddeutschland ein. 1648 befindet sich Bayern im Griff schwedischer wie französischer Verbände. Zwischendurch verheeren kaiserliche Truppen Württemberg und Hessen. Auch durch ihre Siege über spanische Heere (s. u., S. 116) erlangen die Franzosen immer mehr das Übergewicht. Über einen Frieden im Reich wird seit 1645 in den nordwestdeutschen Städten Münster und Osnabrück, die vom Kriegsgeschehen kaum berührt worden sind, zwischen den Kriegsparteien verhandelt. 1648 kommt es hier schließlich zum Abschluss von Friedensverträgen.

Den Auftakt bildet der Friedensvertrag Spaniens mit der niederländischen Republik (Münster, Januar 1648; s. o., S. 92). Es folgen am 24. Oktober die beiden Vertragswerke von Münster (zwischen dem Kaiser, dem König von Frankreich und den katholischen Reichsständen) und Osnabrück (zwischen dem Kaiser, dem König von Schweden und den evangelischen Reichsständen). Das (lateinisch abgefasste) Friedenswerk regelt sowohl Territorialfragen als auch reichsrechtliche Probleme.

Die *Territorialfragen* betreffen vor allem Erwerbungen Frankreichs und Schwedens. Frankreich erhält den Besitz der Bistümer Metz, Toul und Verdun (s. o., S. 50) bestätigt, zudem werden ihm von den Habsburgern der elsässische Sundgau und die kaiserlichen Herrschaftsrechte über das restliche Elsass abgetreten. Schweden erhält Vorpommern, die Ostseestadt Wismar und die säkularisierten Gebiete der früheren Bischöfe von Bremen und Verden. Wichtige Territorialbestimmungen betreffen den Erwerb Hinterpommerns (mitsamt dem säkularisierten Bistum Kammin) und des früheren Bistums Minden sowie die (1680 realisierte) Anwartschaft auf das frühere Herrschaftsgebiet des Erzbischofs von Magdeburg und des Bischofs von Halberstadt durch den Kurfürsten von Brandenburg. Dies liegt vor allem im Interesse Frankreichs, das ein Gegengewicht gegen die schwedische Hegemonie in Norddeutschland schaffen will. Die Kurpfalz wird wiederhergestellt, und es wird eine neue Kurwürde eingerichtet. Zudem erkennt der Kaiser die Souveränität der Eidgenossenschaft und der niederländischen Republik an.

Die *reichsrechtlichen Regelungen* betreffen vor allem die Religionsfragen: Neben dem katholischen und dem lutherischen Bekenntnis ist jetzt auch das der Reformierten zugelassen. Im Reich gibt es nunmehr sowohl katholische als auch evangelische Reichsstände, die im Reichstag bei der Beratung von Religionsfragen in getrennte Körperschaften – in ein *Corpus catholicorum* und

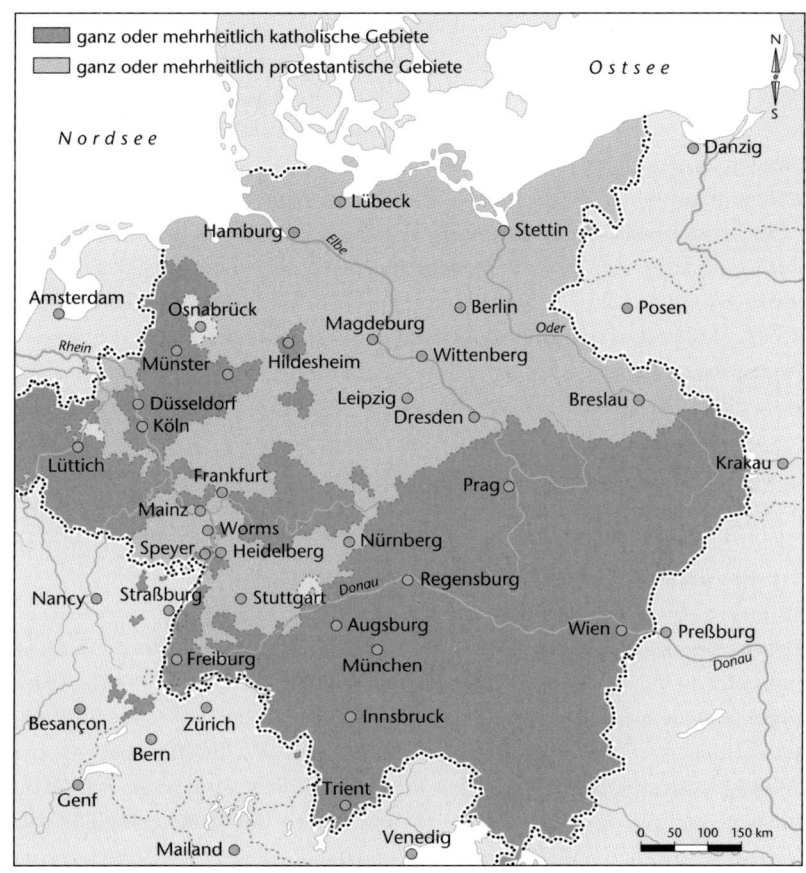

Karte 14: **Konfessionelle Verhältnisse im Reich ab 1648.**

ein *Corpus evangelicorum* – auseinander treten *(itio in partes)*. Der Konfessionswechsel eines Landesherrn zieht ab jetzt nicht mehr den seiner Untertanen nach sich. Für die ehemals geistlichen Territorien gilt, dass bis 1624 (dem neuen „Normaljahr") erfolgte Säkularisierungen rechtens sind. Den Reichsständen wird nunmehr das *ius territoriale*, d. h. die Landeshoheit, zugestanden; sie sind damit souveräne Staaten, allerdings nur mit eingeschränktem Bündnisrecht, da dieses sich nicht „gegen Kaiser und Reich" richten darf. Damit wird eine schon seit langem bestehende Tendenz zur territorialen Eigenstaatlichkeit im Rahmen des größeren Reichsgebildes „verrechtlicht". Frankreich, dessen Erwerb im Gegensatz zu dem Schwedens aus dem Reichsverband ausgegliedert wird, und Schweden sind nunmehr Garantiemächte der neuen Verfassungsverhältnisse.

2 Westeuropa

2.1 Spanien bis 1659

Bereits Philipp II. hat gegen Ende seiner Regierung versucht, die außenpolitischen Belastungen abzubauen (s. o., S. 90 ff.). Diese Politik wird unter seinem Sohn Philipp III. (*1578, Kg. 1598–1621) fortgesetzt. 1604 wird Frieden mit England geschlossen, 1609 ein Waffenstillstand mit der Republik der Niederlande, der bis 1621 gültig bleibt und es der Schwester des Königs, Erzherzogin Isabella und ihrem Mann Albrecht ermöglicht, die Verhältnisse in den Spanischen Niederlanden zu ordnen. Eine Verbesserung der Beziehungen zu Frankreich bringt die Doppelhochzeit von 1615 zwischen dem Thronfolger („Infanten") Philipp (*1605, als König: Philipp IV., 1621–1665) und der Tochter Heinrichs IV., Elisabeth von Bourbon (*1602, †1644), einerseits sowie andererseits zwischen deren Bruder, Ludwig XIII. von Frankreich, und der Infantin Ana Maria (*1601, †1666), der späteren Mutter Ludwigs XIV. von Frankreich.

Träger dieser Politik ist der Berater und „Minister" des Königs, Francisco Gomez de Sandoval y Rojas, Herzog von *Lerma* (*1553, †1623). Er wird allerdings 1618 gestürzt; seitdem nimmt die spanische Außenpolitik wieder eine aggressive Wendung, vor allem im Zusammenhang mit dem Dreißigjährigen Krieg, in den sich Spanien von den südlichen Niederlanden aus einmischt. 1621 wird der Waffenstillstand mit der niederländischen Republik nicht verlängert, 1635 kommt es auch wieder zum Krieg mit Frankreich.

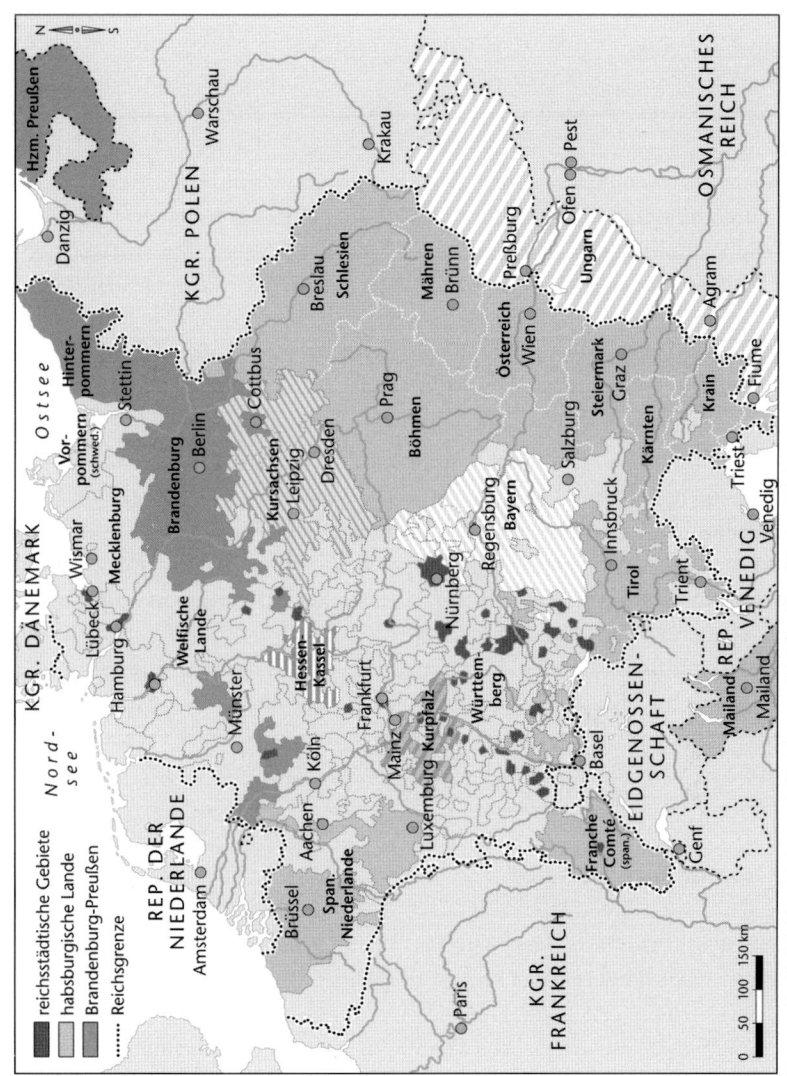

N →← S

reichsstädtische Gebiete
habsburgische Lande
Brandenburg-Preußen
······ Reichsgrenze

KGR. DÄNEMARK

Hzm. Preußen

Ostsee

Nord- see

KGR. POLEN

OSMANISCHES REICH

Warschau

Danzig

Krakau

Stettin

Hinter- pommern

Vor- pommern (schwed.)

Breslau

Schlesien

Mähren

Preßburg

Ofen Pest

Ungarn

Wismar
Mecklenburg

Brandenburg

Berlin

Cottbus

Kursachsen
Leipzig
Dresden

Prag

Böhmen

Wien

Österreich

Agram

Lübeck

Hamburg

Welfische Lande

Brünn

Steiermark

Graz

Salzburg

Krain

Fiume

Münster

Frankfurt

Hessen-Kassel

Nürnberg

Regensburg

Bayern

Innsbruck

Tirol

Kärnten

Triest

REP. DER NIEDERLANDE

Amsterdam

Brüssel

Span. Niederlande

Aachen

Köln

Mainz

Kurpfalz

Württem- berg

Trient

Venedig

Mailand REP. VENEDIG

Mailand

Luxemburg

Basel

EIDGENOSSEN- SCHAFT

Genf

Franche Comté (span.)

KGR. FRANKREICH

Paris

0 50 100 150 km

Karte 15: **Territoriale Verschiebungen in Mitteleuropa durch den Westfälischen Frieden.**

Träger dieser Politik ist der Premierminister Philipps IV., Gaspar de Guzmán, Condeduque de *Olivarez* (* 1587, † 1645).

Seit 1640 befindet sich Spanien auch im Innern zunehmend in Schwierigkeiten: Mit französischer Unterstützung (Einmarsch von Truppen ins Roussillon) kommt es in Katalonien (einem Teil des Königreichs Aragón) zum Aufstand wegen Übergehung der Stände bei der Erhebung neuer (kriegsnotwendiger) Steuern; er kann erst 1652 mit der Eroberung von Barcelona beendet werden. 1640 macht sich Portugal, das 1580 durch Erbgang an die spanischen Habsburger gefallen ist, unter der Führung eines Adligen, Johanns von Braganza (João IV., * 1604, Kg. v. Portugal 1640–1656), von der Krone Spanien frei. 1647 kommt es in Neapel zum (sog. Masaniello-)Aufstand gegen die spanische Herrschaft. Im Januar 1648 erkennt Spanien im Frieden von Münster die Unabhängigkeit der Niederländischen Republik an, um im Norden den Rücken gegen Frankreich frei zu haben. 1656–1659 liegt man im Krieg mit England. Nach den entscheidenden Niederlagen des spanischen Heeres bei Rocroi in den Ardennen (1643) sowie in der „Schlacht an den Dünen" bei Dünkirchen im Juni 1658 kommt es im November 1659 zwischen Frankreich und Spanien zum *Pyrenäenfrieden*. Frankreich erhält das Roussillon und erreicht damit die komplette Pyrenäengrenze. Außerdem wird die Heirat zwischen dem jungen König Ludwig XIV. und der ältesten Tochter Philipps IV., Maria Teresa (* 1638, † 1683), vereinbart, die innerhalb des spanischen Machtbereichs auf alle Erbrechte verzichtet. Hierfür soll die Krone Spanien an den König von Frankreich 500 000 Goldtaler zahlen; da dies nie erfolgt, bleiben die Erbansprüche des französischen Königshauses bestehen, was in der Folge zu weiteren kriegerischen Verwicklungen führt.

2.2 Frankreich 1610–1659

Nach der Ermordung Henrichs IV. am 14. Mai 1610 befindet sich das Land in einer schwierigen Lage, da der Thronfolger Ludwig XIII. (* 1601, Kg. 1610–1643) erst neun Jahre alt ist. Seine Mutter Maria von Medici (* 1573, † 1642, Heinrichs IV. zweite Frau seit 1600) versucht als Regentin, ihre aus Italien mitgebrachten Berater politisch ins Spiel zu bringen, und entlässt den bewährten Minister Sully. Ludwig XIII. wird 1614 für mündig erklärt, steht aber unter dem Einfluss seines Favoriten Herzog Charles de Luynes (* 1578, † 1621). Dieser rät 1614 dazu, die damals auseinanderge-

Abb. 11: **Begegnung zwischen König Philipp IV. von Spanien und dem jungen französischen König Ludwig XIV. auf der Fasaneninsel im Bidassoa-Fluss nach Abschluss des Pyrenäenfriedens (7. November 1659). (Ausschnitt aus einem Stich nach einem Gemälde von Charles Le Brun (* 1619, † 1690); Anfang 1660)**

hende Generalständeversammlung nicht wieder zu berufen, außerdem den engsten Berater der Königinmutter zu ermorden und sie selbst vom Hof zu verbannen (1617). Zwischen ihr und ihrem Sohn bzw. Luynes vermittelt 1619 der Bischof von Luçon, Armand Jean du Plessis, seit 1631 Herzog von *Richelieu* (* 1685, † 1642, Kardinal seit 1622). Er ist seit 1616 Staatssekretär für Auswärtige Angelegenheiten und steigt nach Luynes Tod 1624 zum *premier ministre* des Königs auf, eine Stellung, die er bis zu seinem Tod behält.

Richelieu amtiert ganz im Sinne der Durchsetzung der absoluten Gewalt des Königtums und erhält dafür Rückendeckung von seinem (an sich schwachen) König, vor allem seit 1630, als es gelingt, die Königinmutter endgültig vom Hof zu verbannen (*journée des dupes*, 11. November 1630). Er bekämpft jegliche Opposition gegen den König, u. a. die durch dessen Bruder, Herzog Gaston von Orléans (* 1608, † 1660). In diesem Zusammenhang werden die wichtigsten Ämter, die im hohen Adel erblich sind, aufgelöst: 1626 das der Admiralität, 1627 das des *Connétable*. 1632 wird eine Adelsverschwörung Gastons und des Herzogs Henri (II.) von Montmorency, Gouverneur des Languedoc, aufgedeckt; letzterer wird hingerichtet. Die adligen Provinz-Gouverneure werden zunehmend entmachtet, dafür wird ein neues Verwaltungssystem von königlichen Beamten, den Intendanten (mit eigens neu geschnittenen Verwaltungsbezirken, den *généralités*) geschaffen.

Richelieu bekämpft zudem die wachsende, sich auf die im Edikt von Nantes (1598) gewährten Sonderrechte berufende Opposition der Hugenotten, vor allem in Süd- und Westfrankreich. Hierbei kommt es 1627/28 zu einem weiteren Krieg gegen sie (zu den „Religionskriegen" s. o., S. 95), der mit der erfolgreichen Belagerung der Hafenstadt La Rochelle endet. Im königlichen Gnadenedikt von Alès (1629) verlieren die Hugenotten ihre politischen Privilegien (Recht auf befestigte Plätze), behalten aber ihre Rechte bei der Religionsausübung.

Weitreichende wirtschaftliche Reformversuche (Steuervereinheitlichung und Steuersenkungen) dringen nicht durch, weil Richelieu angesichts der Wiederaufnahme der spanischen Hegemonialpolitik eine erneute Einkreisung Frankreichs fürchtet und den Krieg gegen Spanien und die mit ihnen verbündeten deutschen Habsburger aufnimmt, zunächst ab 1630 verdeckt durch diplomatische und finanzielle Unterstützung Schwedens im Dreißigjährigen Krieg, ab 1635 durch offenes Eingreifen in die Auseinandersetzungen im Reich.

Als er 1642 stirbt, hat er bereits einen Nachfolger herangezogen, der seine Aufgaben übernimmt und seine politischen Absichten umsetzt, den

Verfassungsstruktur Frankreichs um 1600

KÖNIG
(Monarchie in männlicher Erbfolge – in der Theorie unumschränkte Herrschaft)
Zentralverwaltung

ZENTRALVERWALTUNG

Staatsrat: vom König berufene Amts- u. Würdenträger des Königreichs, dessen Ausschüsse, bestehend aus entspr. Fachleuten, meistens für sich tagen: *Grand conseil:* (Justizsachen), *Conseil privé* bzw. *des parties* (desgl.), *Conseil des finances, Conseil des dépêches* (innere Angelegenheiten), *Conseil d'en haut* (Außenpolitik, Kriegssachen)

Amtsträger (vom König ernannt):
Connétable (auf Lebenszeit, militärischer Oberbefehlshaber – das Amt wird 1627 abgeschafft)
Kanzler (auf Lebenszeit, federführend in Justizsachen, Vertreter: *Großsiegelbewahrer*, auf Zeit ernannt)
Vier Staatssekretäre (für Außenpolitik, Kriegs- u. Marinesachen sowie für Angelegenheiten des kgl. Hauses)
Superintendant der Finanzen, überwacht durch den *Generalkontrolleur* (das Amt des *Superintendanten* wird 1661 abgeschafft)

PROVINZIALVERWALTUNG

Gouvernances (historische Provinzen unter vom König ernannten Gouverneuren für die Militärverwaltung), unterteilt in *Baillages* im Norden und *Sénéchaussées* im Süden des Königreichs

GERICHTSWESEN

Parlements, oberste Gerichte in Paris und in acht Provinzen wachen über die „Grundgesetze" des Königreichs (männl. Erbfolge, Wahrung des Kronguts, Rechtgläubigkeit des Königs), Schlussinstanzen in Straf- und Zivilangelegenheiten, Sondergerichtshof in Strafsachen des Adels. *Richterstellen vom König gekauft!* Das *P. von Paris* untersucht die Erlasse und Gesetze auf ihre juristische Stichhaltigkeit und kann ihre Registrierung *(enregistrement)* ablehnen („Remonstrationsrecht", Droit de Remonstrance), muss sie aber bei persönlicher Anwesenheit des Monarchen *(lit de justice)* vornehmen.

Untergerichte
in den Baillages und Sénéchaussées der Provinzen

FINANZ- U. STEUERVERWALTUNG

17 Generalitäten, jeweils unter der Aufsicht eines vom König ernannten *Intendanten*, dazu einem *Général des finances* und einem *Receveur général* (Generalsteuereinnehmer)

GENERALSTÄNDE (ÉTATS GÉNÉRAUX):

vom König in unregelmäßigen Abständen einberufene Versammlung von gewählten Vertretern des Klerus, des Adels sowie der Stadtbürger und der Grundsteuern entrichtenden Bauern (seit 1614 nicht mehr einberufen); Abstimmung nach Ständekurien. Ersatzweise: kleinere *Notabelnversammlung* aus vom König benannten Vertretern der drei Stände (1627–1788 nicht mehr einberufen). Beide zuständig für die Bewilligung von Steuern

In einigen Provinzen (Béarn, Bretagne, Bourgogne, Dauphiné, Languedoc, Metz-Toul-Verdun, Provence; später auch: Artois, Elsass, Flandern-Hennegau, Korsika, Lothringen-Bar, Roussillon), den *Pays d'états,* bestehen eigene *Ständeversammlungen,* die für die Verteilung der Steuerlasten zuständig sind.

ursprünglich als Offizier, dann als Diplomat im päpstlichen Dienst stehenden Italiener Giulio Mazzarini bürgerlicher Herkunft (frz. Jules Mazarin, * 1602, † 1661), den er 1630 bei Verhandlungen sowie 1635/36 als Nuntius in Paris kennen und schätzen gelernt und in seinen Dienst gezogen hat (1641 wird er auf Betreiben Richelieus, obwohl selbst nicht Geistlicher, vom Papst zum Kardinal erhoben). Ludwig XIII. ernennt ihn ebenfalls zum Premierminister und vertraut ihm die Erziehung seines Sohnes Ludwig (* 1638) an, der als Minderjähriger nach dem Tod seines Vaters 1643 an die Regierung kommt, formal unter der Regentschaft seiner Mutter Ana Maria (in Frankreich, weil aus der Casa de Austria, dem Haus Habsburg, stammend „Anne d'Autriche" genannt). Ludwig XIV. jedenfalls sieht in Mazarin so etwas wie einen Vater und übernimmt erst nach seinem Tod im März 1661 die Regierungsfunktionen.

Mazarin bringt die Verhandlungen zur Beendigung des Dreißigjährigen Krieges im Westfälischen Münster im Sinne Richelieus erfolgreich zuende, ebenso 1659 den Krieg gegen Spanien (s. o., S. 116). Die damit verbundenen schweren steuerlichen Belastungen machen ihn allerdings verhasst; hinzu kommt der Vorwurf, er wirtschafte in die eigene Tasche. Zwischen 1648 und 1653 kommt es zu Aufstandsbewegungen, die man unter der Bezeichnung **Fronde** zusammenfasst. Es gibt heftige Opposition in den *Parlements* gegen die Steuergesetze, ferner im durch Richelieu ausgeschalteten hohen Adel sowie im einfachen Volk, vor allem in der Hauptstadt Paris. Mazarin muss sich 1651 und 1652/53 ins Ausland begeben. Da die Bewegungen aber unkoordiniert sind, können sie nacheinander überwunden werden. Das Königtum geht gestärkt aus diesen Konflikten hervor und Ludwig XIV. kann sein Amt 1661 ohne Einschränkungen antreten.

2.3 Die Republik der Niederlande bis 1650

In der Republik hat die Provinz Holland eine Vorrangstellung, weil sie rund 58% der gemeinsamen Kosten aufbringt. Daher hat ihr Vertreter in den Generalständen, der „Landesadvokat" oder „Ratspensionär" hier auch das größte politische Gewicht. Die Bedeutung Hollands beruht auf der Wirtschaftskraft seiner Handelsstädte, in erster Linie Amsterdams, das von der Emigration der reformierten Kaufmannselite Antwerpens nach dem Norden profitiert hat und zum führenden westeuropäischen Hafen aufgestiegen ist. Von ihnen wird auch die 1602 aus einigen kleineren Handelsgesellschaften

Abb. 12: **Dreifachportrait des Kardinals Richelieu, gemalt 1640/41 von Philippe de Champaigne (* 1602, † 1674).**

Fronde Ist eigentlich die Bezeichnung für die Steinschleuder der Pariser Straßenjungen. Die Bewegungen zwischen 1648 und 1653 (Fronde des Adels, des Pariser Parlaments sowie des Volks von Paris) werden so bezeichnet, weil es sich um – voneinander getrennte – Aufstandsbewegungen gegen das Königtum handelt. Ihre Motivation ist unterschiedlich: das Schalten mächtiger Premierminister, vor allem des landfremden Mazarin, Steuerdruck wegen der Kriegslasten sowie die Unzufriedenheit der Pariser Bevölkerung, vor der der junge Ludwig XIV. aus der Hauptstadt fliehen muss, ein Motiv dafür, dass er später weitab von ihr in Versailles seine Residenz erbauen lässt.

zusammengefügte „Vereinigte Ostindische Compagnie" (VOC) getragen, die für die Republik die Unterwerfung Indonesiens durchführt.

Die städtischen Eliten sind in Holland und den Nachbarprovinzen auch politisch bestimmend (daher als „Regentenpatriziat" oder einfach als *Regenten* bezeichnet). Sie treiben selbst nach Ablauf des Waffenstillstands mit dem Süden (1621) – z. T. auf Umwegen wie über Hamburg – mit Spanien und seinen Kolonien Handel. Dieser „Handel mit dem Feind" ist den Statthaltern Hollands, Seelands und meistens auch Utrechts – den Söhnen des 1584 ermordeten Wilhelm I. von Oranien, Moritz (✱1567, †1625) und Friedrich Heinrich (✱1584, †1647) – ein Dorn im Auge, ebenso wie den mittleren und unteren Schichten, die sich von den Regenten unterdrückt fühlen. Die Regenten wenden sich außerdem gegen die rigide Religiosität der Reformierten, denn aufgrund ihrer weltweiten Handelsbeziehungen sind sie wesentlich toleranter eingestellt als der Rest der Bevölkerung und die „Oranier". Der Gegensatz zwischen der Regenten- und der Statthalterpartei bestimmt das gesamte 17. und 18. Jh. hindurch das politische Leben der Republik.

Die religiösen Spannungen gipfeln zunächst im sog. Remonstrantenstreit (1606–1619) in der Republik der Niederlande. Kopf derjenigen, die für eine abgemilderte Form der Prädestinationslehre eintreten, ist der Leidener Theologe Jakob Arminius (✱1560, †1609). Seine Anhänger (die „Arminianer") legen 1610 den Ständen von Holland eine Denkschrift („Remonstranz") vor, in der sie darum bitten, ihre Auffassung zu tolerieren. Auf ihre Seite schlagen sich die Regenten und ihr Sprecher, der Ratspensionär Johan van Oldenbarnevelt (✱1547, †1619). Ihre Gegner sind die Parteigänger des strenggläubigen Franciscus Gomarus (✱1563, †1641), die „Gomaristen". Sie veröffentlichen eine die reine Lehre verfechtende Gegenschrift („Kontraremonstranz"), hinter die sich die meisten Städte und schließlich auch die meisten Provinzen stellen. Auf ihre Seite schlägt sich auch der Statthalter Moritz von Oranien. Eine Generalsynode der Reformierten in Dordrecht (November 1618–April 1619) gibt den Kontraremonstranten Recht. Die Arminianer werden zunächst verfolgt, gehen z. T. außer Landes, werden aber später geduldet. Der Streit hat ein politisches Nachspiel: Moritz von Oranien wird angesichts ausgebrochener Unruhen mit der Wiederherstellung der Ordnung beauftragt und lässt im Mai 1619 nach einem Hochverratsprozess Oldenbarnevelt hinrichten.

Infolge dieser Krise ist die Stellung des Statthalters von Holland ungemein gestärkt. Moritz und seine beiden Nachfolger haben jetzt eine nahezu mon-

Abb. 13: Große Versammlung der Generalstände der Niederländischen Republik im „Binnenhof" von Den Haag bei ihrer Tagung Januar–August 1651. (Gemälde von Dirk van Delen von 1651/52, Rijksmuseum Amsterdam) Unter anderem wird in dieser Versammlung beschlossen, die Statthalterämter, welche die Oranier bisher ausgeübt haben, nicht wieder zu besetzen.

archische Stellung inne. Friedrich Heinrich wird in allen Provinzen außer in Overijssel und Friesland zum Statthalter gewählt. Seine Position ist vor allem deswegen stark, weil der Krieg gegen Spanien (1621–1648) nach anfänglichen Rückschlägen – nicht zuletzt aufgrund der Unterstützung durch Frankreich – schließlich erfolgreich verläuft. Im Frieden von Münster (30. Januar 1648), in dem Spanien die Republik als unabhängigen Staat anerkennt, wird das im Krieg eroberte nördliche Brabant ihrem Gebiet zugeschlagen (s. o., S. 92). Wilhelm II. von Oranien (*1626, †1650), seit 1647 Statthalter sämtlicher Provinzen außer Friesland, hat eine ebenso starke Stellung wie sein Vater Friedrich Heinrich. Seine Ebenbürtigkeit mit den Königen der Nachbarländer wird unterstrichen durch die Heirat mit Maria Stuart (*1631, †1660), der Tochter Karls I. von England, 1641. Als er eine Woche vor der Geburt seines Sohnes (des späteren Wilhelm III.; s. u., S. 160 ff.) stirbt, kommt es allerdings zu einer politischen Wende: Eine „Große Vertretung" der Provinzen beschließt, die Statthalterämter (ausgenommen für Friesland) nicht wiederzubesetzen und die Kompetenz für die Heeresangelegenheiten den Provinzen zu überlassen.

2.4 Die Britischen Inseln 1603–1660

Der durch die Thronfolgeregelung von Königin Elisabeth 1603 an die Regierung gelangte König Jakob V. von Schottland (dort selbstständig regierend seit 1587), als englischer König Jakob (James) I. (*1566, †1625) ist bestrebt, die königlichen Interessen stärker gegenüber dem Parlament durchzusetzen. Außerdem hält er an der vom König geleiteten Bischofskirche fest. Die im Januar 1604 stattfindende *Hampton Court Conference* endet mit einer Enttäuschung der Puritaner, die sich von ihm ein Eintreten für eine andere Kirchenverfassung erwartet haben. Auch in Schottland versucht der König, die Kirchenverhältnisse (mit presbyterianischer Verfassung) von oben her in den Griff zu bekommen; strenge Calvinisten weichen daher ab 1611 nach Nordirland aus, wo sie sich auf Dauer ansiedeln. Enttäuschung gibt es auch auf Seiten der Katholiken, die sich nach dem Frieden mit Spanien (1604) Erleichterungen erhoffen. Die Enttäuschung darüber führt am 5. November 1605 zur sog. **Pulververschwörung**.

Jakob I. gerät rasch in Konflikt mit seinen Parlamenten (1.: 1604–1611, 2.: 1614, 3.: 1621–1622, 4.: 1624–1625). Sie stellen sein Recht, Zölle und Abgaben auf gewisse Feudalrechte (*impositions*) zu erheben, in Frage. Im

Das Haus Stuart in England und Schottland 1603–1714

(vgl. o., S. 69)

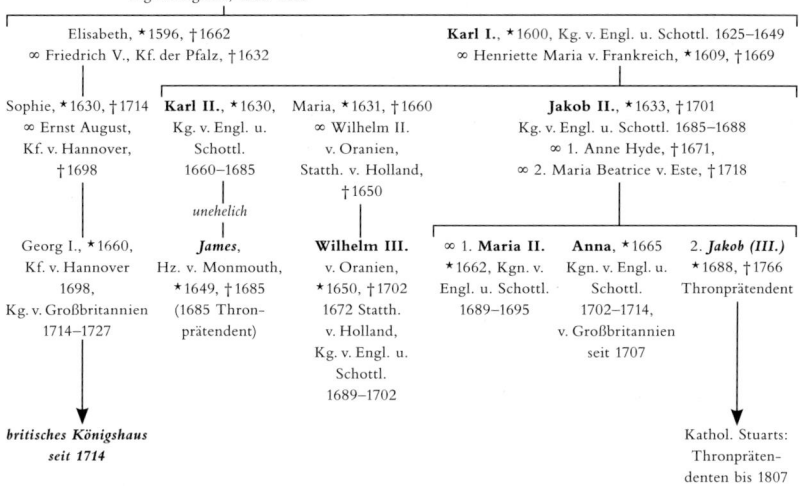

Jakob I., *1566 (= Jakob VI. v. Schottland seit 1567),
Kg. v. England, 1603–1625

Elisabeth, *1596, †1662
∞ Friedrich V., Kf. der Pfalz, †1632

Karl I., *1600, Kg. v. Engl. u. Schottl. 1625–1649
∞ Henriette Maria v. Frankreich, *1609, †1669

Sophie, *1630, †1714
∞ Ernst August,
Kf. v. Hannover,
†1698

Karl II., *1630,
Kg. v. Engl. u.
Schottl.
1660–1685

unehelich

Maria, *1631, †1660
∞ Wilhelm II.
v. Oranien,
Statth. v. Holland,
†1650

Jakob II., *1633, †1701
Kg. v. Engl. u. Schottl. 1685–1688
∞ 1. Anne Hyde, †1671,
∞ 2. Maria Beatrice v. Este, †1718

Georg I., *1660,
Kf. v. Hannover
1698,
Kg. v. Großbritannien
1714–1727

James,
Hz. v. Monmouth,
*1649, †1685
(1685 Thron-
prätendent)

Wilhelm III.
v. Oranien,
*1650, †1702
1672 Statth.
v. Holland,
Kg. v. Engl. u.
Schottl.
1689–1702

∞ 1. **Maria II.**
*1662, Kgn. v.
Engl. u. Schottl.
1689–1695

Anna, *1665
Kgn. v. Engl. u.
Schottl.
1702–1714,
v. Großbritannien
seit 1707

2. *Jakob (III.)*
*1688, †1766
Thronprätendent

*britisches Königshaus
seit 1714*

Kathol. Stuarts:
Thronpräten-
denten bis 1807

Pulverschwörung *(Gunpowder Plot)*   Versuch von über die königliche Religionspolitik enttäuschten englischen Katholiken, Jakob I. mitsamt dem Parlament bei dessen Eröffnung in die
Luft zu sprengen. Der Anschlag wurde einen Tag vor dem beabsichtigten Attentat (5. November
1605) verraten. Dieses Tages wird bis heute in England durch Feuerwerk gedacht *("Remember,
remember the 5th of November")*.

Unterhaus sind zudem die bürgerlich-städtischen (zugleich puritanisch gesinnten) Vertreter gegen den Frieden mit Spanien, der wegen der Kaperfahrten gegen spanische Silberschiffe recht lukrativ gewesen ist. Der Frieden mit Spanien erzwingt jetzt auch eine Zurückhaltung im spanisch-niederländischen Konflikt, in dem Elisabeth die junge Republik unterstützt hat. Diese Zurückhaltung erstreckt sich schließlich auch auf den beginnenden Dreißigjährigen Krieg im Reich, obwohl hier Glaubensgenossen und vor allem der Schwiegersohn Jakobs, Kurfürst Friedrich V. von der Pfalz, von den Habsburgern hart bedrängt werden. Jakob wird also in seinem neuen Königreich rasch unbeliebt, zumal man ihm neben seinem herrischen Auftreten auch Verschwendungssucht vorwirft. Hinzu kommt eine ausgeprägte Günstlingswirtschaft, hinter der man homoerotische Neigungen vermutet. Die Abneigung steigert sich noch, als der wenig beliebte George Villiers, Herzog von Buckingham (* 1592, † 1628) 1615 Günstling des Königs wird und einen großen Teil der Staatsgeschäfte übernimmt.

Sein Sohn Karl I. (* 1600, † 1649) ist also durch eine schwere Hypothek belastet, auch weil er seit 1625 mit einer Tochter Heinrichs IV. von Frankreich (Henriette Maria, * 1609, † 1669), einer Katholikin, verheiratet ist, die das Vorrecht genießt, der katholischen Messe beiwohnen zu dürfen. Mit dem unbeliebten Buckingham verbindet ihn zudem eine enge Freundschaft. Karl kann nicht umhin, die in La Rochelle belagerten Hugenotten (s. o., S. 118) zu unterstützen; Buckingham soll eine Entsatzflotte befehligen, wird aber 1628 von einem von ihm enttäuschten Offizier ermordet.

Bis 1629 tagen drei Parlamente, mit denen der König wegen Steuerbewilligungen immer wieder in Konflikt gerät. 1628 beschließt das Parlament die **Petition of Right**: Danach soll der König künftig keine Gelder mehr ohne Parlamentsbilligung von seinen Untertanen eintreiben, keine Soldaten in privaten Haushalten einquartieren, im Lande nicht mehr das Kriegsrecht anwenden und niemanden ohne Rechtsgrund in Gewahrsam nehmen (*Habeas Corpus*-Prinzip, bekräftigt 1679). Karl unterzeichnet, um den Konflikt nicht auf die Spitze zu treiben, allerdings unter dem Vorbehalt königlichen Ermessens. Im März 1629 verkündet er, künftig ohne Parlamente regieren zu wollen. Sein „persönliches Regiment" kann er bis 1640 durchhalten. Unterstützt wird er einmal vom Erzbischof von Canterbury William Laud (* 1533, † 1645, Eb. seit 1633,) und Thomas Wentworth, seit 1639 Graf Strafford (* 1593, † 1641). Er greift auf die ihm zustehenden Abgaben (s. o.) zurück, die aber umstritten sind (und deren Rechtmäßigkeiten hochrangige Juristen bezweifeln). Dabei entsteht in der Öffentlichkeit das Bild eines tyrannischen Königs,

Quelle: Auszug aus der Petition of Right, am vom 2. Juni 1628 vom Parlament verabschiedet:

Unseren obersten Herrn, den König, machen wir ... untertänigst darauf aufmerksam, dass durch ein Gesetz aus der Zeit König Eduards I. *[1272–1307]* ... verfügt wurde, dass durch den König ... keine Steuer oder Beihilfe erhoben werden dürfe, ohne ... die Zustimmung der Erzbischöfe, Bischöfe, Earls *[Grafen]*, Barone, Ritter, Bürger und anderer freier Männer der Gesamtheit des Reichs ... Ferner ist ... verfügt worden, dass künftig niemand veranlasst werden dürfe, gegen seinen Willen dem Könige Darlehen zu geben ... Dennoch sind in letzter Zeit verschiedene Anordnungen ... an ... Beamte in einigen Grafschaften ergangen, infolge deren Ihre Untertanen ... aufgefordert wurden, bestimmte Geldsummen Eurer Majestät darzuleihen ... und verschiedene Abgaben wurden Ihren Untertanen auferlegt ... entgegen den Gesetzen und freien Gewohnheiten des Königreichs.

Es ist auch durch den „Großen Freiheitsbrief von England" *[Magna Charta libertatum von 1215]* verfügt worden, dass kein freier Mann verhaftet, eingesperrt oder seiner persönlichen Freiheit ... beraubt werden ... dürfe ... Dennoch wurden in letzter Zeit verschiedene Ihrer Untertanen ins Gefängnis geworfen, ohne dass ein Grund angegeben wurde, ... ohne dass man irgendeine Anklage gegen sie erhob, gegen die sie sich, entsprechend dem Gesetz, verantworten konnten.

Ferner wurden in letzter Zeit große Abteilungen von Soldaten und Matrosen in verschiedene Grafschaften ... verteilt und die Einwohner genötigt, sie wider ihren Willen in ihre Häuser aufzunehmen ...

Wir bitten daher Eure Majestät ehrerbietig, es möge künftig niemand mehr genötigt werden, irgendein Geschenk, ein Darlehen, eine freiwillige Gabe, eine Steuer oder eine sonstige Abgabe zu leisten, ohne allgemeine Zustimmung durch einen Parlamentsbeschluss, und es möge niemand zur Verantwortung gezogen ... oder sonst wie belästigt und beunruhigt werden, ... weil er sich geweigert hat, eine solche Abgabe zu entrichten. Kein freier Mann soll in einem der erwähnten Fälle gefangen genommen oder festgehalten werden ...

Um all dies bitten wir untertänigst Eure erhabene Majestät als um unsere Rechte und Freiheiten, in Übereinstimmung mit den Gesetzen und Satzungen dieses Reiches ...
(Dieckmann, S. 364 ff.)

dem man zudem höfische Verschwendung vorwirft. Sein – im Gegensatz zu vielen Fürsten seiner Zeit – vorbildliches Eheleben bringt ihn darüber hinaus in den Verdacht, heimlich Katholik zu sein bzw. die Katholiken zu begünstigen.

Ende der 1630er Jahre führt Karls Versuch, die anglikanische Bischofsverfassung auf Schottland auszudehnen, dort zu Unruhen, die in einen Krieg münden. Da er Geld benötigt, muss er 1640 ein neues Parlament einberufen, das er angesichts der an ihm dort geäußerten Kritik an ihn sofort wieder auflöst (*Short Parliament*, 23. April bis 5. Mai). Als die Schotten die englische Grenze überschreiten, schließt der König mit ihnen einen Waffenstillstand ab. Wegen der Kosten für die weiterhin in England stehenden Verbände wird am 3. November 1640 wiederum ein Parlament einberufen (sog. *Long Parliament*, weil es bis 1648 und dann als „Rumpfparlament" bis 1653 tagt). Es erhebt Anklage gegen die königlichen Berater Strafford und Laud (sog. *Bill of Attainder*); beiden wird vor dem *House of Lords* der Prozess gemacht und sie werden schließlich hingerichtet. Im Februar 1641 wird die sog. *Triennial Bill* (Einberufung des Parlaments alle drei Jahre) verabschiedet, und im Mai 1641 die Abschaffung der beiden höchsten königlichen Gerichtshöfe, der Sternkammer (**Star Chamber**) und der **High Commission**, beschlossen.

Im August 1641 kommt es zu einem Aufstand in Irland, auch aus religiösen Gründen, da das katholische Bekenntnis auf der Insel nach wie vor stark verbreitet ist. Das Parlament beansprucht die Regelung des Oberbefehls über die englischen Truppen; in der Auseinandersetzung um diese Frage bilden sich zwei etwa gleich starke Gruppen heraus: die Königsanhänger (Kavaliere) und die „Rundköpfe" (Puritaner). Im November 1641 wird im Unterhaus die *Grand Remonstrance* mit 159 zu 148 Stimmen angenommen, in der die Hauptbeschwerden gegen den König noch einmal zusammengefasst werden. Karl versucht, der Oppositionsführer habhaft zu werden, was scheitert; das Parlament stellt ein eigenes Heer auf, und es kommt zum *ersten Bürgerkrieg* (1642–1646) zwischen ihm und dem König.

Er endet mit dem Sieg des mit den Schotten verbündeten Parlamentsheers. Zudem hat ein politisch bislang kaum hervorgetretener Angehöriger der *gentry*, Oliver Cromwell (*1599, †1658), ein „Independent", ein neues, tief vom reformierten Glauben durchdrungenes und daher äußerst diszipliniertes Heer aufgestellt, die *New Model Army*. Sie besiegt im Juni 1645 bei Naseby das Heer des Königs. Karl flieht in der Hoffnung zu den Schotten, sie würden ihn schützen, doch sie liefern ihn Ende Januar 1647 gegen Zahlung ihrer Kriegskosten in Höhe von 400 000 Pfund an das Parlament aus. Ange-

Abb. 14: **Öffentliche Hinrichtung des Earl of Strafford in London (12. Mai 1641). (Zeitgenössische Radierung)**

Star Chamber (Sternkammer) Seit dem 13. Jh. ursprünglich der Raum mit einer sternbemalten Decke im Palast von Westminster, in dem der Rat des Königs tagt (der auch gerichtliche Befugnisse hat). Durch Heinrich VII. 1487 neu organisiert, ist die Kammer vor allem für die Verfolgung politischer Delikte zuständig, die sich gegen den Herrscher richten. Sie wird vor allem von den ersten beiden Stuartkönigen zur Disziplinierung der Opposition eingesetzt.

Court of High Commission 1534 durch Heinrich VIII. in seiner Eigenschaft als Oberhaupt der Anglikanischen Kirche als oberstes Kirchengericht eingesetzt, von den ersten Stuarts zunehmend als Machtmittel zur Disziplinierung des Klerus wie der zur offiziellen Kirche in Opposition stehenden Untertanen benutzt.

sichts der Spannungen im Parlamentsheer versucht Karl mit dem Parlament eine Annäherung zustande zu bringen. Die radikalen Kräfte im Heer entführen ihn jedoch im Juni 1647 ins Lager bei Hampton Court. Karl versucht, mit den Schotten Verbindung aufzunehmen, die sich jetzt von Cromwells Independenten bedroht fühlen. Dieser stellt die Einigkeit im Parlamentsheer wieder her und schlägt die Schotten im *zweiten Bürgerkrieg* (Schlacht von Preston in Nordwestengland, August 1648). Anfang Dezember 1648 wird das Parlament in seinem Auftrag von Oberst Thomas Pride „gereinigt" (*Pride's Purge*): 140 unliebsame Mitglieder werden ausgestoßen; das nunmehrige *Rumpfparlament* beschließt, dem König den Prozess zu machen. Am 27. Januar 1649 wird gegen ihn das Todesurteil verkündet, seine Hinrichtung erfolgt drei Tage später. Seine Familie flieht in die Niederlande.

Anschließend werden Königtum und Oberhaus abgeschafft, England wird zur Republik (*Commonwealth*) erklärt. Deren oberste Instanz ist nunmehr das Parlament (das frühere Unterhaus), das einen Staatsrat aus 41 Mitgliedern ernennt. Es gibt indes weiterhin religiöse Streitigkeiten, dazu Auseinandersetzungen mit den Royalisten, vor allem in Schottland und Irland. Cromwells Heer wird daher jetzt zu einem politischen Faktor ersten Ranges. Im Herbst 1649 wird der Widerstand in Irland, ein Jahr später der in Schottland (den der geflohene Kronprinz anführt) niedergeschlagen. Cromwell ist nunmehr die entscheidende politische Figur. 1653 löst er das Rumpfparlament auf und setzt mit Hilfe seiner Armee ein neues, für England, Schottland und Irland (erstmals) gemeinsames Parlament ein (sog. *Barebone Parliament* oder „Parlament der Heiligen", Juli–Dezember 1653), das aber hinsichtlich der Bewältigung der verschiedenen (vor allem der religiösen) Probleme so zerstritten ist, dass er es bald auflöst. Nach der Auflösung wird im Dezember 1653 vom „Rat der Armee" unter Cromwells Vorsitz eine Verfassung (*Instrument of Government*) verkündet. Sie sieht ein Parlament, einen Staatsrat und als Staatsoberhaupt einen *Lord Protector* vor. Dieses Amt übernimmt Cromwell auf Bitten des Armeerats selbst.

Das im September 1654 zusammentretende Parlament Cromwells greift die Verfassung heftig an und stellt auch seine Autorität als Lordprotektor in Frage. Es wird im Januar 1655 aufgelöst. Ein zweites Parlament (September 1656–Mai 1657) beschließt im Mai 1657, eine zweite Kammer einzurichten, und trägt Cromwell die Königswürde an, die er indes ablehnt. Dafür wird er Lordprotektor auf Lebenszeit. Ein drittes Parlament mit zwei Häusern tritt im Januar 1658 zusammen. In ihm haben die Cromwell-Gegner das Übergewicht, so dass er es bereits nach zwei Wochen auflöst. Faktisch ist

Abb. 15: **Miniatur Oliver Cromwells von Samuel Cooper** (*1609, †1672). „Malen Sie mich, wie ich bin, mit allen Warzen", soll Cromwell bei der Anfertigung des Bildes gesagt haben.

Abb. 16: **Auflösung des „Rumpfparlaments" durch Cromwell** (20. April 1653). (Zeitgenössischer Kupferstich eines niederländischen Künstlers).

Cromwells Herrschaft eine Militärdiktatur. Bedeutsam ist jedoch, dass die Britischen Inseln zum ersten Mal zusammen regiert werden. Die Amtsführung Cromwells zeichnet sich durch bemerkenswerte religiöse Toleranz aus, von der nur die Katholiken und die Anhänger der anglikanischen Bischofskirche ausgeschlossen sind. Sie erstreckt sich auch auf die Juden, die nach dreieinhalb Jahrhunderten 1656 in England wieder Niederlassungsrecht erhalten. Zudem ist der Lordprotektor außenpolitisch sehr erfolgreich. Als 1651 die **Navigationsakte** erlassen wird, kommt es zum siegreichen Seekrieg mit den Niederlanden (1652–1654). Im Krieg gegen Spanien (1656–1659) wird die karibische Insel Jamaika erworben, außerdem gelingt es 1656 eine der kostbaren spanischen Silberflotten aufzubringen. Unter Cromwell wird England, vereinigt mit Schottland und Irland, zum ersten Mal seit dem späten Mittelalter wieder zur europäischen Großmacht.

Er stirbt Anfang September 1658; seine Nachfolge tritt sein Sohn Richard (* 1626, † 1712) an, der sich aber dem Amt des Lordprotektors nicht gewachsen fühlt und schon im Mai 1659 zurücktritt. Damit ist der Weg frei zur Restauration der Stuart-Monarchie, die im April 1660 erfolgt (s. u., S. 162).

3 Skandinavien, Polen und der Ostseeraum bis 1660

Die Auseinandersetzungen um die Vorherrschaft in der Ostsee zwischen Schweden, Dänemark und Polen vom Beginn bis zur Mitte des 17. Jhs. erreichen ihren Höhepunkt im Nordischen Krieg (1654–1660). In ihm sichert sich Schweden vorläufig das *dominium maris Baltici*, während Dänemark (gebietsmäßig stark reduziert) auf die Stellung einer Mittelmacht zurückfällt und – auch aus inneren Gründen – die dauernde Schwächung Polens offenbar wird. Zugleich markiert das Ende des Nordischen Krieges den Beginn des Aufstiegs Brandenburg-Preußens zu einer der wichtigeren Mächte in diesem Raum (wie auch im Reich).

Der Kampf um die Ostseeherrschaft ist über lange Strecken auch eine Auseinandersetzung innerhalb des Hauses Wasa, das seit 1523 den schwedischen König und 1587–1668 auch den König von Polen stellt. *Schwedens* Stellung ist bereits durch die Teilnahme am Dreißigjährigen Krieg seit 1630 gestärkt worden. Hierfür ist nach dem Tod Gustav Adolfs († 1632) unter dessen Tochter Christina (* 1626, † 1689, Kgn. 1632–1654), der „Reichkanzler" Axel Gustavsson Graf Oxenstierna (* 1583, † 1654) verantwortlich. Danach

Navigationsakte (Navigation Act) Das 1651 erlassene Gesetz verbietet die Einfuhr von Waren auf die Britischen Inseln sowie die Ausfuhr von diesen in die überseeischen Kolonien auf nichtenglischen Schiffen. Damit soll der lukrative niederländische Zwischenhandel beeinträchtigt werden. Das Gesetz wird unter Karl II. (s. u., S. 162) mehrfach bekräftigt und erst 1849 abgeschafft.

Abb. 17: **Der schwedische Reichskanzler Graf Axel Oxenstierna. (Zeitgenössisches Portrait eines unbekannten Malers).** Die lateinische Umschrift „Dum clavum rectum teneam" bedeutet frei übersetzt: *Solange ich den richtigen Kurs halte.*

fällt die schwedische Krone an Christinas Vetter Karl von Pfalz-Zweibrücken (* 1622, † 1660; als Karl X. Gustav Kg. 1654–1660).

Neben den Auseinandersetzungen im Reich an der Seite Frankreichs kommt es 1643–1645 auch zum Krieg gegen Dänemark, der mit dem Frieden von Brömsebro endet: Schweden erhält die Insel Gotland, ferner die südlich von Göteborg gelegene Landschaft Halland und das an Mittelnorwegen angrenzende Jämtland. Der Nordische Krieg bricht 1654 aus, weil der seit 1648 regierende polnische König Johann II. Kasimir (s. u.) nach der Abdankung Christinas als nächster männlicher Verwandter Anspruch auf den schwedischen Thron erhebt. Hinzu kommen Streitigkeiten mit Russland, das an der Seite Schwedens in den Krieg eintritt. Nach dem siegreichen Vormarsch der schwedischen Truppen und dem zusammen mit denen des Kurfürsten Friedrich Wilhelm von Brandenburg Ende Juli 1656 bei Warschau errungenen Sieg greifen Kaiser Leopold I. als Landesherr der Polen benachbarten habsburgischen Territorien und der König von Dänemark in den Krieg ein. Als sich das Kriegsglück wendet, wechselt der Kurfürst von Brandenburg die Seiten und gehört beim Friedensschluss von Oliva (Kloster bei Danzig, Mai 1660) mit zu den Gewinnern: Johann Kasimir verzichtet auf den schwedischen Thron, der Gebietsstand Polens bleibt ungeschmälert; allerdings muss er auf die Lehnshoheit über das Herzogtum Preußen verzichten, das der Kurfürst von Brandenburg nun als souveränes Territorium besitzt. Schweden hat bereits 1658 die Dänen besiegt (Friede von Roskilde, bestätigt durch den Frieden von Oliva): Dänemark verliert die Landschaften Bohuslän (nrdl. v. Göteborg) sowie Skåne und Blekingen (dazu die Insel Bornholm, die jedoch nach einem Aufstand bald wieder dänisch wird).

In *Polen* hat Sigismund III. auch mit inneren Problemen zu kämpfen: Religionsstreitigkeiten (teilweise gelöst durch die Union von Brest-Litowsk von 1595, in denen den Orthodoxen, die den Papst als Oberhirten anerkennen, als sog. Unierten Katholiken gewisse Rechte eingeräumt werden), ferner Konflikte mit den **Kosaken**, deren Erhebung 1630 bereits äußerst bedrohlich ist und die sich 1647 unter Bogdan Chmielnickij, (* 1595, † 1657) zu einem Aufstand sammeln, der sich gleichermaßen gegen die ihnen verhassten Adligen, gegen Geistliche sowie gegen Juden richtet und nur mühsam bezwungen werden kann.

Sigismunds zweiter Sohn Johann Kasimir (1648–1668) kann gegen die Vorherrschaft des Adels immer weniger ausrichten: 1652 wird erstmals das *Liberum veto* praktiziert, d. h., ab jetzt kann eine Gegenstimme im Reichstag jeden Beschluss blockieren; Anlass ist ein Abkommen des Königs mit

Legende:

- Schweden 1524
- Erwerbungen unter Gustav Wasas Söhnen (1560–1592)
- Erwerbungen Gustav Adolfs (1611–1632) und Christines (1632–1654)
- Erwerbungen Karls X. (1654–1660)
- Brandenburg-Preußen

Lappmark

Weißes Meer

Väster-botten

Öster-botten

SCHWEDEN

Stift Drontheim (1658/60)

Jämtland

Ångerman-land

Finnland

Herjedalen

Karelien (1617)

NORWEGEN

Bottnischer Meerbusen

Dalekarlien

Wiborg

Ladoga-See

Kristiania

Nyland

Helsingfors

Ingerman-land (1617)

Upsala

Stockholm

Reval (1561)

Estland

Bohuslän

Dagö

Ostsee

Nowgorod

Skagerrak

Gotland (1645)

Øsel

Livland (1621/29)

Aalborg

Halland

Småland

Öland

Riga

RUSSLAND

DÄNEMARK

Blekinge

Hzm. Kurland

Kopenhagen

Schonen

Memel

Malmö

Bornholm (1658/60 schwed.)

Kiel

Rügen

Hzm. Preußen

Bremen

Vorpommern

Wismar

Bremen

Stettin

Berlin

Weichsel

Leipzig

Warschau

Elbe

RÖMISCH-DEUTSCHES REICH

Oder

POLEN-LITAUEN

Prag

Krakau

Donau

Wien

N S

Karte 16: **Die Ostseeländer nach dem Nordischen Krieg von 1654–1660.**

Kosaken (russ.: казаки)   Ursprünglich tartarische Plünderer, später im südrussischen und ostpolnischen Raum bewaffnete Reiterverbände, zu denen sich auch leibeigene Bauern wegen der Unterdrückung in den Grundherrschaften sowie um der Zwangskatholisierung in der Adels-republik zu entgehen, flüchten. Sie werden hier für die Grenzverteidigung gegen die Osmanen eingesetzt. Wichtig sind die „Saporoger" Kosaken („unterhalb des Stromschnellen" des Dnjepr), die 1647 unter Chmielnickij in den Aufstand gegen den polnischen König treten. Von ihnen stammen die späteren Don- und Uralkosaken ab. Die relative Autonomie der inzwischen unter russische Herrschaft gelangten Saporoger Kosaken wird 1775 durch Katharina II. beseitigt.

den Kosaken, das auf Widerstand im Reichstag stößt. Der König dankt vier Jahre vor seinem Tod ab, weil er keine Reformen mehr durchsetzen kann. Dafür führt der Schwedensturm von 1654–1656 (poln.: *potop* = Sintflut) zu einer neuen Form des polnischen Selbstbewusstseins, vor allem nachdem 1656 das Paulinerkloster von Tschenstochau (Częstochowa), in dem sich ein angeblich wundertätiges Marienbild („Schwarze Madonna") befindet, erfolgreich gegen die „Ketzer" verteidigt werden kann. Danach wird die Mutter Gottes offiziell als „Königin der Krone Polen" ausgerufen. Damit ist ein neues Nationalsymbol entstanden, das bis heute nachwirkt. Zugleich markiert dieses Ereignis den Sieg der Gegenreformation in Polen.

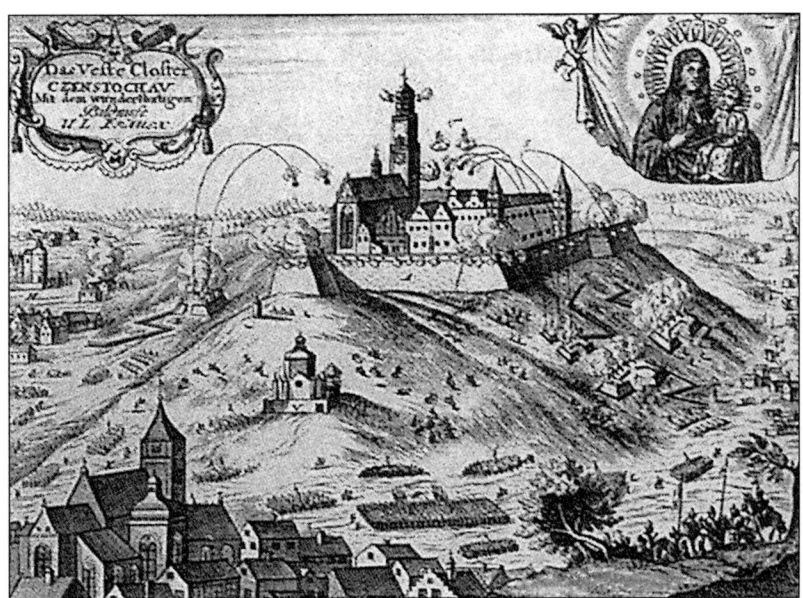

Abb. 18: **Belagerung des Paulinerklosters auf dem „Hellen Berg" (jasna góra) von Tschenstochau (November/Dezember 1655), das 1621 von einer Befestigungsanlage umgeben worden ist. (Zeitgenössischer Stich eines deutschen Künstlers, oben rechts das in der Klosterkirche aufbewahrte wundertätige Bildnis der „Schwarzen Madonna")**

C Das Zeitalter des Absolutismus und der Aufklärung (1648/59–1789)

I Das Zeitalter Ludwigs XIV.

1 Das Reich vom Westfälischen Frieden bis zum Beginn des Spanischen Erbfolgekriegs 1648–1701

Das Reich zählt um 1650 nur noch 10–13 Mio. Menschen, gut ein Drittel weniger als 1600. Dieser Rückgang ist ungleich verteilt. Er ist mit über 50 % besonders hoch in Mecklenburg, Pommern, Brandenburg, Teilen von Schlesien, Thüringen und Hessen sowie in der Kurpfalz, im Nordelsass und in Württemberg. Andere Regionen wie Holstein, Niedersachsen, Westfalen, die Lausitz und Mähren haben keine oder kaum Verluste zu verzeichnen. Die wirtschaftlichen Einbußen sind gleichfalls enorm. Auf dem Land sind massenweise Bauernstellen unbesetzt, in den Städten liegt das Gewerbe danieder und es sind ländliche Flüchtlinge zu versorgen. Die wirtschaftliche Erholung setzt nur langsam ein, in manchen Gebieten dauert sie bis zum Ende des 17. Jhs.

Einen bedeutenden Fortschritt bringt die Regelung der Religionsfrage im Westfälischen Frieden (s. o., S. 112 ff.). Die Konfessionsgrenzen sind nunmehr festgeschrieben. Es gibt keine Streitigkeiten um geistliche Gebiete mehr und künftig zieht der Konfessionswechsel eines Landesherrn nicht mehr den seiner Untertanen nach sich. Außerdem sind nun die Reformierten als dritte Konfession neben den Katholiken und den Lutheranern anerkannt. Das Reich ist jetzt ein (für Staatstheoretiker schwer definierbarer) föderaler Territorialverband, in dem grundsätzlich große *und* kleine Landesherrschaften aus eigenem Recht nebeneinander bestehen. Eine Neuerung gibt es ab 1663 für den Reichstag. Er kommt jetzt nicht mehr in unregelmäßigen Abständen zusammen, sondern tagt als Gesandtenkongress der Reichsstände permanent in Regensburg („Immerwährender Reichstag"). Am Gerichtswesen ändert sich nichts: Obwohl es notorisch langsam arbeitet, dient die Tätigkeit des Reichskammergerichts (RKG) der „Verrechtlichung" beim Austragen von Konflikten. Schneller arbeitet allerdings das nur vom Kaiser mit Richtern beschickte Gericht, der Reichshofrat (s. zu beiden Gerichten o., S. 38 ff.).

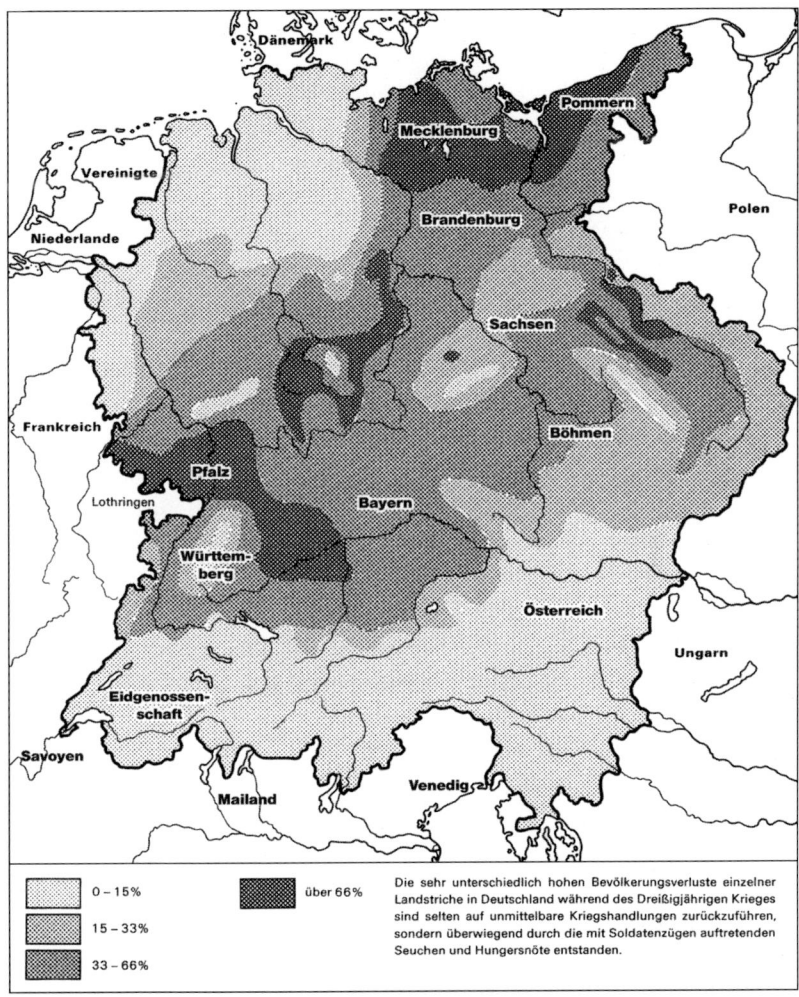

Karte 17: **Bevölkerungsverluste im Reich durch den Dreißigjährigen Krieg. Die in den meisten historischen Atlanten abgedruckte Karte geht zurück auf einen Entwurf in dem zuerst 1940 erschienenen Buch von Günther Franz:** *Der 30jährige Krieg und das deutsche Volk. Untersuchungen zur Bevölkerungs- und Agrargeschichte.* **Sie suggeriert – um „Deutschlands Elend und Erniedrigung" herauszustreichen –, dass es nur hier Bevölkerungsverluste gegeben habe. Davon sind aber auch die westlich wie östlich angrenzenden Regionen mehr oder weniger betroffen.**

Es besteht ein Gleichgewicht zwischen dem Kaiserhaus Habsburg einerseits und den Kurfürsten, von denen drei (1697 der von Sachsen, 1701 der von Brandenburg und 1714 der 1692/1708 zum „Kurfürsten von Hannover" aufsteigende Herzog von Braunschweig-Lüneburg) auswärtige Königskronen (in Polen, im Herzogtum Preußen und in Großbritannien) erlangen. Dieses Gleichgewicht ist verschränkt mit dem europäischen. Das Reich ist mit wichtigen auswärtigen Mächten politisch eng verzahnt: mit den „Garantiemächten" des Westfälischen Friedens, Frankreich und Schweden (das in Norddeutschland selbst Reichsterritorien erworben hat), mit Dänemark, dessen König als Herzog von Holstein (sowie seit 1649 als Graf von Oldenburg) Reichsfürst ist, mit dem östlichen Mitteleuropa durch die Landesherrschaft der Kurfürsten von Brandenburg über das Herzogtum Preußen sowie mit dem südöstlichen Europa über den (erst im späten 17. Jh. durchgesetzten) Herrschaftsanspruch der Habsburger auf ganz Ungarn. Konflikte, die von außen an das Reich herangetragen werden oder die von einzelnen seiner Fürsten ausgehen, ziehen es unter Umständen in größere kriegerische Verwicklungen hinein. So führen die Politik Ludwigs XIV. wie auch die im späten 17. Jh. erneut einsetzende osmanische Expansion rasch zu größeren innereuropäischen Auseinandersetzungen.

Ursprünglich für den geistlichen Stand bestimmt, wird Erzherzog Leopold (* 1640, † 1705) von Österreich nach dem frühen Tod seines bereits zum römischen König gewählten Bruders Ferdinand (IV.) 1658 zum Kaiser gewählt. Zu dieser Zeit hat die Bedrohung durch die Osmanen, die zuvor wegen innerer Schwierigkeiten und infolge verstärkter Auseinandersetzungen mit dem östlichen Nachbarreich Iran schwächer geworden ist, wieder zugenommen. Der Höhepunkt dieser Bedrohung ist die Belagerung Wiens 1683. Nachdem die habsburgische Hauptstadt mit starker Hilfe von außen durch ein Entsatzheer (s. u., S. 172) gerettet worden ist, geht man zum Gegenangriff über, der schließlich vor allem durch den Prinzen Eugen von Savoyen (s. u., S. 159) siegreich entschieden wird (Schlacht von Zenta, 1697). Im Frieden von Karlowitz (Januar 1699) tritt die Hohe Pforte ihren Teil von Ungarn und das Fürstentum Siebenbürgen an Österreich ab. Dieses wird so zur Vormacht in Südosteuropa. Die Bewährungsprobe gegen den großen Konkurrenten Frankreich im Spanischen Erbfolgekrieg (1701–1713/14) steht allerdings noch bevor.

Von den Territorien im Reich verzeichnet Brandenburg-Preußen nach 1648 den größten Machtgewinn. Kurfürst Friedrich Wilhelm (* 1620, Kf. 1640–1688), in den Niederlanden militärisch ausgebildet und mit einer

Abb. 19: **Kaiser Leopold I., der Begründer der österreichischen Großmacht.** Zeitgenössisches Bildnis mit der lateinischen Umschrift: Leopoldus D[ei] G[ratia] Roman[orum] Imp[erator] semp[er] Aug[ustus,] Germ[aniae,] Hu[ngariae] et Boh[emiae] Rex, Archidux Austr[iae,] Dux Burg[undiae] et Siles[iae] etc., auf Deutsch: *Leopold, von Gottes Gnaden Kaiser der Römer, immer Mehrer des Reiches, König von Germanien, Ungarn und Böhmen, Erzherzog von Österreich, Herzog von Burgund und Schlesien usw.* Auffallend ist auf seiner Brust an einer Kette der „Orden vom Goldenen Vlies", der bis 1918 verliehene höchste Orden der Habsburger, einst gestiftet von Herzog Philipp dem Guten von Burgund († 1467).

Oranierin verheiratet, findet zwar bei seinem Regierungsantritt eine völlig verwüstete Mark Brandenburg vor, verbucht aber im Westfälischen Frieden erhebliche Gebietsgewinne. Sein Herrschaftsgebiet reicht über rund 1 000 km von der Memel bis zum Niederrhein. Es wird daher in sämtliche von Frankreich oder Schweden ausgehenden Konflikte verwickelt. Deshalb entschließt er sich, mit allen ihm zu Gebote stehenden Mitteln die wirtschaftlichen und finanziellen Kräfte seiner Länder zu bündeln, um ein stehendes Heer aufzubauen und in der großen Politik mitspielen zu können.

Hierfür müssen die Stände der Länder gewonnen werden. In Brandenburg gelingt dies durch Konzessionen an den grundbesitzenden Adel. Der Landesherr verzichtet weitestgehend auf den Bauernschutz. Hier wie im – während des Nordischen Krieges 1655–1660 von der Krone Polen lehnsunabhängig gewordenen – Herzogtum Preußen (s. o., S. 134) – wird, auch unter Einsatz von Gewalt, eine effiziente Finanzverwaltung sowohl der Domäneneinkünfte als auch der neuen, von der Land- wie von der Stadtbevölkerung aufzubringenden Steuern durchgesetzt. Auf dem Land bleiben die Adligen steuerfrei, die *Kontributionen* zahlen die Bauern, deren Lasten damit enorm ansteigen. Die Städte kommen für die *Akzise* auf, einer Verbrauchssteuer auf sämtliche ein- und auslaufende Waren, die an den Toren kassiert wird.

Das – u. a. nach niederländischem Vorbild ausgebildete – brandenburgische Heer schlägt sich im Nordischen Krieg sehr gut. Im Juni 1675 gelingt es Friedrich Wilhelm, die nach Brandenburg eingefallenen schwedischen Truppen bei Fehrbellin zu schlagen. Sie werden sogar aus Vorpommern vertrieben und bis ins Baltikum verfolgt (daraufhin wird er als „Großer Kurfürst" gefeiert). Der brandenburgisch-preußische Staat ist jetzt eine durchaus ernst zu nehmende Militärmacht. Dies macht sich der 1688 an die Regierung gelangte Kurfürst Friedrich III. (*1657, Kf./Kg. 1688–1713) zunutze, als seine Truppen vom Kaiser für den bevorstehenden Spanischen Erbfolgekrieg benötigt werden. Mit dem Einverständnis Leopolds I. kann er sich für das Herzogtum Preußen den Königstitel zulegen, wird allerdings trotz der im Januar 1701 in Königsberg pompös inszenierten Krönung nur König „Friedrich I. *in* Preußen", weil das westlich des Herzogtums gelegene ehemalige Ordensgebiet seit dem 15. Jh. zur Krone Polen gehört und das eigentliche „königliche" Preußen ist. Da Friedrich mit zu den Gewinnern des Erbfolgekriegs gehört, wird in den Friedensschlüssen von 1713/14 das neue Königtum allgemein anerkannt. Es hat zunächst keine große politische Bedeutung, wird von den Zeitgenossen wegen seiner Kleinheit eher belächelt, aber es

Abb. 20: **Der erste preußische König Friedrich I. in herrscherlicher Pose. Das Bild, kurz nach 1701 von Samuel Theodor Gericke (* 1665, † 1729, seit 1696 brandenburgischer Hofmaler) angefertigt, versucht die neue Würde des Kurfürsten von Brandenburg durch den dekorativen Thron und die aufwendige Kleidung im Stil vor allem Ludwigs XIV. (s. u., S. 144) hervorzukehren.**

erweist sich auf die Dauer für die einzelnen „königlich preußischen Staaten"
als wertvolle Klammer.

2 Frankreich unter der Herrschaft des „Sonnenkönigs" 1661–1715

Als der junge Ludwig XIV. (* 1638, offiziell Kg. seit 1643, † 1715) im März
1661 nach dem Tod seines politischen „Ziehvaters" Mazarin die Regierungsgeschäfte übernimmt, beginnt eine neue Ära, die ganz von der Persönlichkeit
dieses Monarchen geprägt ist. Im „Zeitalter Ludwigs XIV." wird Frankreich
nicht nur Vormacht in Europa, sondern auch kulturell führend. Hierbei
spielt das Hofleben im Schloss von Versailles eine wesentliche Rolle. Das
späte 17. Jh. ist auch das *âge classique* der französischen Literatur. Das Französische setzt seit dieser Zeit für rund drei Jahrhunderte literarische Maßstäbe
und wird zur Bildungssprache der europäischen Oberschichten. Die Politik
Ludwigs XIV. endet allerdings infolge der Überspannung der Kräfte seines
Landes im finanziellen Fiasko und in allgemeiner Not, aus der Frankreich
nach 1715 nur allmählich herausfindet.

2.1 Innenpolitik

Zentrum des Landes ist mehr denn je der königliche Hof. Da Ludwig XIV.
wegen seiner unguten Erinnerungen an die *Fronde* (1648–1653; s. o., S. 120)
Paris nicht schätzt, baut er ab 1661 in Versailles, einem kleinen Ort südwestlich von Paris inmitten von Waldungen, die der königlichen Jagd dienen,
ein Schlösschen seines Vaters zu einer großen Anlage mit riesigem Park aus.
Das neue Schloss wird erst im frühen 18. Jh. vollendet; während der Regierung Ludwig XIV. bleibt es eine gewaltige Baustelle. Die Anlage verschlingt
Unsummen (die allerdings auch viele Arbeitskräfte ernähren). Das Schloss
wird für anderthalb Jahrhunderte (bis Oktober 1789) zum eigentlichen
Regierungssitz. Der Pariser Louvre – obwohl durch Ludwig XIV. ebenfalls
weiter ausgebaut – tritt dahinter völlig zurück. Das Versailler Hofleben
beruht auf einem tagtäglich, Stunde für Stunde genau geregelten Zeremoni-
ell. Dessen Mittelpunkt ist vom Aufstehen des Monarchen in der Frühe bis
zu seinem Zubettgehen am Abend der König selbst. Um ihn hat sich alles zu
drehen, so wie die Planeten um die Sonne kreisen. Er wählt diese denn auch
zum Symbol und bezeichnet sich als *roi soleil*.

Abb. 21: **Der junge Ludwig XIV., dargestellt als Götterkönig Jupiter nach dem Sieg des Königtums über die Fronde. (Bildnis eines unbekannten Malers um 1660)**

In Frankreich gilt fortan nur noch, wer bei Hofe zugelassen, also „hoffähig" ist: die höheren Adligen sowie die bedeutenden, i. d. R. ihrerseits in den Adelsstand erhobenen hohen Amtsträger. Der König sorgt dafür, dass sich die Hofleute so tief in das Hofleben, darunter auch in das hier gerne betriebene Glücksspiel (Karten, Würfel) verstricken, dass sie Schulden machen und von ihm finanziell abhängig werden. Das Hofleben dient so auch der (doppelten) Disziplinierung des Adels, der noch unter Ludwig XIII., ja selbst während der *Fronde* gegen das Königtum opponiert hat. Bei alledem ist Ludwig XIV. ein sehr fleißiger Monarch, der intensiv die Akten studiert und sich täglich stundenlang mit seinen Regierungsfachleuten berät, die sich in verschiedenen „Räten" (*conseils*) versammeln. Die Regierungsarbeit wird von seinen Staatsministern getätigt. Dazu zählt in erster Linie der *contrôleur général des finances*, eine Art Wirtschafts- und Finanzminister (1661 bis zu seinem Tod ist dies Jean-Baptiste Colbert [*1619, †1683]). Neben ihm gibt es noch den (auf Lebenszeit ernannten) *chancelier* (Justizminister) sowie vier Staatssekretäre (*sécrétaires d'état*; s. o., S. 14). Zusammen mit dem jeweils den einzelnen „Ministern" bzw. den Ratsgremien zuarbeitenden Personal ist die Verwaltung hervorragend organisiert und wird für die anderer Länder (etwa Österreich oder Brandenburg-Preußen) beispielgebend.

Zur Begründung des königlichen „Absolutismus" gehört auch, dass Ludwig XIV. dem *Parlement* von Paris, das immer wieder die Registrierung seiner Erlasse verweigert, Einsprüche gegen seine Gesetze ein für alle Male verbietet. Damit ist das Remonstrationsrecht hier außer Kraft gesetzt.

Eine wesentliche Grundlage für den Erfolg dieses Regierungssystems ist die Wirtschaftsförderung, vor allem im Manufakturwesen, durch Colbert. Zum „Colbertismus" (später auch **Merkantilismus** genannt) gehört, dass man teure Einfuhren von Rohstoffen wie Fertigprodukten möglichst vermeidet, statt dessen hochwertige Waren ausführt und das durch die „positive Handelsbilanz" erwirtschaftete Geld in das Wirtschaftsleben des eigenen Landes investiert oder auch in der Staatskasse für Notfälle, etwa für Kriegszeiten, hortet. Diese Form der Wirtschaftspolitik wird ebenfalls für viele Länder beispielgebend. Zur Intensivierung des Handels ruft Colbert auch – nach niederländischem und englischem Vorbild – Handelskompanien ins Leben, die möglichst selbstständig in Übersee (z. B. in Ostindien) agieren sollen. Es gibt zudem Ansätze zur Vereinheitlichung des Zollwesens sowie des Rechts (so im Zivil- und Strafprozesswesen, im Forst- und im Handelsrecht). Colberts Wirtschaftpolitik stößt freilich bald an ihre Grenzen, weil die – z. T. auch wegen der Handelskonkurrenz mit den Niederlanden

Merkantilismus Ein erst von dem britischen Nationalökonomen Adam Smith (*1723, †1790) geprägter Begriff für eine vom Staat gelenkte Wirtschaft zur Stärkung der Handels- und Finanzkraft. Er beinhaltet vor allem, neben der Vereinheitlichung des Maß-, Gewichts- und Münzwesens, die Schaffung eines einheitlichen Marktes durch weitgehende Abschaffung von Binnenzöllen, die Begünstigung der Immigration von auf bestimmte Gewerbe spezialisierten Fachkräften und die Förderung des Außenhandels mit hochwertigen Exportgütern, die im großen Stil und in rationaler Produktionsweise erzeugt werden (Manufaktursystem), mit dem Ziel, eine positive Handelsbilanz herzustellen. In Frankreich („Colbertismus") schließt dies eine gewisse Vernachlässigung der Landwirtschaft ein.

geführten – Kriege seines Königs die Staatsfinanzen in Unordnung bringen; nach Colberts Tod sind sie bald zerrüttet, zumal auch Sondersteuern nicht viel einbringen. 1715 ist das französische Königtum fast bankrott.

Zur Selbstdarstellung Ludwigs XIV. gehört, dass er als *roi très chrétien* in alter Tradition sich auch als Schirmherr der katholischen Kirche sieht. Dies heißt jedoch nicht, dass er dem Papst in jeder Hinsicht den Vorrang einräumt. Seit dem Konkordat von 1516 ist der König faktisch Herr über die Kirche. Da er auch die Einkünfte vakanter Bistümer, die eigentlich Rom zustehen, an sich ziehen will, kommt es zum Streit mit dem Papst (sog. *Gallikanismusstreit*). Ludwig XIV. beruft sich auf die 1438 in der Pragmatischen Sanktion von Bourges vom damaligen König verkündeten „Gallikanischen Freiheiten" und lädt 1682 zu einem Nationalkonzil. Hier wird der Vorrang der weltlichen Gewalt vor der kirchlichem zum Gesetz erhoben, die Einkünfte der Bistümer sollen dem König zufließen. Schließlich lässt er zu diesem Zweck 35 Bistümer durch Generalvikare verwalten. Der Konflikt eskaliert, so dass Ludwig 1688 auch die Grafschaft Venaissin und die Stadt Avignon, seit dem hohen Mittelalter päpstliches Gebiet, besetzen lässt. Im damals mit fast ganz Europa tobenden Pfälzischen Krieg (s. u.) braucht er jedoch die moralische Unterstützung Roms wie die seiner Kirche selbst, so dass er gegenüber dem Papst 1693 nachgibt. 1695 ergeht ein Edikt, wonach die französische Kirche steuerfrei bleibt; sie ist allerdings gehalten, von Zeit zu Zeit „freiwillige" Abgaben (*dons gratuits*) zu leisten. Ansonsten verwaltet sich die Kirche faktisch selbst und ist von sämtlichen jurisdiktionellen Eingriffen des Königs wie der hohen provinzialen Gerichtshöfe (*parlements*) befreit.

Ludwig schreitet auch gegen Strömungen ein, die innerhalb der katholischen Kirche als oppositionell gelten, so gegen den zur Mystik und frommen Selbsterforschung neigenden *Quietismus* (vertreten vor allem vom Erzbischof von Cambrai, François de Salignac de la Mothe-*Fénelon* [* 1651, † 1715], seit 1689 Erzieher des Kronprinzen) sowie gegen den *Jansenismus* (s. o., S. 30). Die Jansenisten werden schließlich unter Berufung auf die päpstliche Bulle *Unigenitus* von 1713 vom König im gleichen Jahr verboten, das Kloster Port-Royal südlich von Paris, in dem diese Tendenzen vertreten werden, ist schon 1709 geschlossen und 1711 zerstört worden.

Für die innere Entwicklung Frankreichs bedeutsamer ist die Verfolgung der Hugenotten. Sie werden seit 1598 und auch noch nach dem Gnadenedikt von Alès (1629) toleriert. Da Ludwig aber die religiöse Einheit im Land erreichen will, versucht er sie durch Drangsalierung (u. a. Einquartieren von Soldaten in Privathäuser, sog. Dragonaden) zum katholischen Glauben

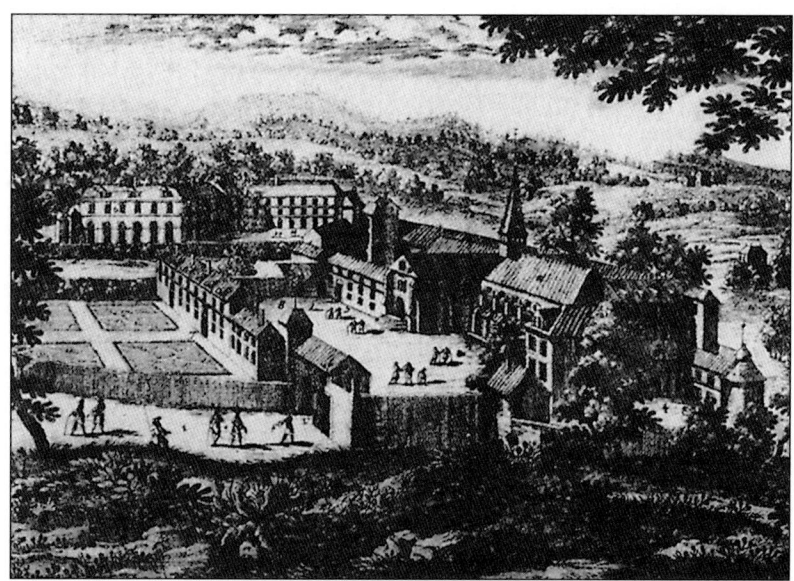

Abb. 23: **Das 1710/12 als Zentrum der Jansenisten abgetragene Kloster Port-Royal des Champs südlich von Paris. (Zeitgenössischer Kupferstich eines unbekannten Künstlers, Ende des 17. Jhs.)**

zurückzuzwingen. Da dies nicht gelingt, wird im Oktober 1685 durch das Edikt von Fontainebleau das Edikt von Nantes aufgehoben. Die Folge ist, dass die Hugenotten – rund 5% der Gesamtbevölkerung – trotz Auswanderungsverbots etwa zur Hälfte Frankreich verlassen. Es handelt sich vielfach um Intellektuelle und Handwerker mit Spezialkenntnissen in exportorientierten Gewerbezweigen. Von den rund 400 000 Emigranten (*refugiés*) gehen die meisten in die Republik der Niederlande (von dort nicht wenige auf die Britischen Inseln bzw. nach Nordamerika) und in die reformierten Teile der Eidgenossenschaft, einige auch in verschiedene Reichsterritorien, darunter in die Kurpfalz, die Landgrafschaft Hessen-Kassel und in das seit 1613 von reformierten Landesherren regierte Kurfürstentum Brandenburg (hierher etwa 20 000). Für Frankreich ist dies ein Aderlass. Zudem gehen die im Land Verbleibenden großenteils in die „innere Emigration", ja kämpfen während des Spanischen Erbfolgekriegs im Untergrund gegen die Regierung.

Die Bilanz der Herrschaft Ludwigs XIV. ist also zwiespältig. Großen Leistungen zur Vereinheitlichung Frankreichs und zur Förderung seines kulturellen Lebens (Literatur, Bildende Künste) stehen Intoleranz, Ausbeutung des Landes und schließlich die Zerrüttung der Staatsfinanzen gegenüber. Diese ist vor allen eine Folge der Kriege des „Sonnenkönigs".

2.2 Außenpolitik

Die außenpolitische Ziele Ludwigs XIV. sind:

a) weitere Schwächung der Habsburger, um die eigenen Grenzen gegenüber dem Reich und den südlichen Niederlanden zu sichern,
b) Erringung des Übergewichts in Norditalien,
c) Schwächung der Wirtschaftskraft der Niederländischen Republik,
d) für den Fall des Aussterbens der spanischen Habsburger der Erwerb von deren Krone.

Verbündete Ludwigs sind: Schweden als Vormacht an der Ostsee, bis 1688/89 England sowie zu verschiedenen Zeiten einzelne Reichsfürsten, vor allem die bayerischen Wittelsbacher.

Die französische Außenpolitik zielt also nicht allein auf Expansion und Hegemonie. Sie ist wegen der Furcht vor der „habsburgischen Umzingelung" auch „sicherheitspolitisch" motiviert. Deshalb wird durch den Festungsbaumeister Sébastien le Prestre de *Vauban* (★1633, †1707) ein „Festungsring"

Abb. 24: **Auszug hugenottischer Exulanten aus der Stadt La Rochelle 1685. (Kupferstich des niederländischen Künstlers Jan Luyken (*1649, †1712))**

Abb. 25: *„Zwei Millionen Calvinisten in die Kirche zurückgebracht* (Vicies Centena Milia Calvinianorum ad Ecclesiam Revocata)": Inschrift auf der Vorderseite einer Medaille, geprägt anlässlich der Widerrufung des Edikts von Nantes 1685; die Zahl von zwei Millionen übersteigt die der Hugenotten um rund das Doppelte.

entlang der Grenzen zu den Spanischen Niederlanden und zum Reich angelegt. Im Vorfeld des Spanischen Erbfolgekriegs bemüht Ludwig sich um einen territorialen Ausgleich für den Fall des Aussterbens der Habsburger in Spanien. Gegen Ende seiner Herrschaft erwägt er sogar eine Annäherung an die deutschen Habsburger.

2.2.1 *Devolutionskrieg* (Guerre des droits de la reine) *(1667/68)*

Im Pyrenäenfrieden ist die Heirat zwischen Ludwig XIV. und der spanischen Infantin Maria Teresa vereinbart worden. Die dabei vereinbarte Mitgift wird aber vom spanischen König nicht gezahlt. Nach dem Tod Philipps IV. i.J. 1665 erhebt Ludwig daher Ansprüche auf Gebiete, die seiner Frau als Tochter des spanischen Königs in den südlichen Niederlanden kraft des dort geltenden *Devolutionsrechts* zustehen. Der kurze Krieg ist ein voller Erfolg und bringt den Gewinn einiger Grenzstädte, darunter Lille. Der Frieden von Aachen kommt im Mai 1668 auf niederländische Vermittlung hin zustande; Ludwig XIV. muss in einen raschen Friedensschluss einwilligen, ohne seinen militärischen Sieg voll ausnutzen zu können, da die Republik eine Koalition mit Schweden und England zusammengebracht hat.

2.2.2 *Holländischer Krieg (1672–1678)*

Ludwig XIV. beschließt daraufhin, die Niederländische Republik abzustrafen; Handelsrivalitäten kommen hinzu. Der geplante Krieg wird diplomatisch vorbereitet durch Allianzverträge mit England und Schweden sowie mit einigen Reichsfürsten. Mit der Republik ist wegen seiner Verwandtschaft mit dem Haus Oranien lediglich Friedrich Wilhelm von Brandenburg verbündet. Gegen ihn veranlasst der französische König 1675 einen schwedischen Angriff von Vorpommern aus, der aber im Juni durch den brandenburgischen Sieg bei Fehrbellin zurückgeschlagen wird (s.o., S. 142). Der französische Angriff auf die Niederlande vom Niederrhein aus ist zunächst erfolgreich, weil man in der Republik seit 1650 das Heerwesen vernachlässigt hat. Die drohende Niederlage führt allerdings im Februar 1672 zu einem innenpolitischen Umschwung: Der junge Wilhelm III. von Oranien (s.u., S. 162) kann – nach Flutung wichtiger Deiche – die Invasionstruppen zurückdrängen. 1674 treten der Kaiser und mit ihm

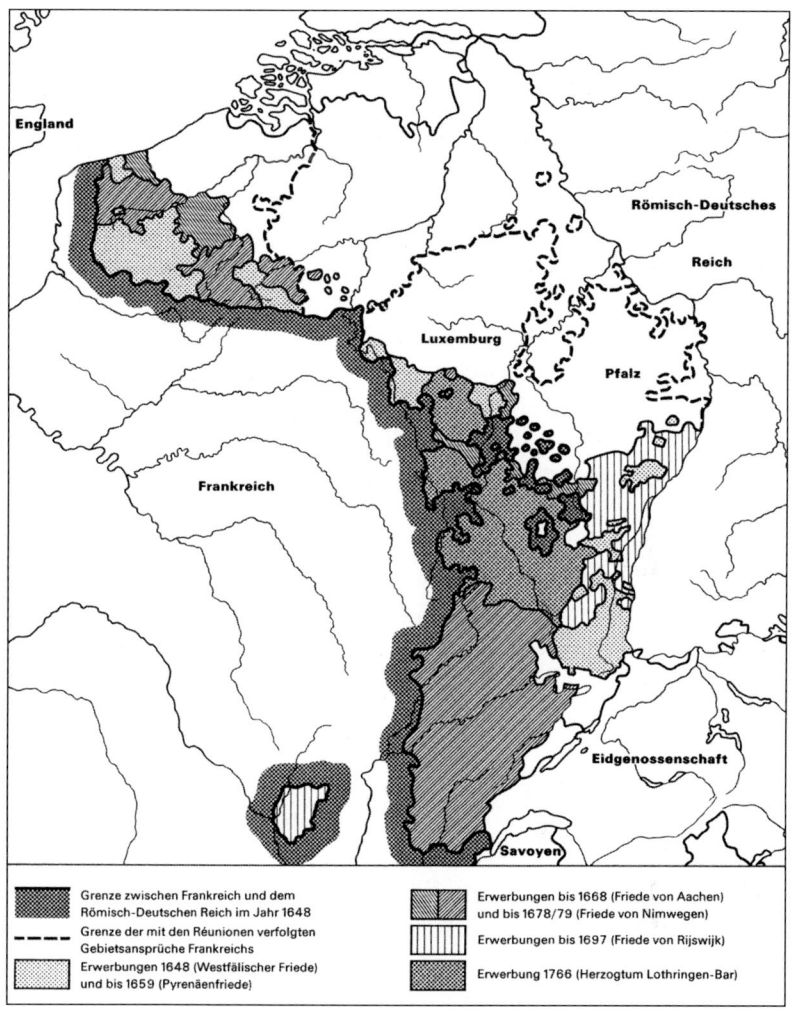

England

Römisch-Deutsches

Reich

Luxemburg

Pfalz

Frankreich

Eidgenossenschaft

Savoyen

	Grenze zwischen Frankreich und dem Römisch-Deutschen Reich im Jahr 1648		Erwerbungen bis 1668 (Friede von Aachen) und bis 1678/79 (Friede von Nimwegen)
– – –	Grenze der mit den Réunionen verfolgten Gebietsansprüche Frankreichs		Erwerbungen bis 1697 (Friede von Rijswijk)
	Erwerbungen 1648 (Westfälischer Friede) und bis 1659 (Pyrenäenfriede)		Erwerbung 1766 (Herzogtum Lothringen-Bar)

Karte 18: **Die Verschiebung der Ostgrenze des Königreichs Frankreich zwischen 1648 und 1766.**

die meisten Reichsfürsten sowie der König von Spanien in den Krieg gegen Frankreich ein. 1678/79 tagt ein Friedenskongress in Nimwegen, der die Friedensschlüsse zwischen den kriegführenden Mächten vorbereitet: Die Niederländische Republik bleibt ungeschmälert bestehen, Frankreich erhält die Franche-Comté mit der Reichsstadt Besançon. Die Stadt Freiburg im habsburgischen Breisgau wird an den französischen König abgetreten, der auch das Besatzungsrecht in Philippsburg erhält (beide Orte werden von Vauban zu Festungen ausgebaut). Im Parallelfrieden von St. Germain-en-Laye (Juni 1679) muss der brandenburgische Kurfürst seine Eroberungen in Pommern an Schweden zurückgeben. Ludwig XIV. hat seine Hegemonial-stellung in Europa unterstrichen.

2.2.3 Die „Reunionen"

In der Folge versucht er mit juristischen Mitteln die Grenzen gegenüber dem Reich zu verändern. Hierzu werden „Vereinigungsgerichtskammern" (*Chambres de réunion*) in Metz, Breisach, Besançon und Tournai eingerichtet. Sie untersuchen, welche Gebiete außerhalb Frankreichs jemals mit franzö-sischen Gebieten in Lehnsverbindung gestanden haben, und fällen dann Urteile, durch die der König von Frankreich sie für sich beanspruchen kann; anschließend werden sie besetzt. Im September 1681 erfolgt die Annexion der Reichsstadt Straßburg, 1683 die des Herzogtums Luxemburg und des Kur-fürstentums Trier. Da sich gegen die bewaffnete Macht Frankreichs nichts ausrichten lässt, erkennen Kaiser und Reich 1684 in einem in Regensburg auf zwanzig Jahre geschlossenen (Waffen-)Stillstand diese Erwerbungen an. Allerdings kostet die Aufhebung des Edikts von Nantes im Oktober 1685 Ludwig XIV. die Unterstützung der protestantischen Reichsfürsten (u. a. die des seit 1679 mit ihm verbündeten Kurfürsten von Brandenburg).

2.2.4 Pfälzischer Krieg (Guerre de la Ligue d'Augsbourg) 1688–1697

1685 stirbt das Kurfürstenhaus Pfalz-Simmern aus, die Kurpfalz fällt an die (katholische) wittelsbachische Linie Pfalz-Neuburg (die bereits in den Herzogtümern Jülich-Berg regiert; s. o., S. 82). Ludwig XIV. erhebt für seine Schwägerin Elisabeth-Charlotte (Schwester des letzten Kurfürsten) Anspruch auf den Eigenbesitz des Hauses Pfalz-Simmern. Außerdem favo-

Abb. 26: **Holzmodell der von Vauban ab 1680 errichteten Festung Landau, der „stärksten Festung der Christenheit".**

risiert er einen ihm genehmen Kandidaten bei der Wahl des künftigen Erzbischofs (und Kurfürsten) von Köln. Wegen des drohenden Krieges bildet
sich die Liga von Augsburg, ein Bündnis zwischen dem Kaiser, Spanien,
Schweden und wichtigen Reichsfürsten (u. a. den Kurfürsten von Bayern,
Sachsen und der Pfalz), das auf drei Jahre ein Heer von 30000 Mann auf-
stellen will. Als es daraufhin zum Krieg kommt, treten schließlich nach dem
Umschwung in England durch die „Glorreiche Revolution" (s. u., S. 166 f.)
die Republik der Niederlande und der hier als Statthalter der wichtigsten
Provinzen fungierende neue König von England, Wilhelm III. (v. Oranien)
im Mai 1689 dem Bündnis bei. Die französischen Truppen müssen sich aus
der Pfalz zurückziehen, die im Frühjahr 1689 völlig verwüstet wird.

Der Krieg zieht sich bis 1697 hin, wobei die deutschen Habsburger
durch ihre Erfolge gegen die Osmanen in Ungarn immer stärkeres Gewicht
bekommen. Zudem erleidet die französische Flotte durch englische und
niederländische Schiffe bei La Hogue im Ärmelkanal 1692 eine vernichtende Niederlage. Von Mai bis September 1697 tagt ein Friedenskongress im
Schloss Rijswijk bei Den Haag, wo im September/Oktober 1697 der Friedensschluss erfolgt: Ludwig XIV. muss den Erwerb durch die Reunionen
zum großen Teil zurückgeben und Wilhelm III. als König von England
anerkennen (obwohl er dem von diesem vertriebenen König Jakob II. in
Frankreich Asyl gewährt hat). Der Frieden von Rijswijk bedeutet faktisch
das Ende der Hegemonialstellung des Sonnenkönigs.

2.2.5 Der Spanische Erbfolgekrieg (1701–1713/14)

In der Folge geht es darum, einen Krieg um die Zukunft Spaniens zu verhindern. Hier steht das Aussterben der Habsburger bevor, da König Karl II.
kinderlos ist. Man sucht daher zwischen den „Seemächten" (Niederlande,
England), Frankreich und den deutschen Habsburgern im Vorfeld des zu
erwartenden Todesfalls eine diplomatische Lösung, durch die das inzwischen
erlangte Gleichgewicht unter den großen Mächten nicht gefährdet wird. Eine
solche wäre die Übertragung aller spanischen Gebiete an den bayerischen
Kurprinzen Joseph Ferdinand (*1692), dessen Mutter Habsburgerin ist; er
stirbt allerdings bereits 1699. Erbansprüche auf den spanischen Thron und
die von ihm beherrschten Gebiete haben sowohl die deutschen Habsburger
als auch die Bourbonen. Es gibt 1698/99 zwar zwischen Frankreich, England
und der Republik der Niederlande Teilungsverträge, wonach niemand das

Quelle: Die Annahme der spanischen Erbschaft durch Ludwig XIV. im November 1700
(Aus den 1756 erschienenen „Erinnerungen" des seit 1696 amtierenden Außenministers Jean-
Baptiste Colbert, Marquis de Torcy [*1655, †1748]):

Unmittelbar nach dem Tod des Königs von Spanien *[Karls II.]* schrieb der Staatsrat an den König *[Ludwig XIV.]*, um ihm davon Kenntnis zu geben, und der spanische Botschafter erhielt Weisung, seiner Majestät das Testament ... zu überbringen. Da man in Madrid zweifelte, ob der König die letzten Vorschläge des katholischen Königs annehmen würde, befahl der Staatsrat ... im Fall der Ablehnung ... den von Madrid gesandten Kurier unverzüglich nach Wien weiterzuschicken, denn die Absicht des verstorbenen Königs war, die gesamte Erbschaft dem Erzherzog *[Karl, s. 158]* zu übertragen, wenn seine letztwillige Verfügung von Frankreich nicht angenommen würde.

... Nach Ankunft des Kuriers ... (bat) der spanische Botschafter um eine Sonderaudienz bei seiner Majestät. Bevor der König die Stunde dafür festsetzte wollte er erst den Rat seines Conseils hören. Der Conseil bestand aus dem Dauphin *[Kronprinzen]*, ... dem Kanzler ..., dem Vorsitzenden des Finanzrats ... und dem Staatssekretär für Auswärtige Angelegenheiten. Die Folgen der zu treffenden Entscheidung waren leichter vorauszusehen als zu verhindern. Der König hatte sich *[in den Teilungsverträgen von 1698/99]* verpflichtet, jede Verfügung, die der König von Spanien treffen sollte, abzulehnen ... Handelte der König diesen Verpflichtungen zuwider, so zog er sich den Vorwurf zu, ein geheiligtes Königswort zu brechen, und ... der Krieg war unvermeidbar ... Andererseits war zu berücksichtigen, dass, wenn der König die Annahme des Testaments ablehnte, die gesamte Erbfolge kraft desselben Testaments an den Erzherzog übergehen würde ... Die spanische Nation hätte nicht gezögert, den zweiten Sohn des Kaisers als ihren König anzuerkennen. Das Haus Österreich hätte dann erneut in der Hand von Vater und Sohn die Machtfülle Karls V., die einst für Frankreich so verhängnisvoll gewesen war, vereinigt ... Nahm der König das Testament nicht an, so blieb ihm nur übrig, die spanische Erbschaft ganz fahren zu lassen oder Krieg zu führen, um den Anteil, den der Teilungsvertrag Frankreich zuschrieb *[d. h. in erster Linie das südliche Italien und den* Stato *dei Presidii]*, zu erobern. Ein Gesamtverzicht beraubte die Prinzen, seine Söhne, ihrer legitimen Rechte, die König Karl und die spanische Nation anerkannt hatten, und bereicherte auf ihre Kosten das Haus Österreich, das so feindselig war, dass der Kaiser *[Leopold I.]* sich lieber der Gefahr aussetzte, alles zu verlieren, als sich mit Frankreich diese gewaltige Erbschaft zu teilen. Wenn sich der König aber zum Frieden entschloss, um seine Verpflichtungen gegen England und Holland zu erfüllen, musste er ohne Zweifel die ganze Kriegslast alleine tragen, ja ... darauf gefasst sein, dass ... die ungetreuen Alliierten sich mit den Feinden seiner Majestät verbinden ... würden.

Mit allen diesen Gründen stützte der Staatssekretär *[des Äußeren]* ... seinen Vorschlag, das Testament anzunehmen. Der Vorsitzende des Finanzrats ... riet, sich an den Teilungsvertrag zu halten, denn er sei überzeugt, dass der aus der Annahme des Testaments unweigerlich folgende Krieg den Ruin Frankreichs bedeuten würde ...

Der König entschied sich für die Annahme des Testaments ... Als dieser Entschluss öffentlich bekannt wurde, erregte er in Europa die lebhafte Bewegung, die man vorausgesehen hatte: Die spanische Krone dem Hause Frankreich übertragen – das war eines der größten Ereignisse, die seit mehreren Jahrhunderten vorgekommen waren, und wie kein anderes geeignet, unmittelbar einen neuen allgemeinen Krieg hervorzurufen.

(Dieckmann, S. 538 f.)

gesamte spanische Erbe bekommen soll. Dies missfällt allerdings den führenden spanischen Politikern, die das gesamte Erbe in der Hand eines einzigen Monarchen halten wollen.

Kurz vor seinem Tod (1. November 1700) wird Karl II. von seinen Ratgebern am Hof dazu bewogen, den gesamten spanischen Besitz Ludwig XIV. anzutragen; denn nur er scheint dazu imstande, diesen zusammenzuhalten. Ludwig nimmt das Angebot für seinen Enkel, Herzog Philipp von Anjou (*1683, †1743), an, ohne aber zu garantieren, dass eine Vereinigung der Kronen Frankreich und Spanien für immer auszuschließen ist. Der daraufhin 1701 zwischen Frankreich und Spanien einerseits sowie den Seemächten, den deutschen Habsburgern und dem Herzogtum Savoyen andererseits ausbrechende Krieg dauert bis 1713 bzw. 1714. Auf französischer Seite kämpfen lediglich die beiden wittelsbachischen Kurfürsten von Köln und Bayern (letzterer gegen das Versprechen, die Spanischen Niederlande als künftiges Königreich übereignet zu bekommen). Kaiser Leopold I. entsendet seinen zweitältesten Sohn, Erzherzog Karl, nach Spanien, wo er als Thronprätendent aber gegen den bourbonischen König Philipp V. erfolglos bleibt. Auf den Kriegsschauplätzen in Norditalien und Süddeutschland sowie schließlich in den südlichen Niederlanden siegen die Gegner Frankreichs, vor allem dank der Feldherrnkunst des **Prinzen Eugen von Savoyen** auf österreichischer und des Herzogs von Marlborough (s. u., S. 198) auf englischer/britischer Seite. Die französischen Heere geraten 1709 an den Rand einer völligen Niederlage, zudem ist Frankreich finanziell am Ende und leidet schwer an den Folgen eines bitterkalten Winters (1709/10). Ludwig XIV. ist zum Frieden und zur Aufgabe Spaniens bereit, will aber keine Truppen zur Vertreibung seines Enkels dorthin entsenden. Im April 1711 stirbt der ältere Bruder des habsburgischen Thronprätendenten Karl, Kaiser Joseph I., ohne männliche Nachkommen, Karl selbst wird im Oktober zum Kaiser gewählt wird (Karl VI.; s. u., S. 182).

Es ist nicht im Interesse der Seemächte, dass das Reich Karls V. wiedersteht, und so kommt es 1711 zum Vorfrieden zwischen Frankreich und Großbritannien. Vorbereitet durch einen erneuten Friedenskongress ab Januar 1712 werden schließlich im niederländischen Utrecht im April und Juli 1713 zwischen Frankreich bzw. Spanien und ihren Kriegsgegnern Friedensverträge geschlossen, die im Jahr darauf durch die Abkommen von Rastatt und Baden (Aargau) mit dem Kaiser und dem Reich ergänzt werden: Österreich erhält von Spanien die südlichen (nunmehr: Österreichischen) Niederlande, ferner das Herzogtum Mailand, das Königreich Neapel und

Abb. 27: **Eintreiben neuer Steuern in Paris gegen Ende des Spanischen Erbfolgekriegs.**

Prinz Eugen von Savoyen (*1663, †1736),   aus einer in Frankreich ansässigen Nebenlinie des Herzoghauses Savoyen stammend, erzogen am Hof Ludwigs XIV. und von diesem wegen seiner körperlichen Gebrechen entgegen seiner Liebe zum Militär für die geistliche Laufbahn bestimmt, flieht 1683 nach Wien und tritt in den habsburgischen Heerdienst. Dort bald erfolgreich, siegreicher Feldherr in verschiedenen Kriegen gegen die Osmanen sowie im Spanischen Erbfolgekrieg, anschließend wichtigster politischer Berater Kaiser Karls VI. (s. u., S. 182 ff.)

die Insel Sardinien (zugleich ebenfalls Königreich). Savoyen bekommt die Insel Sizilien. Großbritannien, der eigentliche Gewinner des Krieges, erhält die Insel Menorca, behält das im Krieg eroberte Gibraltar und bekommt von Frankreich Neufundland und das Gebiet um die Hudson-Bai, zudem von Spanien Handelsvorteile in dessen Kolonien. Großbritannien hat sich so als europäische Großmacht fest etabliert. Zugleich ist an die Stelle der französischen Hegemonie das *Gleichgewicht der europäischen Mächte* getreten, das von den beiden Seemächten, Frankreich, Spanien und Österreich aufrecht erhalten wird. Die Zusammensetzung dieser *Pentarchie* wird sich allerdings im Laufe des 18. Jhs. noch ändern.

3 Die Republik der Niederlande 1650–1702

Das Amt des Statthalters von Holland (und weiterer angrenzender Provinzen) wird nach dem Tod Wilhelms II. von Oranien für mehr als zwei Jahrzehnte unbesetzt gelassen, zumal mit seinem postum im November 1650 geborenen Sohn Wilhelm III. (†1702) kein erwachsener Kandidat für das Amt bereit steht. In der (ersten) „Statthalterlosen Zeit" (1650–1672) fällt dem Ratspensionär (s. o., S. 120) die wichtigste politische Rolle zu. Er gehört zu den „Regenten", die für zwei Jahrzehnte wieder politisch das Sagen haben.

Die Republik ist bis weit ins 18. Jh. hinein das reichste Land Europas. Ihr Kolonialreich (Indonesien, Ceylon, Südafrika, Guayana, zeitweilig das Gebiet um das heutige New York in Nordamerika) liefert wichtige Waren (u. a. Gewürze), die von den auswärts im Namen der Republik „souverän" agierenden Handelskompanien (Ostindische Kompanie: s. o., S. 120 ff.; Westindische seit 1621) herangeschafft und gewinnbringend vertrieben werden. Im Inland gibt es eine bedeutende Textilindustrie (Tuche, Leinenerzeugnisse). Die Häfen (besonders Amsterdam) sind Hauptumschlagplätze zwischen dem Handel in Europa (etwa über den Rhein) und dem Überseehandel. Zudem ist die Republik als Finanzplatz und Kreditgeberin bedeutsam. Auch kulturell stehen die Niederlande mit an der Spitze Europas. Die Universität Leiden (gegr. 1575) gilt um 1700 auf dem Kontinent als führend. Im 17. Jh., dem Goldenen Zeitalter (*Gouden Eeuw*), blühen Dichtung und Bildende Künste (vor allem die Malerei) ebenso wie die Naturwissenschaften. Ermöglicht wird dies alles nicht zuletzt durch das Mäzenatentum der bürgerlichen Oberschicht.

Abb. 28: **Der Frieden von Utrecht. Beratung der Vertreter Großbritanniens, der Republik der Niederlande, Frankreichs, Portugals, Preußens und Savoyens im April 1713. (Radierung von Abraham Allard)**

1672 wird nach dem siegreichen Vorstoß der Franzosen im „Holländischen Krieg" Ludwigs XIV. wieder ein Statthalter von Holland sowie der
Nachbarprovinzen gewählt: Wilhelm III. von Oranien. Er organisiert das –
lange vernachlässigte – Heerwesen neu, führt die Kriegswende herbei und
wird zum Hauptwidersacher des Sonnenkönigs, zumal er es 1688/89 schafft,
die englische Krone zu erlangen (s. u., S. 166). Als König von England führt er
die beiden Seemächte in den Spanischen Erbfolgekrieg gegen Ludwig XIV.

4 Die Britischen Inseln 1660–1702

Mit der Rückkehr des Hauses Stuart auf den englischen (und schottischen)
Thron im Dezember 1660 übernimmt der älteste Sohn des 1649 hingerichteten Karl I., Karl II. (*1630, †1685) die Regierung. Er löst das im April
zusammengetretene **Convention Parliament**, das die Modalitäten der
Herstellung des Königtums mit ihm ausgehandelt hat, auf und beruft ein
neues, diesmal reguläres Parlament ein. Wegen seiner fast durchweg königstreuen Mitglieder wird es auch als *Cavalier Parliament* bezeichnet; es tagt vom
Mai 1661 bis zum Januar 1679.

Die politischen Geschäfte führt einer der engsten Vertrauten des Königs,
Edward Hyde, seit 1661 Lord *Clarendon* (*1609, †1674). Er erlässt im Verein
mit dem gefügigen Parlament eine Reihe von Gesetzen, den sog. **Clarendon
Code**, die das religiöse Leben regeln und der Anglikanischen Kirche unter
dem König die kirchliche Ausschließlichkeit sichern sollen. Wichtige weitere
Gesetze zur Festigung der königlichen Machtstellung sind die *Test Act* (1673)
sowie die *Papist Disabling Act* (1678), wonach alle Amtspersonen katholischen
Bekenntnisses, die diesem nicht abschwören, ihre Ämter verlieren (beide
Gesetze gelten bis 1828/29). Als 1678 ein angeblich von Rom aus gesteuertes Komplott gegen den König aufgedeckt wird, werden zudem sämtliche
Katholiken aus dem Parlament entfernt. Um die Gemüter gegen sein Streben
nach „absoluter" Herrschaft zu beruhigen, stimmt Karl 1679 der **Habeas
Corpus Act** zu: Sie regelt, dass in Haft Genommene binnen kürzester Frist
einem Richter vorgeführt werden müssen, der über die Rechtmäßigkeit der
Verhaftung und eine Untersuchungshaft bis zum Prozess befindet.

Karl II. wird immer unpopulärer, zumal man ihm auch katholische
Neigungen unterstellt. Außerdem ist man gegen seine Anlehnung an Ludwig XIV., dessen Bruder 1661 eine Schwester Karls II. geheiratet hat. Hinzu
kommt, dass der Bruder des Königs – James, Herzog von York (*1683,

Convention Parliament Eine nicht vom König einberufene, sondern aus eigener Initiative zusammentretende Versammlung, die sich als Vertretung des Landes betrachtet. Eine solche tritt auch 1688 zusammen (s. o., S. 166).

Der *Clarendon Code*

besteht aus folgenden zwischen 1661 und 1665 erlassenen Gesetzen:

1) der *Corporation Act* (November 1661), wonach alle Amtsträger einen Treueeid auf die Anglikanische Kirche und ihr Oberhaupt, den König, schwören müssen;
2) dem *Act of Uniformity* (August 1662), wonach sich sämtliche Kleriker im Land den Lehren der Anglikanischen Kirche zu unterwerfen haben; wer das ablehnt, gilt als *Nonconformist*;
3) dem *Conventicle Act* (Mai 1664), wonach Versammlungen von „Nonkonformisten" mit mehr als fünf Personen verboten sind, es sei denn, sie finden in einem privaten Haushalt statt;
4) dem *Five Miles Act* (Oktober 1665), wonach Kleriker, die die „Uniformität" der Kirche nicht anerkennen, schwören müssen, dass sie keinen wie immer gearteten Widerstand gegen den König leisten und sich ihrem früheren Wirkungsort höchstens fünf Meilen (rund 5 km) nähern werden.

Die **Habeas Corpus Amendment Act** vom Mai 1679 regelt die Haftdauer von in Haft genommenen Personen. Die lateinische Formel ist traditionell in einem königlichen Haftbefehl enthalten und bedeutet: „Du mögest des Körpers von ... habhaft werden." Bereits die *Petition of Right* von 1628 (s. o., S. 126 f.) hatte – mit Bezug auf die *Magna Charta Libertatum* von 1215 (vgl. Grundkurs Geschichte, Jörg Schwarz, Das europäische Mittelalter II, S. 118 f.) – die Regel bekräftigt, dass über die Haftdauer nach kurzer Frist ein Richter zu befinden habe. Das neue Gesetz legt diese Frist auf drei Tage fest, die bei sehr großer Entfernung vom Gefängnisort auf bis zu 20 Tagen ausgedehnt werden kann. Sie dürfen auch nicht außerhalb Englands – etwa auf den Kanalinseln Jersey und Guernsey – in Haft gehalten werden, wo das englische Recht nicht gilt. Diese Regelung hat inzwischen weltweit Eingang in die Grundrechtskataloge der Staatsverfassungen gefunden.

† 1701) – 1671 offen zum katholischen Glauben übertritt und 1673 in zweiter Ehe eine Katholikin, Maria Beatrice von Modena (★ 1658, † 1718), heiratet. Die Anlehnung an Frankreich bringt keine Erfolge, sondern führt zu Konflikten mit den Niederlanden, die 1665–1667 und 1672–1674 in zwei Seekriegen die englische Flotte besiegen und damit die Scharte der Niederlage im ersten niederländisch-englischen Seekrieg (1652–1654; s. o., S. 132) auswetzen. Immerhin gelingt es 1664, der Republik ihre Kolonie an der nordamerikanischen Ostküste um die Stadt Neu-Amsterdam abzunehmen, die – dem Bruder des Königs zu Ehren – in „New York" umbenannt wird.

Nach Karls II. Tod kann Jakob II. (1685–1688) – obwohl Katholik – den Thron besteigen und sich gegen einen illegitimen Sohn des verstorbenen Königs – James, Duke of Monmouth (★ 1649), der besiegt und hingerichtet wird – durchsetzen. Man toleriert den Nachfolger, weil er relativ alt ist und – abgesehen von seinen Töchtern Mary (★ 1662, † 1694), die 1677 den holländischen Statthalter Wilhelm III. geheiratet hat, und der späteren Königin Anne (★ 1665, † 1714) – keine Kinder hat. Da seine zweite Ehe mit Maria von Modena bislang kinderlos geblieben ist, glaubt man auch, dass es keine katholische Dynastie geben wird.

Jakob II. versucht trotzdem, sein Königreich zu „rekatholisieren". Er bedient sich dabei seines Rechts als Oberhaupt der Anglikanischen Kirche auf Bischofsernennung. 1687/88 hebt er die antikatholischen Gesetze seines Bruders auf und verkündet allgemeine Glaubensfreiheit, um die protestantische Opposition gegen die Staatskirche für sich einzunehmen. Dies beunruhigt die an der Anglikanischen Kirche festhaltenden Eliten. Unzufriedenheit erweckt auch, dass der König die Truppen, die ihm zur Unterdrückung des Monmouth-Aufstands bewilligt worden sind, nicht entlässt, sondern sie als stehendes Heer zur eigenen Verfügung hält. Hinzu kommt die frankreichfreundliche Haltung Jakobs. Das Maß ist voll, als die Königin im Juni 1688 unerwartet einen Sohn gebiert (James Francis Edward [† 1766]); Königsgegner verbreiten sogar das Gerücht, man habe ihr das Baby in einer Bettpfanne untergeschoben und so eine Geburt vorgetäuscht.

In dieser Situation wenden sich einige Mitglieder des *House of Lords* an den Schwiegersohn des Königs, Wilhelm III. von Oranien, mit der Bitte um Intervention. Im September 1688 erklärt dieser sich damit einverstanden, als König von England künftig eine antikatholische und antifranzösische Politik zu führen. Als Sohn einer Stuartprinzessin hat Wilhelm, der außerdem mit einer Stuart verheiratet ist, Anspruch auf den Königsthron. Anfang Novem-

Quelle: Einladungsschreiben einiger Mitglieder des House of Lord (Oberhaus des englischen Parlaments) an den holländischen Statthalter Wilhelm III. von Oranien vom 30. Juli 1688

Wir sind sehr befriedigt ... zu erfahren, dass Eure Hoheit so bereit und gewillt sind, uns solche Hilfe zu geben, wie uns berichtet wurde. Wir haben allen Grund zu glauben, jeden Tag in eine schlimmere Lage zu geraten und weniger fähig zu sein, uns zu verteidigen. Deshalb wünschen wir von ganzem Herzen, so glücklich zu sein, ein Heilmittel zu finden, ehe es für uns zu spät ist, zu unserer eigenen Befreiung beizutragen. Aber obwohl dies unsere Wünsche sind, möchten wir doch auf keinen Fall Eure Hoheit in Erwartungen versetzen, welche Eure eigenen Räte in dieser Sache fehlleiten könnten. Der beste Rat, den wir geben können, besteht darin, Eure Hoheit wahrheitsgemäß über den gegenwärtigen Zustand der Dinge zu informieren, als auch über die Schwierigkeiten, welche vor uns auftauchen.

Was das erste betrifft, so ist das Volk allgemein ... unzufrieden, und es erwartet, dass seine Aussichten täglich schlechter werden. Eure Hoheit können daher versichert sein, dass neunzehn von zwanzig im Volk im ganzen Königreich einen Wechsel herbeiwünschen ... Nicht weniger ist gewiss, dass weitaus der größte Teil des Hochadels und des niederen Landadels genauso unzufrieden ist ... Zweifellos würden einige der Geachtetsten unter ihnen es mit Eurer Hoheit bei Ihrer ersten Landung wagen ... Falls eine Streitmacht landete, die sich und die Sold-truppen *[des Adels]* verteidigen könnte, bis sie in einiger Ordnung zusammengebracht werden könnten, so würde diese Streitmacht dadurch fraglos auf die doppelte Stärke der hiesigen Armee gebracht werden, selbst wenn die Armee ihnen *[den Gegnern]* treu bleiben sollte. Aus sehr guten Gründen glauben wir aber, dass die Armee dann sehr stark unter sich aufgespalten wäre. Denn viele der Offiziere sind so unzufrieden, dass sie nur im Dienst bleiben, um ihren Lebensunterhalt zu sichern, ... und viele der gemeinen Soldaten zeigen täglich eine solche Abneigung gegenüber der papistischen Religion, dass mit größter Wahrscheinlichkeit mit einer großen Zahl von Deserteuren ... zu rechnen wäre. Unter den Seeleuten ist es fast sicher, dass nicht einer unter zehn in einem solchen Kriege dienen würde ...
(Dieckmann, S. 493)

ber landet er mit einem Heer an der Kanalküste; Jakob II. sieht Widerstand gegen ihn als aussichtslos an und flieht nach Frankreich zu Ludwig XIV.

Inzwischen hat sich aus eigener Initiative ein Parlament versammelt. Dieses *Convention Parliament* erklärt Ende Januar 1689 zunächst die Herrschaft des geflohenen Königs wegen seiner Rechtsbrüche für nichtig. Es verlangt von Wilhelm und seiner Frau Mary, dass sie diese ebenfalls als solche betrachten und geloben, Ähnliches nicht ebenfalls zu begehen (sog. *Declaration of Rights*). Nachdem dies versprochen worden ist, werden beide zu König und Königin (Wilhelm III. und Maria II.) erhoben. Beide wiederum erheben den Konvent zu einem regelrechten Parlament. Dies ist der Inhalt der sog. *Bill of Rights* vom Februar 1689.

Die Vorgänge von 1688/89 gelten fortan als **Glorious Revolution**. Ihre Folgen sind für die weitere englische/britische Geschichte bedeutsam, weil einmal das Königtum die Mitwirkung des Parlaments an der Regierung und seine Periodizität zugesteht (*Triennial Act*, 1694), zum anderen weil die religiösen Spannungen zwischen anglikanischen und nichtanglikanischen Protestanten beseitigt werden. Dies geschieht durch die Toleranzakte (*Toleration Act*) vom Mai 1689: Alle protestantischen Sekten (mit Ausnahme der Unitarier; s. u., S. 26) werden fortan geduldet, lediglich die katholische Konfession und das Bekenntnis zum Atheismus sind verboten.

Das neue Königtum ist gefestigt, nachdem ein Aufstand in Irland, wo Jakob II. im Mai 1689 mit französischer Unterstützung gelandet ist, durch den Sieg in der Schlacht am Boyne-Fluss (1. Juli 1690) niedergeschlagen worden ist. England beteiligt sich in der Folge am Pfälzischen Krieg gegen Ludwig XIV. (1688–1697), der im Frieden von Rijswijk 1697 Wilhelm III. als König von England anerkennen muss. Wilhelm führt das Land 1701 auch in den Spanischen Erbfolgekrieg, dessen für sein Land siegreiches Ende er indessen nicht erlebt, da er bereits im März 1702 an den Folgen eines Reitunfalls stirbt.

5 Die Iberische Halbinsel und Italien 1659–1700

Die Entwicklung der Apenninen- und der Iberischen Halbinsel (insbesondere Spaniens) hängt in der Frühen Neuzeit eng miteinander zusammen. Bis zum Ende des Spanischen Erbfolgekriegs sind weite Teile *Italiens* spanisch beherrscht: Sardinien, Sizilien-Neapel, das Gebiet des *Stato dei Presidii* und das Herzogtum Mailand werden faktisch von Madrid aus regiert. Ein wichtiges

Glorious Revolution   Die Bezeichnung für die Vorgänge in England 1688/89 rührt einmal daher, dass der Sturz Jakobs II. unblutig verlaufen ist und daher als „glorreich" gilt. Dem Begriff „Revolution" liegt noch das traditionelle Bild vom regelmäßigen, berechenbaren Umlauf der Sterne bzw. der Planeten zugrunde (vgl. das Werk von Nicolaus Copernicus: *De revolutionibus orbium coelestium* [Über den Umlauf der Himmelskörper, 1543]). Auf die Politik übertragen heißt „Revolution" ursprünglich „geordneter Machtwechsel", etwa wenn ein König stirbt und sein Sohn oder ein erbberechtigter Verwandter die Nachfolge antritt. In der Tat werden die Vorgänge von 1688/89 nach außen hin so dargestellt, dass der Machtwechsel von Jakob II. zu seinem Schwiegersohn und Neffen Wilhelm III. und dessen Ehefrau Maria II. als rechtmäßig erscheint. Allerdings beginnt mit diesem Umsturz auch ein Bedeutungswandel des Revolutionsbegriffs hin zum „Umsturz". Diese Bedeutung setzt sich schließlich angesichts der Vorgänge in Frankreich ab 1789 durch.

Ergebnis des Friedens von Utrecht ist der Verlust dieser Gebiete. Sie können teilweise aber wenigstens indirekt von der Krone Spanien zurückerworben werden (s. u., S. 202 ff.). Ansonsten bleibt das traditionelle Staatensystem Italiens erhalten, das eine Art Gleichgewicht zwischen Mailand, Venedig, der Toskana, dem Kirchenstaat und dem Königreich Neapel(-Sizilien) im Norden bildet. Hinzu tritt im frühen 18. Jh. noch das Gebiet des Herzogs von Savoyen (zugleich Graf von Piemont), dem mitsamt dem Königstitel 1713 die Insel Sizilien zufällt.

Spanien, seit dem Pyrenäenfrieden von 1659 unter den letzten beiden Herrschern des Hauses Habsburg – Philipp IV. (*1605, Kg. 1621–1665, bis 1640 auch Kg. von Portugal) sowie Karl II. (*1661, Kg. 1665–1700) – im stetigen Niedergang, wird im Erbfolgekrieg um die habsburgischen Besitzungen im südlichen Europa und in Übersee zum Spielball der Interessen der europäischen Großmächte. Die seit 1700 regierende Nebenlinie des Hauses Bourbon kann sich aber auf der Iberischen Halbinsel selbst wie in den Kolonien behaupten.

Portugal, das sich ab 1640 mit Unterstützung Frankreichs von der spanischen Krone die Unabhängigkeit erkämpft (regiert vom einheimischen Adelshaus Bragança bis 1853, mit einer Unterbrechung zwischen 1807 und 1821), lehnt sich ab 1713 stark an Großbritannien an und kann sich so sein Kolonialreich (Brasilien, Besitzungen an den Küsten Afrikas, Chinas und Indiens) erhalten.

6 Skandinavien, Polen und der Ostseeraum 1660–1700

Von den Ostsee-Anrainern haben die norddeutschen Reichsterritorien bis 1720 nur eine geringe Bedeutung. Nach wie vor sind die drei großen Königreiche Dänemark-Norwegen, Schweden-Finnland und Polen hier die wichtigsten Mächte. In den letzten beiden Jahrzehnten des 17. Jhs. entwickelt sich auch Russland zu einer bedeutenden Ostseemacht (s. u., S. 218 ff.). Sie alle ringen nach wie vor um die Ostsee-Vorherrschaft, d. h. um die Kontrolle des lukrativen Ostseehandels.

Der *Frieden von Oliva* vom Mai 1660 (s. o., S. 134) bestätigt die schwedische Vormachtstellung im Ostseeraum: Dänemark hat bereits 1658 im Frieden von Roskilde die Landschaften Schonen (Skåne), Blekinge, Halland und Bohuslän an Schweden verloren. Die Großmachtrolle, die *Schweden* jetzt unangefochten spielt, basiert auch auf dem engen Bündnis mit Frankreich.

Abb. 29: **Autodafé auf der Plaza Mayor von Madrid 1680. (Bild von Francisco Rizi (* 1614, † 1685))**
Mit dem Niedergang Spaniens seit dem späten 16. Jh. ist die rigide Religionspolitik und die damit zusam-
menhängenden Strafen durch Verbrennung gegen – wirklich oder vermeintlich – Andersgläubige verbunden. Deren Hinrichtung im Gefolge eines Inquisitionsprozesses wurde seit dem späten 15. Jh. in öffentlichen
Veranstaltungen als „Glaubensakte" – auf Portugiesisch (nach der lateinischen Bezeichnung *actus fidei*)
autodafé genannt, was in den spanischen Sprachgebrauch übernommen wurde – geradezu inszeniert. Die
letzte Veranstaltung dieser Art fand 1815 in Mexiko statt.

Auf Betreiben Ludwigs XIV. muss der Kurfürst von Brandenburg das von ihm während des Holländischen Krieges (1672–1678) eroberte Vorpommern 1679 an Schweden zurückgeben. Der Nordische Krieg bleibt im Übrigen nicht ohne Auswirkungen auf die inneren Verhältnisse in den an ihm beteiligten Staaten.

Da Karl X. bereits Anfang 1660 stirbt und sein Sohn Karl XI. (*1655, Kg. bis 1697) erst 1672 die Regierung selbst übernimmt, ist das Land zunächst wenig aktionsfähig. Die Krone befindet sich infolge des letzten Krieges in Finanznot, die man nur durch die Rückführung des (vom Adel) entfremdeten Kronguts in königlichen Besitz („Reduktionen") lindern könnte. Dies verweigert aber der von hochadligen Mitgliedern dominierte „Reichsrat". Nachdem Karl XI. selbst die Regierungsgeschäfte übernommen hat, geht er das Problem der Reduktionen mit Hilfe des niederen Adels, der Geistlichkeit und des Bürgertums im „Reichstag" an. Nach der Beteiligung am unglücklich verlaufenen Holländischen Krieg versucht er sich von französischen Hilfsgeldern unabhängig zu machen, vor allem durch hohe Schutzzölle, die in die königliche Kasse fließen. Auch das Heer wird reformiert und auf landschaftliche Basis gestellt: Jede Region hat eine bestimmte Anzahl Soldaten zu stellen, die ansonsten als Bauern ihren Lebensunterhalt verdienen. Eine nur dem König verpflichtete Beamtenschaft macht ihn von ständischer Mitwirkung mehr und mehr unabhängig. Den Höhepunkt dieser „absolutistischen" Bestrebungen bildet die „Souveränitätserklärung" des Reichstags von 1693. Darin wird dem König bescheinigt, dass er nach Gutdünken handeln darf und der Ständeversammlung keine Rechenschaft schuldig ist. Als Karl XI. 1697 stirbt, ist sein Nachfolger Karl XII. (*1682, †1718) gerade mündig. Er kann trotz seines jugendlichen Alters an die Politik seines Vaters anknüpfen, verzettelt sich allerdings bald in die Auseinandersetzungen, die zum sog. Großen Nordischen Krieg (1700–1719/20) führen (s. u., S. 210 ff.).

Obwohl *Dänemark* den Nordischen Krieg (1654–1660) verloren und große Gebietsverluste erlitten hat, kann das Königtum seine Stellung im Innern erheblich stärken. Die Niederlage gegen Schweden wird vor allem dem hohen Adel angelastet, der sich im Krieg zu wenig engagiert, ja bei der Belagerung Kopenhagens 1660 geweigert hat, neue Steuern zu bewilligen. Zu großen Teilen ist er in den an Schweden abgetretenen Gebieten begütert, daher ist er im restlichen Dänemark geschwächt. Besonders das Bürgertum, in erster Linie das der Hauptstadt Kopenhagen, tritt im Verein mit der Geistlichkeit daher für eine Stärkung der Königsmacht ein. Im Oktober 1660 wird vom ‚Reichstag', das Wahlkönigtum abgeschafft

Karte 19: **Die politischen Verhältnisse im Ostseeraum um 1700.**

und beschlossen, dass die Krone künftig in männlicher wie in weiblicher Linie erblich sein soll. Die vom Adel angeeigneten Krongüter müssen zurückerstattet werden. Die Staatsämter werden fortan hauptsächlich mit Bürgerlichen besetzt. Der dem Kopenhagener Bürgertum entstammende Kanzleisekretär Peder Schumacher (* 1636, † 1699) arbeitet 1665 eine Verfassungsänderung aus, das sog. Königsgesetz (lat.: *Lex regia*, dän.: *Kongelov*). Es verpflichtet den Monarchen und seine Nachfolger zur Wahrung der unumschränkten königlichen Gewalt und fixiert die 1660 beschlossene Erbfolgeordnung. Damit ist – mit stillschweigender Billigung der Stände – die „absolute" Königsgewalt zum Staatsgrundgesetz erhoben.

Ein Problem für die Monarchie ist der ständige Streit zwischen den beiden Linien des Königshauses, der älteren Königslinie und der Nebenlinie Holstein-Gottorp. Das Königshaus stammt aus Oldenburg und regiert neben diesem außerhalb Dänemark-Norwegens noch die Herzogtümer Schleswig und Holstein. Ende des 16. Jhs. haben die Holstein-Gottorper in verschiedenen, voneinander getrennten Gebieten Schleswigs und Holsteins Herrschaftsrechte erhalten. Sie streben nach einem in sich geschlossenen Herrschaftsgebiet und verbünden sich regelmäßig mit den Kriegsgegnern des Königshauses. Seit 1658 sind sie infolge schwedischer Rückendeckung in ihren schleswig-holsteinischen Landesteilen souverän geworden. 1721 werden sie auf ihren holsteinischen Besitz beschränkt. Eine neue Lage ergibt sich, als sie 1725 in das russische Zarenhaus einheiraten (s. u., S. 222).

Wenn auch 1660 mit auswärtiger Unterstützung gegen die schwedische Bedrohung wiederhergestellt, ist *Polen* der eigentliche Verlierer des Nordischen Krieges. 1668 dankt Johann II. Kasimir ab; seitdem gibt es keine königliche Dynastie mehr, sondern die Wahl fällt auf verschiedene Vertreter des Hochadels (der „Magnaten"), die zuvor oft das wichtige Amt des Kronfeldherrn oder „Großhetmans" bekleidet haben. Nachdem die Bedrohung durch Schweden überstanden ist, sieht man sich nun einer neuen durch die Osmanen im Süden gegenüber; sie nehmen 1672–1699 Podolien in Besitz. Ein weiteres Vordringen verhindert der 1674 zum König gewählte Johann (Jan) III. Sobieski (* 1629, † 1696), der 1683 auch das Entsatzheer für das belagerte Wien kommandiert. Er kann sich nur mit Mühe gegen die Osmanen im Südosten des Königreichs behaupten, die 1675 sogar Lemberg (Łów) bedrohen und die Oberhoheit über die ukrainischen Kosaken zu gewinnen versuchen. Erst durch Vermittlung Ludwigs XIV. und aufgrund der guten Beziehungen zwischen Frankreich und der **Hohen Pforte** (s. u., S. 181) kommt es 1676 zu einem vorläufigen Abkommen, dann 1679 in Konstanti-

Verzweigungen des dänischen Königshauses (Haus Oldenburg)

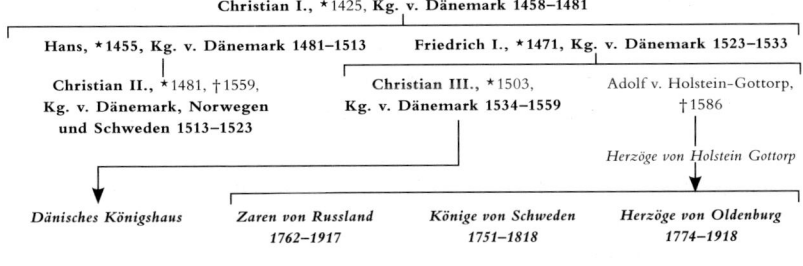

Christian I., *1425, Kg. v. Dänemark 1458–1481

Hans, *1455, Kg. v. Dänemark 1481–1513

Friedrich I., *1471, Kg. v. Dänemark 1523–1533

Christian II., *1481, †1559,
Kg. v. Dänemark, Norwegen
und Schweden 1513–1523

Christian III., *1503,
Kg. v. Dänemark 1534–1559

Adolf v. Holstein-Gottorp,
†1586

Herzöge von Holstein Gottorp

Dänisches Königshaus

*Zaren von Russland
1762–1917*

*Könige von Schweden
1751–1818*

*Herzöge von Oldenburg
1774–1918*

N
S

KGR. DÄNEMARK

Kopenhagen

Seeland

Fünen

Nordsee

Hzm. Schleswig

Laaland

Ostsee

Fehmarn

Helgoland

Kiel

Hzm. Holstein

Lübeck

Wismar
(bis 1803 schwed.)

Hamburg

Mecklenburg

Bremen-Verden
(bis 1719 schwed.)

Oldenburg

Elbe

Braunschweig-Lüneburg

Brandenburg

| | Königlicher Anteil der Herzogtümer Schleswig und Holstein | | Schleswig-Holstein-Gottorf (Herzoglicher Anteil) | – – – Reichsgrenze |

Karte 20: **Die Gottorp'schen Besitzungen in Schleswig-Holstein im 17. Jahrhundert.**

nopel zu einem Frieden zwischen beiden Kriegsparteien, der Podolien den Osmanen überlässt. Die Hoffnung des Königs von Frankreich, dadurch Polen in der Auseinandersetzung mit Österreich (im Zusammenhang mit dem Holländischen Krieg, s. o., S. 152) für sich zu gewinnen, erfüllt sich nicht. Jan Sobieski hält sich mehr an die Habsburger, so dass nach den Niederlagen der osmanischen Truppen in den 1690er Jahren und dem darauf folgenden Frieden von Karlowitz (1699) Podolien wieder an Polen fällt.

Die kraftvolle Regierung Jan Sobieskis kann nicht darüber hinwegtäuschen, dass das Königreich durch den Adel, insbesondere die Magnaten, beherrscht wird. Der Reichstag (*sejm*) kann inzwischen jederzeit lahmgelegt werden, wenn nur eine Stimme sich gegen einen Beschluss ausspricht (*Liberum veto*). Man hat also hier aus dem Nordischen Krieg nicht wie in Schweden und Dänemark die Konsequenz gezogen, das Königtum zu stärken. Zudem wird die Königswahl nach Jan Sobieskis Tod mehr und mehr zum Spielball der Interessen auswärtiger Mächte.

Im September 1697 wird – aus einer ganzen Reihe auswärtiger Kandidaten – der Kurfürst von Sachsen, Friedrich August I. (*1670, †1733, Kf. seit 1694, bekannt als „August der Starke"), zum König gewählt (als solcher: August II.); für seine Kandidatur ist er eigens zum katholischen Bekenntnis übergetreten. Er genießt vor allem die Unterstützung des habsburgischen Kaiserhauses, das in Polen ein Gegengewicht zu den Einflüssen Schwedens und Frankreichs etablieren will und dafür die Unterstützung des russischen Zaren hat. Der Kurfürst hat für diese Wahl enorme Summen an Bestechungsgeldern zahlen müssen. Später zeigt sich, dass er sich nur mit auswärtiger Unterstützung auf dem Thron halten kann.

7 Russland im 17. Jahrhundert

Unter den russischen Fürstentümern, die im 13. Jh. den Mongolen („Tataren") tributpflichtig geworden sind, ragen zunächst das von Wladimir, ab 1326 das von Moskau hervor. Die Großfürsten von Moskau übernehmen 1328 die Eintreibung der Tribute für die Mongolen und erreichen die Übersiedlung des bisher in Kiew amtierenden obersten Kirchenmannes, des Metropoliten bzw. Patriarchen, in ihre Hauptstadt. Dank ihrer herausragenden Stellung betätigen sie sich nunmehr als „Sammler russischer Lande" (russ.: *собиратель русскихъ земелъ*), d. h., sie nehmen ein Fürstentum nach dem anderen für sich in Besitz.

Abb. 30: Johann III. Sobieski von Polen beim Dankgebet für den Sieg bei Wien 1683. Vorderseite einer Gedenkmedaille aus dem gleichen Jahr mit der Umschrift: *Wann diese Helden siegen, dann mus(s) der Turk erliegen, Hungarn der Fried vergnügen [= erfreuen]*. Der polnische König ist ganz rechts abgebildet, nach links folgen die Kurfürsten von Sachsen und Bayern sowie Kaiser Leopold I., alle erkennbar an ihren Wappen sowie an der Königs- bzw. Kaiserkrone und den Kurhüten. Unter den gekreuzten Schwertern befindet sich der Name des besiegten Propheten Mohammed („Mahumed") oben im Strahlenkranz der des siegreichen Jesus. Die Entsetzung Wiens galt also auch sinnbildlich als Sieg der Christenheit über den Islam.

Nach der Einnahme Konstantinopels durch die Osmanen (1453) wird für Moskau der Anspruch erhoben, nunmehr Zentrum der Ostkirche („drittes Rom") zu sein, zugleich beansprucht Ivan III. (d. Große, * 1440, reg. 1462–1505) aufgrund seiner Heirat mit der Nichte des letzten byzantinischen Kaisers dessen Titel „Zar" (abgeleitet von Caesar, russ.: *Цaрь*). 1480 wird die Abhängigkeit von den Tataren gelöst, ohne dass es deshalb zum Krieg kommt. Seitdem strebt der Moskauer Großfürst nach den früher russischen, inzwischen zu Polen-Litauen gehörenden Gebieten sowie nach einem Ostseezugang.

Unter der Regierung Ivans IV. (Groznyj, * 1530, reg. 1533–1584) kommt es zum ersten Mal zum Vorstoß zur Ostsee (Siebenjähriger Nordischer Krieg; s. o., S. 100). Ivans Bestrebungen zielen auf den Ausbau des Staates zu einem nur auf den Zaren hin zugeschnittenen Machtapparat, mit dem der mächtige Adel (Bojaren) in seinen Befugnissen beschnitten werden soll. Nach Ivans Tod zerfällt dieser Machtapparat; in der Zeit der „Wirren" (russ.: *смута*; 1605–1613) hat Polen in Russland die Oberhand: Zeitweilig kann König Sigismund III. in Moskau einen seiner Söhne als Herrscher einsetzen. 1613 wählen die Adligen einen Mann aus der Familie Romanov zum Zaren, den Sohn des Moskauer Patriarchen Fjodor Nikititsch, (gen. Philaret), Michail Fjodorovitsch (* 1596, Z. 1613–1645). Dessen Enkel Peter (Pjotr Aleksejevitsch, 1672, Zar 1682–1725) erbt 1682, zunächst gemeinsam mit seinen Halbgeschwistern Sofija (* 1657, † 1704) und Ivan V. (* 1666, † 1689) die Zarenwürde.

Peter ist geprägt durch seit den Jugendtagen bestehende Kontakte zu Kaufleuten der Moskauer Ausländervorstadt, die an sich für einen vornehmen Russen als unziemlich gelten. Diese Kontakte vermitteln ihm Einsichten in die seiner Auffassung nach für sein Reich dringend notwendige Modernisierung nach west- und mitteleuropäischem Muster. Modernisierung bedeutet zunächst den Aufbau zeitgemäßer Heeres- wie Flottenverbände und deren Ausrüstung, außerdem wirtschaftliche Öffnung und Ausbau des staatlichen Machtapparats hin zu einem absolut bzw. autokratisch regierten Staatswesen. Nur so kann seiner Meinung nach Russland seinem Anspruch, eine der führenden Mächte Europas und der Christenheit zu sein, gerecht werden. Um diesem Anspruch Geltung zu verschaffen, gilt es einerseits, den osmanischen Sperriegel am Schwarzen Meer zu durchbrechen, um freie Fahrt ins Mittelmeer zu erlangen, und zum anderen einen sicheren Zugang zur von den Schweden beherrschten Ostsee zu gewinnen.

Die dafür notwendigen Reformen stoßen unter den traditionellen Eliten, den „altmoskowitisch" gesinnten Bojaren auf heftigen Widerstand. Dieser

Abb. 31: **Bildnis Peters I. von Sir Godfrey Kneller, 1698.** Dieses Bild entstand während der großen Auslandsreise, die den Zaren u. a. nach den Niederlanden und England führte, in London. Der aus Lübeck stammende Kneller (* 1646, † 1723) galt damals als der bedeutendste englische Porträtmaler. Er zeigt den russischen Herrscher in der typischen Herrscherpose mit Königsmantel und Rüstung. Die Krone auf dem Tisch rechts bekundet den imperialen Anspruch Peters, das Schiffsgemälde im Hintergrund links verweist auf seine maritimen Bestrebungen.

wird z. T. blutig unterdrückt, sie werden zum Tragen westlicher Kleidung und zu einer westlichen Haartracht gezwungen. Das Staatswesen und vor allem die gesamte Gesellschaft werden ganz auf den Zaren hin organisiert und ihm unterworfen. Um ein Gegengewicht gegen den traditionellen Adel zu schaffen, wird ein besonderer *Dienstadel* eingeführt. In ihm kann man gemäß einer in Verwaltung, Heer und Flotte parallelen Folge von Rängen den persönlichen Adelstitel erlangen, ja ab einer bestimmten Stellung sogar in den erblichen Adel aufsteigen. Der Adel soll sich möglichst am Hof, in der Nähe des Herrschers aufhalten. Der Landadel wird dadurch geködert, dass man nach englischem Vorbild das Einerbenrecht einführt (jüngere Söhne müssen dann in den Dienst des Zaren treten). Die Bauern bleiben allerdings erbuntertänig und verharren in meist drückender Lage (faktische Leibeigenschaft). Bei der Reform der zentralen Verwaltung orientiert sich Peter d. Gr. am Beispiel Schwedens, beim Aufbau des Heeres an dem Preußens und bei dem der Flotte an dem der Niederlande und Großbritanniens. Die Stunde der Bewährung für diese Veränderungen schlägt im Großen Nordischen Krieg (1700–1721; s. u., S. 210 ff.).

8 Das Osmanische Reich bis 1699

Die Krise, in die das Reich im späten 16. und frühen 17. Jh. geraten ist (s. o., S. 106), findet erst unter der Regierung des Sultans Mehmed IV. (* 1641, reg. 1648–1687) ein Ende. Er beruft 1656 den aus Albanien gebürtigen Köprülü Mehmed Pascha (* um 1576, † 1661) in das Amt des Großwesirs. Ihm folgt 1661 sein Sohn Köprülü Fasil Ahmed Pascha (* 1636, † 1676; Großwesir bis 1676); sein Amt erhält anschließend der Schwager Ahmeds, Kara Mustafa (* c. 1640, † 1683), danach amtiert Ahmeds jüngerer Bruder, Köprülü Fasil Mustafa (* c. 1640, † 1691) als letzter Großwesir der „Köprülü-Dynastie". Diese Kontinuität in der Amtsführung führt zu einer Phase der Stabilisierung, in der die frühere Eroberungspolitik wieder aufgenommen wird: 1669 wird die bisher venezianische Insel Kreta erobert; 1672 ist ein Vorstoß ins südliche Polen erfolgreich und führt zum zeitweiligen Erwerb von Podolien.

Vor allem aber zielen die Expansionsbemühungen jetzt auf das westliche Ungarn und Österreich. 1664 verlieren die Osmanen zwar die Schlacht von St. Gotthard a. d. Raab, und es kommt zu einem fast zwanzigjährigen Frieden mit den Habsburgern. Im Juli 1683 jedoch wird Wien von einem

Die petrinische „Rangtabelle" von 1722

Klasse	Flotte	Heer	Verwaltung
		Generalismus	
I	General-Admiral	Feldmarschall	Kanzler
II	Admiral	General	Wirklicher Geheimrat
III	Vizeadmiral	Generalleutnant	Geheimrat
IV	Konteradmiral	Generalmajor	Wirklicher Staatsrat
V	Komodore-Kapitän	Brigadier	Staatsrat
VI	Kapitän 1. Ranges	Oberst	Kollegienrat
VII	Kapitän II. Ranges	Oberstleutnant	Hofrat
VIII	Kapitän 3. Ranges	Major	Kollegienassessor
IX	Flottenleutnant	Rittmeister	Titularrat
X	Artillerieleutnant	Stabkapitän	Kollegiensekretär
XI			Senatssekretär
II	Unterleutnant	Oberleutnant	Gouvernementssekretär
XIII	Artilleriekonstabler	Leutnant	Senatsregistrator
XIV		Fähnrich	Kollegienregistrator

Die Offizierswürde bringt der persönlichen, ein Rang von Klasse VIII an aufwärts den erblichen Adel.

Nach: Ilja Mieck, Europäische Geschichte der frühen Neuzeit. Eine Einführung, Stuttgart 6. Auflage 1988, S. 187

osmanischen Heer angegriffen und eingeschlossen. Die Stadt wird allerdings gut verteidigt und kann nicht im Sturm genommen werden. Bereits im Vorfeld der Belagerung hat sich eine vom Papst initiierte europäische Koalition gebildet, für die vor allem der für die **Hohe Pforte** völlig überraschende Beitritt des Königs von Polen, Jan II. Sobieski (s. o.) von entscheidender Bedeutung ist. Er hilft im September 1683 beim Entsatz des belagerten Wien, das durch den Sieg in der Schlacht am Kahlenberg befreit wird. Die sich jetzt bildende „Heilige Liga" (Bündnis zwischen Österreich, Polen und Venedig, dem sich auch Russland anschließt) bringt die Osmanen in schwere Bedrängnis. Sie müssen Ungarn aufgeben und werden im September 1697 bei Zenta entscheidend besiegt. Der Frieden von Karlowitz im Januar 1699 bringt den Verlust von Ungarns und Siebenbürgens sowie Podoliens, das an Polen zurückfällt.

II Europa vom Spanischen Erbfolgekrieg
   bis zum *Renversement des Alliances* (1701–1756)

1 Das Reich 1701–1756

Obwohl sich die Hoffnungen der Habsburger auf die Krone Spaniens im Spanischen Erbfolgekrieg zerschlagen haben, verzeichnen sie im Anschlussvertrag der Utrechter Friedensverträge, dem Frieden von Rastatt zwischen Kaiser Karl VI. und Ludwig XIV. (März 1714), erhebliche Gebietsgewinne in Italien (s. o., S. 158 ff.). Im September wird dieser Vertrag durch den Frieden von Baden (Aargau) zwischen dem Reich und dem König von Frankreich ergänzt. Das Haus Habsburg ist jetzt nicht nur Vormacht in Südosteuropa, sondern auch auf der Apenninenhalbinsel. Seine Position im Donauraum wird noch durch den siegreichen Krieg gegen die Osmanen 1716–1718 ausgebaut: Im Frieden von Passarowitz fallen neben dem Banat das nördliche Serbien (mit der Stadt Belgrad) sowie die Kleine Walachei an die „Donaumonarchie"; die beiden letzteren Gebiete gehen allerdings 1739 wieder an das Osmanische Reich verloren.

Joseph I. (*1678, Ks. 1705–1711) hat überdies die kaiserliche Position im Reich stärken können. Sein Vater Leopold I. hat 1692 dem Herzog von Braunschweig-Lüneburg, Ernst August (*1629, †1698), für seine politische und militärische Unterstützung gegen Frankreich die Kurwürde übertragen; sie besitzt der neue **„Kurfürst von Hannover"** (s. S. 183) jedoch

Die **Hohe Pforte** (türk.: *bâb-i-âlî*) oder nur **Pforte** ist der prunkvolle Eingang zum Sultanspalast in Konstantinopel und seit dem frühen 18. Jh. die Bezeichnung für den Sitz des Großwesirs und einiger Oberbehörden, insbesondere aber für das osmanische „Außenministerium".

Karte 21:   **Gebietsgewinne des Habsburgerreichs zwischen 1699 und 1718.**

vorerst nur ehrenhalber, da die Zustimmung der übrigen Kurfürsten fehlt. Sie wird versagt, weil sonst die protestantischen Kurfürsten zu stark wären. Vor allem während des Spanischen Erbfolgekriegs ist dies der Fall, da die wittelsbachischen Kurfürsten von Bayern und Köln auf der Seite Frankreichs kämpfen und der Reichsacht verfallen sind. 1708 nun wird die neue Kurwürde vom Kurfürstenkolleg anerkannt, dafür wird aber die des Königs von Böhmen, der seit fast zwei Jahrhunderten nur bei der Kaiserwahl mitgewirkt hat, reaktiviert. Die Habsburger stimmen jetzt als Träger der Krone Böhmen bei allen Reichsangelegenheiten im Kolleg der Kurfürsten mit; da sie im Reichsfürstenrat als Herren der österreichischen Lande den Vorsitz führen, ist ihr Einfluss im Reichstag stark gewachsen. Da inzwischen feststeht, dass der hannoversche Kurfürst demnächst die britische Krone erben wird, sind zugleich die politischen Bande zu London gefestigt. Dies wird 1740 für das Habsburgerreich von entscheidender Bedeutung sein.

Karl VI. (★ 1685, Ks. 1711–1740) will nach den Erfahrungen der Krone Spaniens noch zu Lebzeiten die Erbfolge in seinem Territorialkomplex regeln und sie innen- wie außenpolitisch absichern. Hierbei soll ggf. auch die weibliche Erbfolge möglich sein. Es geht aber auch um das Erbvorrecht seiner eigenen Kinder gegenüber den Töchtern seines Bruders Joseph, von denen die eine in das bayerische, die andere in das sächsische Kurhaus eingeheiratet hat. Im April 1713 erlässt Karl eine **Pragmatische Sanktion**, wonach die Erbfolge für die habsburgischen Besitzungen nur für *seine* Nachkommen und nicht für die seines Bruders bzw. für deren Gatten und Kinder gilt. Da Karl keine Söhne bekommt, die das Erwachsenenalter erreichen, wird 1724 seine Tochter Maria Theresia (★ 1713, † 1780) zur Nachfolgerin erklärt. Dies wird von den verschiedenen Ständen der habsburgischen Länder abgesegnet.

In der Folge geht es um die auswärtige Absicherung der Pragmatischen Sanktion, der vor allem die größeren Mächte – u. a. aufgrund politischer Konzessionen des Kaisers – nacheinander zustimmen. Großbritannien ist ohnehin an der Wahrung des bestehenden Mächtegleichgewichts interessiert und akzeptiert daher die Pragmatische Sanktion; allerdings muss der Kaiser dafür 1731 die von ihm gegründete und bereits recht erfolgreiche Handelskompanie von Ostende in den Österreichischen Niederlanden auflösen. Britische Zustimmung gibt es auch für die „Paketlösung" um die polnische und die toskanische Thron- bzw. Erbfolgefrage Mitte der 1730er Jahre (s. u.). Beide Fragen sind verknüpft mit der Zukunft des nach wie vor zum Reich gehörenden, jedoch von französischem Gebiet umgebenen Herzogtums Lothringen. Der seit 1729 dort regierende Herzog Franz Stephan ist

Kurfürstentum Hannover

Die vor allem um Braunschweig und Lüneburg gelegenen Gebiete, die dem Welfen Heinrich d. Löwen (vgl. Grundkurs Geschichte, Jörg Schwarz, Das europäische Mittelalter II, S. 58) nach 1180 noch als Eigen- oder Allodialbesitz verblieben sind, sind in der Folge verschiedenen Erbteilungen unterworfen. Aus ihnen gehen im 17. Jh. schließlich das *Haus Braunschweig* (zeitweise mit der Residenz Wolfenbüttel, daher auch „Braunschweig-Wolfenbüttel" genannt), das *Haus Lüneburg* (mit der Residenz Celle) und das *Haus Hannover* (nach der 1636 zur Residenz erhobenen Stadt H., zuvor Braunschweig-Calenberg) hervor. Letzteres erbt Ende des 17. Jhs. den gesamten früheren welfischen Besitz außer dem der Herzöge Braunschweig-Wolfenbüttel, der seitdem den kleineren südlichen Teil um Göttingen vom größeren von der mittleren Leine bis zur Elbe abtrennt. Dieses Gebiet wird 1692/1708 zum Kurfürstentum erhoben, erwirbt 1719 von Schweden die Herzogtümer Bremen und Verden und wird – nach seiner zeitweiligen Auflösung durch Napoleon – 1815 Königreich (1866 von Preußen annektiert).

Pragmatische Sanktion (lat. *Sanctio pragmatica*) Allgemein seit dem Mittelalter gebräuchlicher Ausdruck für ein in feierlicher Form verkündetes Staatsgrundgesetz.

am Wiener Hof erzogen worden, und Karl VI. fasst den Plan, ihn mit seiner ältesten Tochter zu verheiraten. Weil so das gesamte habsburgische Gebiet an sie und einen relativ unbedeutenden Fürsten fallen würde, gibt es in London keine Bedenken dagegen.

Allerdings verquickt sich mit diesem Problem die polnische Thronfolgefrage. Als August II. (der sächsische Kurfürst Friedrich August I.) Anfang Februar 1733 stirbt, kommt es in Polen zu einer doppelten Königswahl: Gegen den bereits 1706–1709 zum König erhobenen Stanisław I. Leszczyński (* 1677, † 1766), hinter dem sein Schwiegersohn, Ludwig XV. von Frankreich, und Schweden stehen, wird im August 1733 mit Unterstützung Österreichs und Russlands der Sohn des verstorbenen Königs, Kurfürst Friedrich August II. von Sachsen (* 1696, † 1763), als „August III." zum König erhoben. Es kommt daher 1733–1738 zum Polnischen Thronfolgekrieg. Der Wiener Vorfriede von 1735, dem 1738 auch Spanien und Sardinien beitreten, bringt den Kompromiss, dass Stanisław Leszczyński den Königstitel behalten darf und das Herzogtum Lothringen erhält, Franz Stephan von Lothringen aber die Nachfolge in der Toskana antreten soll, wo das Aussterben des Großherzoghauses der Medici bevorsteht. Dieses fällt in der Tat 1737 an den inzwischen mit Maria Theresia verheirateten Franz Stephan, während 1766 – nach dem Ableben Stanisławs – verabredungsgemäß das Herzogtum Lothringen in den Besitz des Königs von Frankreich übergeht. Auf diese Weise sind Großbritannien (und mit ihm die Republik der Niederlande), Frankreich, Spanien, Sardinien und Schweden sowie auch Russland und Polen mit der Pragmatischen Sanktion einverstanden. Durch die Unterstützung in Polen gilt das auch für den Kurfürsten von Sachsen. Die übrigen Kurfürsten – darunter der von Brandenburg (zugleich preußischer König) – stimmen gleichfalls zu. Damit scheint die Nachfolge in den habsburgischen Territorien gesichert.

Einen zu Beginn des 18. Jhs. nicht erwarteten Aufschwung nimmt unter der Herrschaft König Friedrich Wilhelms I. (* 1688, Kg. 1713–1740) der brandenburgisch-preußische Territorialkomplex. Zur Festigung dieses immer noch labilen und wegen der aufwendigen Hofhaltung und prachtvollen Ausgestaltung der Hauptstadt Berlin eher finanzschwachen Staatswesens leitet der Nachfolger Friedrichs I. (s. o., S. 142) rigide Sparmaßnahmen ein. Das eingesparte Geld kommt der Armee zugute, die bis 1740 auf 80 000 Mann vermehrt (d. h. mehr als verdoppelt) wird. Außerdem erhält sie eine strenge Ausbildung und wird hervorragend ausgerüstet. Die gesamte Wirtschaft wird ihrem Ausbau untergeordnet. Um die Staatsfinanzen bes-

Abb. 32: **Selbstportrait Friedrich Wilhelms I. von Preußen aus dem Jahr 1737.**

ser verwalten zu können, wird 1723 die gesamte Innen-, Wirtschafts- und Militärverwaltung im sog. *Generaldirektorium* (s. o., S. 14 f.) zusammengefasst. Ziel des Königs ist, die große und schlagkräftige Armee im Kriegsfall von Hilfsgeldern der Verbündeten, die im Spanischen Erbfolgekrieg noch erforderlich waren, unabhängig zu machen. Dafür wird ein Staatsschatz aufgehäuft, der für einen dreijährigen Krieg ausreicht.

Bei alledem ist der „Soldatenkönig" keineswegs kriegerisch gesinnt. Lediglich 1720 wird ein – diplomatisch zuvor gut abgesicherter – Feldzug gegen Schweden geführt (s. u., S. 212), mit dem Ziel, die Odermündung mit dem Hafen Stettin zu erwerben. Daher stimmt Friedrich Wilhelm I. auch der Pragmatischen Sanktion zu, allerdings in der Hoffnung, irgendwann dafür eine territoriale Kompensation am Niederrhein zu erhalten. Als der Soldatenkönig im Mai 1740 stirbt, glaubt man allgemein, dass der nunmehr sehr stabile preußische Staat unter seinem Nachfolger, der eher den schönen Künsten und geistiger Beschäftigung zugetan zu sein scheint, einen Weg zu neuer Friedenspolitik beschreiten und sich in das Gleichgewicht im Reich und in Europa bestens einfügen wird.

Doch schon nach wenigen Monaten ist diese Hoffnung zerstoben. Friedrich II. (*1712, †1786) ist erst fünf Monate an der Regierung, als Karl VI. im Oktober 1740 stirbt. Er entschließt sich, die Pragmatische Sanktion über die ungeteilte Erbfolge der Kaisertochter Maria Theresia nicht zu beachten, erhebt unter fadenscheinigen Gründen Anspruch auf Schlesien und besetzt es noch im Dezember 1740. Am Ende des Ersten Schlesischen Krieges (1740–1742) wird ihm die Provinz überlassen, da Maria Theresia auch von Frankreich und Spanien sowie von Sachsen und Bayern angegriffen worden ist und sich ihrer Gegner kaum erwehren kann (Österreichischer Erbfolgekrieg 1740–1748). Dank britischer Unterstützung und der Nachgiebigkeit gegenüber Preußen (das 1744/45 im Zweiten Schlesischen Krieg zur Sicherung des Neuerwerbs wieder in die Kämpfe eingreift) gelingt es aber, den habsburgischen Territorialbestand im wesentlichen zusammenzuhalten (Frieden von Aachen, Oktober 1748). 1745 ist es – nachdem kurzfristig der bayerische Kurfürst Karl Albert als Kaiser amtiert hat (Karl VII., 1742–1745) – außerdem gelungen, wieder die Kaiserwürde ins Haus Habsburg zu holen: im September wird Maria Theresias Gatte, der Großherzog der Toskana Franz Stephan, einstimmig von den Kurfürsten zum Kaiser gewählt (Franz I., 1745–1765).

Maria Theresia, die eigentliche Lenkerin der habsburgischen Politik, versucht mit Sachsen und Bayern, vor allem aber mit Frankreich ins Reine

Abb. 33: „Die Königin von Ungarn, ihrer Kleider beraubt *(De Koninginne van Hongaryen entkleedt)*." Der niederländische Kupferstich von 1742 zeigt die halbnackte Maria Theresia, die hilflos fragt: *Wollt Ihr mir nichts lassen?* Der Mann links neben ihr, offensichtlich Friedrich II. meint: *Ich will eine weite Landschaft haben.* Der links hinter ihm äußert: *Verflucht ist das Haus Österreich!*, der links davon: *Ich habe die Neutralität unterschrieben.* Links am Kamin sagt jemand: *Ich bin für den Strumpf!* und hält einen hoch, wobei es offensichtlich um den österreichischen Besitz in Italien geht. Rechts von Maria Theresia kniet ein einfacher gekleideter Mann und sagt: *Lasst mich handeln!*, während rechts im Hintergrund eine gekrönte Gestalt (wohl Spanien repräsentierend) meint: *Jetzt tut, was Ihr wollt!*

zu kommen, um eine Front gegen den preußischen König aufzubauen. Auch gegenüber Russland und Schweden gibt es eine Annäherung. Den Höhepunkt dieser Politik bildet ein am 1. Mai 1756 in Versailles mit dem französischen König abgeschlossenes Defensivbündnis; ihm ist bereits im Januar eine Militärkonvention zwischen Großbritannien und Preußen vorangegangen, durch die im soeben ausgebrochenen britisch-französischen Krieg (s. u., S. 222) Hannover geschützt werden soll. Friedrich II. (den seine Untertanen nach seinen Siegen seit 1745 als den „Großen" feiern) marschiert im August 1756, um einem möglichen Angriff seiner Gegner zuvorzukommen, in Sachsen ein und eröffnet damit den Siebenjährigen Krieg (1756–1763) auf dem europäischen Kriegsschauplatz.

2 Frankreich 1715–1756

Die Regierungszeit Ludwigs XV. (★ 1710, † 1774) zerfällt

a) in die Regentschaft durch den Neffen Ludwigs XIV., Herzog Philipp von Orléans (★ 1674, † 1723) für den bei Regierungsantritt erst fünfjährigen König,

b) in die Amtstätigkeit von Kardinal André Hercule de Fleury, ursprünglich Bischof von Fréjus (★ 1653, † 1743), dem Erzieher des jungen Königs, der 1726 zum Premierminister ernannt wird, und

c) in die Selbstregierung des Königs ab 1743.

Ludwig XV. ist lange negativ bewertet worden, da er angeblich eine „Mätressenwirtschaft" betrieben und nicht wirksam regiert habe. Hieran ist lediglich richtig, dass seine langjährige Geliebte Jeanne Antoinette Poisson, Marquise de Pompadour (★ 1721, † 1764) zwar seit den späten 1740er Jahren großen Einfluss auf den König ausübt, dieser aber als Herrscher selbst sehr aktiv ist. Die Marquise ist vor allem die Initiatorin des Bündnisses zwischen Österreich und Frankreich 1756. Ludwig XV. wird von den Zeitgenossen auch deshalb verkannt, weil er eher zurückhaltend auftritt, sich dem strengen Hofzeremoniell nach Möglichkeit entzieht und sich lieber im kleinen Kreis über wichtige politische Fragen berät. Außenpolitisch werden während seiner Regierungszeit zunächst die Krise um die italienischen und polnischen Probleme Mitte der 1730er Jahre sowie die des Österreichischen Erbfolgekriegs ab 1740 gemeistert. Die weltweite Auseinandersetzung mit Großbritannien zwischen 1756 und 1763 geht dagegen verloren (s. u., S. 200 ff. u. 222 ff.).

Abb. 34: Der Regent Philipp von Orléans sitzt dem Regentschaftsrat vor. (Pariser Kupferstich von 1716)

Die Regentschaft Philipps von Orléans erfolgt gegen die Verfügung Ludwigs XIV., der einen Regentschaftsrat vorgesehen hat. In ihm soll Philipp zwar den Vorsitz führen, Mitglieder sollen aber auch die unehelichen, nachträglich legitimierten Söhne des Sonnenkönigs sein. Diese Verfügung wird 1715 durch das *Parlement* von Paris auf Betreiben Philipps aufgehoben, und dieser wird als nächster Verwandter des jungen Königs zum alleinigen Regenten bestimmt. Dies bedeutet eine – auf lange Sicht verhängnisvolle – Wiederaufwertung des Gerichtshofs, der sich jetzt erneut in die königliche Gesetzgebung einschaltet.

Der Regent versucht anfänglich, den unter dem Sonnenkönig stark gewachsenen Einfluss der Amtsträger bürgerlicher Herkunft in der Regierung zu beschränken. Die Regierungsarbeit wird von insgesamt sechs Ratsversammlungen kontrolliert; den Vorsitz führen Mitglieder des hohen Adels, der in ihnen auch mehrheitlich vertreten ist (sog. *Polysynodie*). Dies erweist sich als Fehlschlag, weil man die auf Regierungsarbeit spezialisierten Fachleute braucht und die durch das Hofleben verwöhnten Adligen weder die Energie noch die Erfahrung besitzen, die komplizierten Staatsgeschäfte zu koordinieren. Daher setzt der Regent im August 1718 staatsstreichartig die drei Jahre zuvor etablierten adligen Räte ab und führt das bewährte Regierungssystem wieder ein.

In den ersten Jahren kann man vor allem die Staatsschulden reduzieren. Sie sinken – hauptsächlich durch willkürliche Absenkung – von 3,4 Mrd. Livres 1715 (d. h. mehr als die Summe des umlaufenden Geldes) auf 2,3 Mrd. 1717. Dagegen lässt sich der Plan, alle Stände steuerlich zu belasten, nicht durchsetzen. Eine solche Besteuerung schlägt auch der schottische Finanzmann John Law (* 1671, † 1729) vor, der von Januar bis Juli 1720 als „Finanzminister" fungiert. Seiner Auffassung nach muss man die Wirtschaft durch großzügige Kredite ankurbeln, um mehr Einnahmen zu erzielen, wie die Geldemissionen der Bank von England (gegr. 1694) und der Bank von Amsterdam zeigen. 1716 hat Law in Paris die *Banque générale*, gegründet, die 1718 zur Staatsnotenbank (*Banque royale*) erhoben wird. Das von ihr ausgegebene Papiergeld gilt als gedeckt durch Landbesitz der Mississippi-Handelsgesellschaft, die 1719 mit der 1664 von Colbert ins Leben gerufenen *Compagnie des Indes* zusammengelegt wird. Law erhält außerdem die Generalpacht der Steuern sowie das Tabak- und Münzmonopol. Dem Staat gewährt er einen Kredit über 1,5 Mrd. Livres zu lediglich 3 % Zinsen, womit der größte Teil der Staatsschulden getilgt werden kann. Es kommt zu einer Welle von Spekulationen mit den Bankaktien (deren Wert auf das

Abb. 35: **Sturm auf das Münzamt von Rennes zum Umtausch von Banknoten nach Bekanntwerden des Zusammenbruchs von John Law im Juli 1722. (Stich von 1735)**

Achtzigfache ihres Emissionswerts steigt). Man hofft, um die 1717 gegründete Hafenstadt Nouvelle Orléans (heute: New Orleans) auf Goldfunde zu stoßen, die sich aber nicht einstellen. Schließlich schlägt das Spekulationsfieber um, und als ein Ansturm auf die Bank einsetzt, muss sie den Bankrott erklären. Law flieht nach Venedig, wo er 1729 stirbt.

Der positive Effekt des „Experiments von Law" ist, dass in der Tat das Wirtschaftsleben enorm angekurbelt worden ist und dass sich die Staatsschuld erheblich vermindert hat. Negativ wirkt sich auf lange Sicht das hartnäckige Misstrauen der Franzosen gegenüber jeglicher Form von Papiergeld aus, das durch das fehlgeschlagene Experiment der „Assignaten" ab 1790 noch verstärkt wird. Eine Folge der Erfahrungen mit Law ist, dass 1726 die *Livre Tournois* (zu 20 *Sous* à 12 *Deniers*) auf einen festen Münzfuß umgestellt wird: Künftig ist eine Livre der 120. Teil von 7,51 kg Gold (*la monnaie stable*).

Nach dem Tod Philipps von Orléans übernimmt Kardinal Fleury die Leitung der Staatsgeschäfte. Als einer der Wenigen, zu denen der König von Jugend an Vertrauen hat, kann er ziemlich ungehindert regieren. Er setzt den Kurs der staatlichen Finanzkonsolidierung fort. Dabei profitiert er von der jetzt allgemein in Europa verbesserten Wirtschaftskonjunktur, die fast ununterbrochen bis in die 1780er Jahre anhält.

1743, nach Fleurys Tod, übernimmt der König nach dem Beispiel seines Vorgängers 1661 als eigener Premierminister die Regierung selbst. Er verfolgt die gleiche Richtung wie sein Mentor, sieht sich allerdings wegen der Kosten der Außenpolitik (vor allem im Siebenjährigen Krieg, 1756–1763) immer gravierenderen finanziellen Problemen gegenüber.

Außenpolitisch ist man seit 1715 wegen der angespannten Staatsfinanzen vor allem um Kriegsvermeidung bemüht, ohne den Großmachtanspruch aufzugeben. 1718 wird angesichts der spanischen Bemühungen, den in Italien verlorenen Besitz wiederzuerlangen (s. u., S. 206), eine Quadrupelallianz mit Österreich, Großbritannien und der Republik der Niederlande abgeschlossen. Fleury verfolgt seit den 1720er Jahren eine Politik des Ausgleichs, wobei er den Interessen der spanischen Bourbonen ebenso Rechnung trägt wie denen des 1733–1736 im polnischen Thronfolgestreit mit seinem Anspruch auf die polnische Königskrone erneut (wie bereits 1706–1709) gescheiterten Schwiegervaters Ludwigs XV., Stanisław Leszczyński. Die Wiener Verträge von 1735 und 1738 bringen in der italienischen, der polnischen wie auch in der lothringischen Frage einen Ausgleich (s. o., S. 184). Damit deutet sich bereits das an, was schon Ludwig XIV. nach dem Spanischen Erbfolgekrieg geplant hat: die künftige Zusammenarbeit zwischen Versailles und Wien. So

Abb. 36: **Kardinal Fleury, der Erzieher und Premierminister Ludwigs XV. Bildnis von Élisabeth Vigée-Lebrun von 1775 nach einem Porträt von Hyacinthe Rigoud (*1659, †1743) aus dem Jahr 1730.**

lässt sich nach Fleurys Meinung das Gewicht der beiden Seemächte, vor allem Großbritanniens, am besten ausgleichen. Der im Mai 1740 an die Regierung gelangende preußische König Friedrich II. nennt den Kardinal mit Recht den „Schiedsrichter Europas".

Da Ludwig XV. seinem Vorgänger an Eroberungen gleichkommen will, kann Fleury es nicht verhindern, dass sich Frankreich an der Seite Preußens, Sachsens, Bayerns und Spaniens Anfang 1741 im Österreichischen Erbfolgekrieg engagiert (s. o., S. 186). Die Ziele des Königs sind: Schwächung des Hauses Habsburg-Lothringen und Eroberung der Österreichischen Niederlande. Zwar kann Preußen aus dem Engagement Frankreichs Vorteile ziehen (und Schlesien erwerben), und der bayerische Kurfürst erlangt 1742 die Kaiserkrone. Doch die Überwindung der niederländischen Republik, in deren Interesse die Erhaltung der südlichen Niederlande als „Barriere" zu Frankreich liegt, gelingt nicht. Der Frieden, der 1748 in Aachen geschlossen wird, bestätigt den *Status quo ante*.

Jetzt ist allerdings der Weg frei für eine französisch-österreichische Verständigung, an der Maria Theresia, der Erbin der habsburgischen Territorien, wegen des zunehmenden Gewichts Preußens ebenso gelegen ist wie Frankreich wegen des wachsenden Gegensatzes zu London, vor allem wegen des britischen Einflusses im Osten Nordamerikas und in Indien. Am 1. Mai 1756 kommt es in Versailles zu einem Neutralitäts- und Defensivabkommen zwischen Österreich und Frankreich. Ihm vorangegangen ist, weil der britische König einen wirksamen Schutz für sein Nebenland Hannover will, die Konvention von Westminster zwischen London und Berlin vom 16. Januar 1756. Beide Verträge markieren den Umsturz der Bündnissysteme (*Renversement des alliances*). Im alsbald ausbrechenden Krieg zwischen Frankreich und Großbritannien sowie zwischen Preußen und Österreich gibt es neue politische Fronten.

3 Die Republik der Niederlande 1702–1749

Nach dem Tod Wilhelms III. 1702 verzichtet man in Holland, Seeland und Utrecht erneut auf die Statthalterschaft (sog. Zweite statthalterlose Zeit, 1702–1747). Im Österreichischen Erbfolgekrieg (1740–1748) jedoch macht sich die Vernachlässigung der Landstreitkräfte wiederum negativ bemerkbar. Nachdem 1743 der Krieg mit Frankreich ausgebrochen ist (damals überrennen die französischen Truppen die der Republik 1715 an der Grenze zwischen den

Quelle: Der österreichische Staatskanzler Graf Kaunitz über die Bemühungen um ein Bündnis mit Frankreich (1755)

Der plötzliche ... Machtzuwachs Brandenburgs erschütterte seit der Unterzeichnung des Breslauer Friedens *[1742]* das Gleichgewicht Europas. Der König von Preußen, mit Frankreich verbündet und von England umworben, sah das Haus Österreich sich selbst überlassen und wartete nur auf den Augenblick, wo es mit Frankreich und den Türken handgemein würde, um ihm den Garaus zu machen. Frankreich ... arbeitete systematisch darauf hin, es zu schwächen, und betrachtete Österreichs Allianz mit den Seemächten als hinreichenden Anlass zu ewiger Rivalität ... England, einzig und allein mit seinen häuslichen Interessen beschäftigt, unterhielt seine Allianz mit Österreich nur, um sich ihrer wie eines Werkzeugs zu bedienen, das man nur schärft, wenn es nötig ist ... Die Republik Holland ... war nur bestrebt, die Reste ihrer früheren Größe zusammenzuhalten.

Mit solchen Bundesgenossen hatte das Haus Österreich sich gegen Preußen, Frankreich und die Ottomanische Pforte zu verteidigen, während doch einer von diesen Feinden allein schon imstande war, alle seine Kräfte zu beschäftigen. Wäre es von zweien gleichzeitig angegriffen worden, so wäre keiner seiner Freunde imstande gewesen, es vor völliger Vernichtung zu retten. Dies war die Lage Europas; als England sich mit Frankreich wegen der Handelsinteressen in Amerika entzweite.

Das Haus Österreich war sich aller Gefahren seiner Situation bewusst. Es konnte ihnen nur durch Entmachtung seines ... furchtbarsten Feindes entrinnen, sah diesen aber von Frankreich unterstützt und von England umworben. Man musste ihm also die eine oder die andere dieser Mächte entziehen, sie sich zum Freunde machen. ... Man begann mit England ... [Es] nahm unsere Vorschläge auf, ohne darauf auch nur zu antworten ... Während die Engländer unseren Vorschlägen mit beharrlichem Schweigen begegneten ..., sah Frankreich, da es an der Möglichkeit wirksamer Abwehr gegen die englische Flotte verzweifelte, kein anderes Mittel, sich aus der Sache zu ziehen, als einen Angriff auf die *[Österreichischen]* Niederlande, und es hatte sich bereits zu diesem Unternehmen entschlossen.

In dieser äußersten Not gab es keinen Augenblick zu verlieren, um die Monarchie zu retten, und es blieb kein anderes Mittel, als den Rivalen selbst an ihrer Erhaltung zu interessieren. Das mag zunächst fragwürdig erscheinen, und in der Tat gab es nichts so Problematisches wie die Unterhandlung, die man nun mit Frankreich anknüpfte. Eine Großmacht überreden, dass das System, auf dem sie ihre ganze Politik aufgebaut hat, ihren Interessen widerspricht ... sie überzeugen, dass die mit der Unterstützung des Königs von Preußen ... auf dem falschen Wege ist; mit einem Wort, ihre alte Rivalität gegen das Haus Österreich zu entwurzeln ...: das war ein Vorhaben, das allein die Vorsehung eingeben, fortführen und gelingen lassen konnte ...
(Dieckmann, S. 685 f.)

Südlichen Niederlanden und Frankreich eingeräumten **Barriere-Festungen**) und als 1747 die Republik in immer größerer Gefahr schwebt, kommt es im Mai zum politischen Umschwung: Der Statthalter von Friesland und Groningen, Wilhelm IV. von Oranien (diesen Namen hat die Nebenlinie 1702 nach dem Tod Wilhelms III. übernommen), wird mit der Statthalterschaft über sämtliche Provinzen betraut. Zudem wird sein Amt erblich. Damit ist quasi die Monarchie eingeführt. Allerdings kommt dies noch nicht zum Tragen, weil Wilhelm IV. bereits 1751 stirbt; sein Sohn Wilhelm V. (★ 1748, † 1806, im Amt tätig seit 1766) ist der erste echte Erbstatthalter. Im Frieden von Aachen (1748) behalten die Niederlande ihr Territorium, und auch ihre Rechte über die Barrierefestungen bleiben gewahrt.

Seit dem Spanischen Erbfolgekrieg bilden die Republik und Großbritannien als „Seemächte" eine politische Interessengemeinschaft. Da sie vorwiegend überseeische Handelsinteressen haben, die sie ungestört wahrnehmen wollen, sind sie auf dem Kontinent um Entspannungs- bzw. Gleichgewichtspolitik bemüht. Die Niederlande, im 17. Jh. eine der europäischen Großmächte, sinken allerdings nach 1713 zu einer Mittelmacht und schließlich zum britischen Satelliten herab, obwohl sie wirtschaftlich weiterhin wichtig bleiben. Dafür genießt die Republik britischen Schutz gegenüber französischen Expansionsbestrebungen.

4 Die Britischen Inseln 1702–1760

Die Glorreiche Revolution hat in England ein Miteinander zwischen dem Königtum und den beiden Häusern des Parlaments bewirkt. Da Maria II. 1694 kinderlos stirbt und ihr Mann Wilhelm III. sich nicht wieder verheiratet, wird im Juni 1701 das *Act of Settlement* erlassen, das die Thronfolge regelt. Danach wird 1702 Marias Schwester Anna (Anne, ★ 1665, † 1714) Königin. Für den Fall, dass sie keine Kinder hinterlässt, soll ihr Kurfürst Georg August von Hannover (★ 1660, † 1727), Enkel einer Schwester Karls I. und des pfälzischen Kurfürsten Friedrich V. nachfolgen (vgl. den Stammbaum auf S. 125). Damit will man verhindern, dass der ältere, katholische Zweig des Stuarthauses, der im französischen Exil lebt, wieder auf den Thron gelangt. Als der Kurfürst in der Tat 1714 König wird (Georg I.), besteigt er den Thron von „Großbritannien (*Great Britain*)", zu dem sich England und Schottland vereinigt haben. Im Hinblick auf den Krieg mit Frankreich sollen so die Kräfte beider Länder besser gebündelt werden.

Das Haus Oranien vom 16. bis zum 18. Jahrhundert

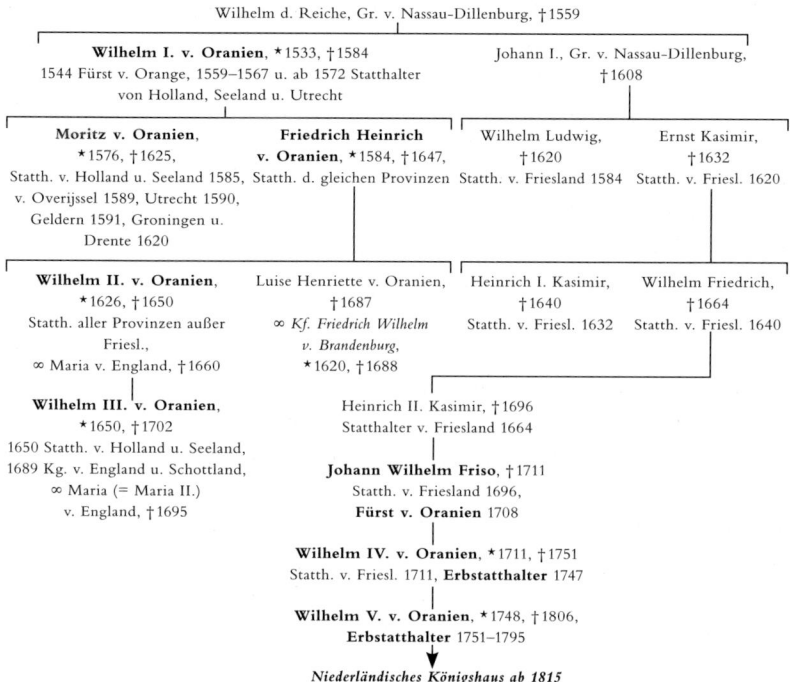

Wilhelm d. Reiche, Gr. v. Nassau-Dillenburg, †1559

Wilhelm I. v. Oranien, *1533, †1584
1544 Fürst v. Orange, 1559–1567 u. ab 1572 Statthalter
von Holland, Seeland u. Utrecht

Johann I., Gr. v. Nassau-Dillenburg,
†1608

Moritz v. Oranien,
*1576, †1625,
Statth. v. Holland u. Seeland 1585,
v. Overijssel 1589, Utrecht 1590,
Geldern 1591, Groningen u.
Drente 1620

**Friedrich Heinrich
v. Oranien**, *1584, †1647,
Statth. d. gleichen Provinzen

Wilhelm Ludwig,
†1620
Statth. v. Friesland 1584

Ernst Kasimir,
†1632
Statth. v. Friesl. 1620

Wilhelm II. v. Oranien,
*1626, †1650
Statth. aller Provinzen außer
Friesl.,
∞ Maria v. England, †1660

Luise Henriette v. Oranien,
†1687
∞ *Kf. Friedrich Wilhelm
v. Brandenburg*,
*1620, †1688

Heinrich I. Kasimir,
†1640
Statth. v. Friesl. 1632

Wilhelm Friedrich,
†1664
Statth. v. Friesl. 1640

Wilhelm III. v. Oranien,
*1650, †1702
1650 Statth. v. Holland u. Seeland,
1689 Kg. v. England u. Schottland,
∞ Maria (= Maria II.)
v. England, †1695

Heinrich II. Kasimir, †1696
Statthalter v. Friesland 1664

Johann Wilhelm Friso, †1711
Statth. v. Friesland 1696,
Fürst v. Oranien 1708

Wilhelm IV. v. Oranien, *1711, †1751
Statth. v. Friesl. 1711, **Erbstatthalter** 1747

Wilhelm V. v. Oranien, *1748, †1806,
Erbstatthalter 1751–1795

Niederländisches Königshaus ab 1815

Barriere-Festungen Hierbei handelt es sich um acht feste Plätze in den Österreichischen Niederlanden, darunter Tournai und Ypern, in denen der Republik von Kaiser Karl VI. das Recht eingeräumt worden ist, sie gegen etwaige französische Angriffe mit eigenen Truppen zu belegen. Seit dem Bündnis zwischen Wien und Versailles im Jahre 1756 (s. o., S. 188) sind sie militärisch bedeutungslos. 1781 hebt Kaiser Joseph II. das niederländische Besatzungsrecht einseitig auf.

Die Union ist Ende April 1707 durch ein Abkommen zwischen den Parlamenten beider Königreiche zustande gekommen, nachdem vor allem über die gegenseitige Anerkennung der Landeskirchen und Handelsinteressen Einigung erzielt worden ist. Im Unterhaus des britischen Parlaments sitzen künftig 513 Vertreter Englands und 45 Schottlands, ins Oberhaus ziehen sechzehn vom schottischen Adel gewählte „Peers" ein. 1800/01 wird das britische Parlament durch irische Vertreter erweitert: Aus Großbritannien wird damit das „Vereinigte Königreich (*United Kingdom*)".

Da die Bedeutung des Parlaments seit 1688/89 enorm gewachsen ist, spielen nun auch die hier vertretenen politischen Strömungen eine wichtige Rolle: die **Whigs** und die **Tories**. Die Whigs haben ihre Basis im Bürgertum und im ländlichen Adel (*gentry*). Sie pochen auf das Mitspracherecht des Parlaments und sind religiös toleranter; unter ihrem Führer, John Churchill, Herzog von Marlborough (* 1650, † 1722) sind sie bedingungslose Anhänger der neuen Thronfolgeordnung und befürworten ab 1701 den Krieg gegen Frankreich. Marlborough kommandiert selbst das britische Heer auf dem Kontinent. 1710 bringen jedoch die Wahlen zum Unterhaus die Tories an die Macht, und er wird vom Kriegsschauplatz abberufen. Die nun maßgebenden *Tories* treten für ein stärkeres Königtum ein. Sie sind daher Anhänger der anglikanischen Staatskirche und betreiben Ludwig XIV. gegenüber eine konziliantere Politik.

Ab 1714 gibt es wieder eine Whig-Mehrheit. Auf sie stützen sich die beiden ersten Könige aus dem Haus Hannover, Georg I. (s. o.) und Georg II. (* 1683, Kg. 1727–1760). Infolge der langen Tätigkeit von Sir Horace Walpole (* 1676, † 1745) als leitendem Minister („Premierminister", 1721–1742) bürgert sich die Gewohnheit ein, dass der König sich auf eine Mehrheit im Parlament stützen muss. Diese ist im *House of Lords* relativ einfach herzustellen, weil dem König das ausschließliche Recht zur Bischofsernennung und zur Erhebung in den Adelsstand (mit einem Rang, der für einen Sitz in diesem Haus nötig ist) zusteht. Die Mitglieder des „Unterhauses" werden zwar in den dafür vorgesehenen Städten sowie in den Grafschaften von der *gentry* gewählt. Zur Sicherung der königlichen Mehrheit gibt es aber ein ausgefeiltes „Patronage"-System (Vergabe lukrativer Ämter bzw. Pensionen, Hoflieferantentum, Erhebung in den persönlichen Adelsstand), außerdem kann die sehr kleine Wählerschaft (nur rund 1 % der Bevölkerung dürfen wählen) leicht manipuliert werden.

Eine Besonderheit des politischen Lebens in Großbritannien ist die Möglichkeit, sich öffentlich ziemlich frei zu äußern. Die öffentliche Meinung –

Whigs und *Tories*   Beides sind ursprünglich Schimpfwörter schottischen bzw. irischen Ursprungs, die 1679 in den politischen Sprachgebrauch übernommen worden sind, als man den sich zum katholischen Glauben bekennenden Bruder Karls II., den Herzog James von York (ab 1685 König Jakob II.) von der Thronfolge ausschließen wollte und sich dessen Gegner wie Parteigänger formierten. Mit der Bezeichnung *Whig*, die vermutlich aus dem in Schottland gesprochenen Gälischen stammt, belegte man zuvor gewöhnlich einen Viehdieb; so werden nun die schottischen Presbyterianer von ihren Gegnern bezeichnet, die sich gegen die Thronfolge des Herzogs aussprechen und zugleich gegen die anglikanische Staatskirche mit dem König als Oberhaupt sind. *Tories* nennt man anfänglich irische Gesetzlose, und dieser Begriff wird jetzt auf diejenigen übertragen, die weiter für die Stuart-Thronfolge eintreten. Nach der *Glorreichen Revolution* (s. o., S. 167) nennen sich diejenigen *Whigs*, die sich für eine Stärkung des Parlaments gegenüber dem König einsetzen, und *Tories* die, denen an einer Stärkung der Rolle des Königs gelegen ist. Ihnen wird allerdings – lange Zeit z. T. nicht grundlos – vorgeworfen, Parteigänger des 1688 vertriebenen Königs Jakob II. und seiner Nachkommen, also der katholischen Stuarts zu sein, die während des 18. Jhs. mehrfach versuchen, die Krone wiederzuerlangen. 1783 unter William Pitt dem Jüngeren (s. u., S. 234) fomieren sie sich neu als eine nunmehr dem seit 1714 regierenden Königshaus treu ergebene politische Gruppe *(new toryism)* und gewinnen im Jahr darauf die Wahlen zum Unterhaus. Im 19. Jh. bezeichnet man als *Whigs* die liberalen und als *Tories* die konservativen Politiker, die sich allmählich zu modernen politischen Parteien entwickeln.

durch die Presse, aber auch durch oft sehr bissige satirische Schriften und Karikaturen – unterzieht die Regierenden immer wieder scharfer Kritik und bildet daher zunehmend ein Gegengewicht zu den vor allem ab 1760 erkennbare Tendenz des Königtums, das Heft des politischen Handelns wieder stärker in die eigene Hand zu nehmen.

Die Hauptziele der britischen Außenpolitik sind:

a) Sicherung des innereuropäischen Gleichgewichts;
b) Ausbau des Kolonialreichs;
c) Monopolisierung des Welthandels und Ausbau der Vorrangstellung als Handelsmacht in Europa.

Diese Ziele bedingen sich wechselseitig. Zur Sicherung des Gleichgewichts wird eine vor allem gegen Frankreich gerichtete Außenpolitik betrieben. Dies schließt seit der Übernahme der spanischen Krone durch die Bourbonen die Machtbeschneidung Madrids ein, zumal Spanien auch Konkurrent im Welthandel ist. Daher begünstigt London das Habsburgerreich (z. B. durch die Mitgarantie der Pragmatischen Sanktion). Als Wien und Versailles sich Mitte der 1750er Jahre annähern, erhält Preußen britische Rückendeckung und kann mit dadurch zu den europäischen Großmächten aufschließen. Der Aufstieg Russlands, vor allem der russischen Seemacht, seit Peter d. Gr., wird dagegen mit Argwohn beobachtet. Dies betrifft einmal die russischen Bestrebungen, das Übergewicht im Ostseeraum zu erlangen (ein Grund mehr, Preußen zu fördern), zum anderen die Politik des Zarenreichs gegenüber den Osmanen, mit dem Ziel, deren Stellung zu schwächen oder gar zu beseitigen, um einen Zugang zum Mittelmeer zu bekommen.

Die Monopolisierung des Welthandels erfolgt zunächst über die Regelungen der Navigationsakte von 1651 (s. o., S. 132). Sie wird mehrfach erneuert und erweitert und verbietet den Zwischenhandel zwischen den überseeischen Kolonien und dem Mutterland durch fremde (insbesondere niederländische) Schiffe. Dies betrifft auch den Handel der Kolonien untereinander oder mit den Kolonien anderer Staaten. Da der britische Kolonialbesitz immer größer wird und wichtige Waren wie Tabak und Baumwolle z. B. aus Nordamerika nach Europa kommen, werden die Britischen Inseln faktisch zum Hauptstapelplatz für Kolonialwaren.

Der Ausbau des Kolonialreiches schreitet stetig voran und erreicht mit dem Frieden von Paris 1763 (nach dem Siebenjährigen Krieg mit Frankreich) seinen ersten Höhepunkt durch die Einverleibung Kanadas und der meisten französischen Stützpunkte in Indien. Britische Kolonien gibt es nun

Abb. 37: **Sir Horace Walpole gibt vor dem britischen Kabinett eine Erklärung ab. (Gouache aus dem Jahr 1740)**

an der Ostküste Nordamerikas, in der Karibik (Jamaika), in Westafrika und in Indien. Im späten 18. Jh. richten sich die britischen Kolonialherrschaftspläne zunehmend auf den Südsee- und Pazifikraum (Entdeckungsfahrten von *James Cook*; s. o., S. 35). Hier kommt es in der Folge ebenfalls zu einer Konfrontation mit Russland um die beherrschende Stellung im nördlichen Pazifik.

Eine entscheidende Konfrontation, die auch das Kräfteverhältnis in Europa beeinflusst, entwickelt sich aus dem Gegensatz zwischen den britischen und den französischen Siedlern im Osten von Nordamerika. In diese Konfrontation werden auch Indianerstämme des Küstenhinterlands hineingezogen. Seit 1755 ist hier der *French and Indian War* im Gange. Ebenso gibt es Streitigkeiten in Indien. Daher sucht London nach einem Beschützer des königlichen Nebenlands auf dem Kontinent, des Kurfürstentums Hannover. Für diese Rolle erscheint Preußen geeigneter zu sein als Österreich, das bereits Fühler nach Frankreich ausstreckt. So kommt es im Januar 1756 zur Konvention von Westminster und im Mai zum Bündnis zwischen Österreich und Frankreich (s. o., S. 194), dem *Renversement des alliances*.

5 Die Iberische Halbinsel und Italien 1700–1759

Im Frieden von Utrecht (1713) verliert die Krone Spanien die südlichen Niederlande an die deutschen Habsburger. In *Italien* fallen an sie auch das Königreich Neapel (ohne Sizilien, das ans Herzogtum Savoyen gelangt) und Sardinien, ferner die bereits 1707 eroberten Gebiete des *Stato dei Presidii* sowie vor allem das wirtschaftlich wichtige Herzogtum Mailand. 1720 kommt es zwischen Savoyen und Habsburg zum Tausch der Inseln Sardinien und Sizilien. Die Herzöge von Savoyen nennen sich seitdem „Könige von Sardinien". Die spanischen Bourbonen regieren ihr Königreich bis 1808, dann wieder ab 1814. Eine Nebenlinie von ihnen erhält 1731 das Herzogtum Parma, das zwar bereits 1735 an Österreich (im Tausch gegen Neapel-Sizilien) abgetreten wird, 1748 aber wieder an das spanische Bourbonenhaus fällt.

Die spanischen Bourbonen streben im frühen 18. Jh. nach der Revision des Utrechter Friedens, d. h. vor allem nach der Wiedererlangung der früheren Stellung Madrids in Italien. Für die Habsburger erweisen sich die entlegenen Gebiete im Süden der Halbinsel auf die Dauer als Belastung. Im Zuge eines umfassenden Gebietsaustauschs – vorgenommen zwischen 1735 und 1738 (sog. Wiener Friedensschlüsse; s. o., S. 184) – fallen Neapel und Sizilien

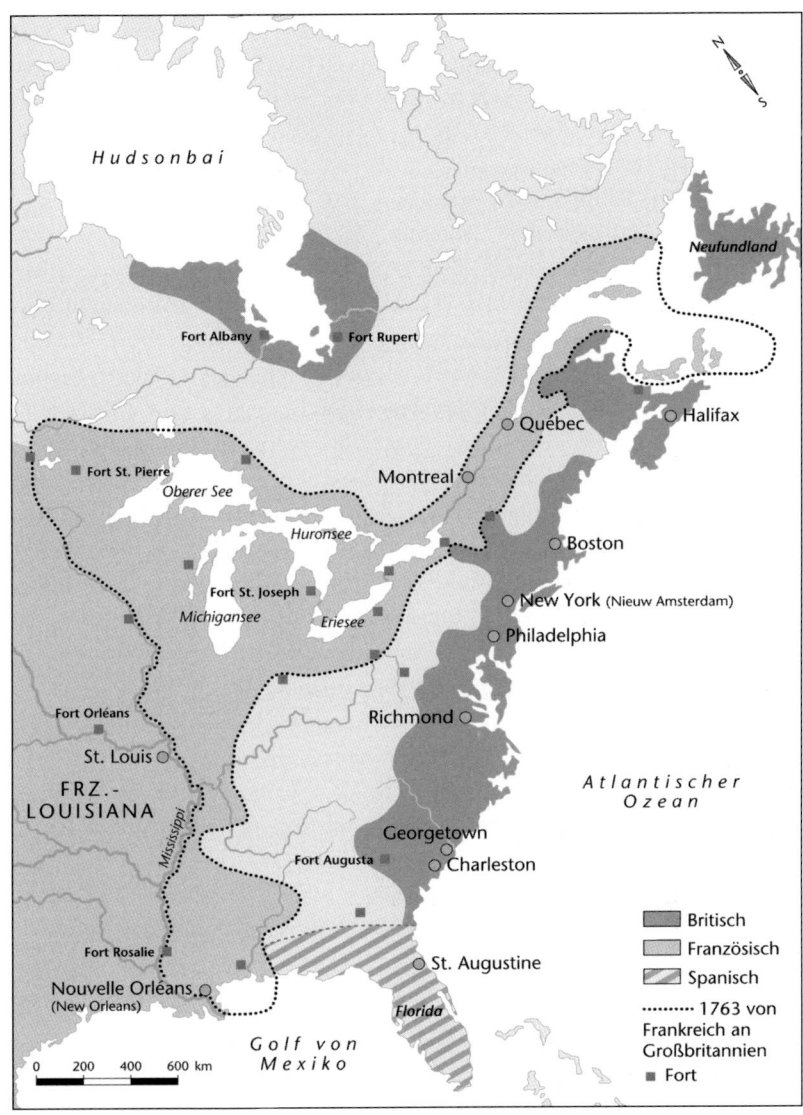

Hudsonbai

Neufundland

Fort Albany   Fort Rupert

Québec   ○ Halifax

Montreal ○

Fort St. Pierre
Oberer See

Huronsee

○ Boston

Fort St. Joseph
Michigansee   *Eriesee*

○ New York (Nieuw Amsterdam)

○ Philadelphia

Fort Orléans

Richmond ○

St. Louis ○

FRZ.-
LOUISIANA

Mississippi

*Atlantischer
Ozean*

Georgetown
Fort Augusta ■
○ Charleston

Fort Rosalie

Nouvelle Orléans ○
(New Orleans)

○ St. Augustine

Florida

*Golf von
Mexiko*

0   200   400   600 km

■ Britisch
□ Französisch
▨ Spanisch
·········· 1763 von
Frankreich an
Großbritannien
■ Fort

Karte 22: **Britischer, französischer und spanischer Besitz in Nordamerika zwischen 1700 und 1763.**

203

(jetzt: **Königreich beider Sizilien**) an eine weitere Nebenlinie der spanischen Bourbonen, dafür geht die Toskana an das Haus Habsburg-Lothringen. Dabei haben die spanischen Könige die Unterstützung ihrer französischen Verwandten. Aus dem spanisch-französischen Gegensatz ist eine „Achse" zwischen Versailles und Madrid geworden; dies wird durch die sog. Bourbonischen Familienpakte zwischen dem französischen und dem spanischen Königshaus von 1733, 1743 und 1761 besiegelt.

In *Spanien* werden unter Philipp V. (* 1683, Kg.1700–1746), vor allem aber unter seinem Sohn Karl III. (* 1716, reg. 1759–1788, 1734–1759 Kg. v. Neapel-Sizilien), zahlreiche „Reformen von oben" durchgeführt. Wichtig ist hierbei, dass der zeitweilige Abfall des zuvor recht eigenständigen Königreichs Aragón als Basis des Thronprätendenten Erzherzog Karl während des Erbfolgekriegs die Handhabe dazu bietet, die aragonesischen Behörden mit den kastilischen zu verschmelzen. Damit ist die Zentralisierung der spanischen Verwaltung gelungen. Die bisherigen Ratskollegien (*Juntas*), die sich nach den Regionen des Königreichs orientiert haben, werden bereits 1705 nach französischem Vorbild durch vier „Ressortministerien", sog. Staatssekretariate (*Secretarías de Estado* für Inneres, Justiz, Heerwesen und Marine) ersetzt; hinzu treten eine Superintendantur für das Finanzwesen und die Verwaltung für „Indien", d. h. die hispanoamerikanischen Kolonien. Die Ständeversammlungen (*Cortes*) sind nur noch Akklamationsorgane. Was die Steuerverwaltung betrifft, so scheitert allerdings der Versuch, das französische System allein von der Zentrale abhängiger Beamter („Intendanten", eingeführt 1749) durchzusetzen, ebenso der einer einheitlichen, für alle Stände geltenden Grundsteuererhebung. Verschiedene Anläufe zur Vereinheitlichung des Steuerrechts bleiben zudem vergeblich. Treibender Kern einer modernen Finanz- im Verein mit Wirtschaftpolitik ist Zenón de Samodevilla, Marqués de la *Ensenada* (* 1702, † 1781, 1737–1754 als Minister tätig, davon seit 1743 als Finanzminister). Er wird allerdings bereits 1754 von seinen politischen Gegnern gestürzt.

Der höhere Adel behält seine Gerichtsbarkeit über viele Dörfer, ja ganze Städte: In Kastilien unterliegen noch Ende des 18. Jhs. die Hälfte der Bevölkerung und fast 60 % des Bodens der grundherrlichen Gerichtsbarkeit. Viele Ämter werden nach wie vor nur an Angehörige des Adels vergeben, wofür ein Ahnennachweis (*prueba de sangre*) erforderlich ist. Dabei gelingt die Einbindung des Adels in den Staatsdienst nicht.

Auch die Kirche zeigt große Beharrungstendenzen. Der aus Parma stammende Kardinal Giulio Alberoni (* 1664, † 1752), der zwischen 1717 und 1719

Königreich beider Sizilien

Bezeichnung für die vereinigten Königreiche Neapel und (die Insel) Sizilien. Süditalien und die Insel Sizilien sind seit dem späten 11. Jh. den Byzantinern von einem normannischen Adelsgeschlecht abgenommen worden, die für beide Gebiete das „Königreich Sizilien" errichtet haben (vgl. Grundkurs Geschichte, Jörg Schwarz, Das europäische Mittelalter II, S. 176), das 1189 die deutschen Staufer erben (vgl. ebd., S. 60). Nachdem deren Herrschaft 1266 an das Haus Anjou, eine Nebenlinie der Könige von Frankreich, gefallen ist, macht sich die Insel Sizilien 1282 von deren Herrschaft frei. Seitdem sind sie und das Königreich Neapel getrennte Staaten, wobei der König von Neapel seinen Anspruch auf Sizilien aufrechterhält. 1442–1458, 1504–1713 sowie 1720–1798 und 1815–1860 sind beide Königreiche (wieder) vereint, weswegen man (vor allem für die Perioden ab 1720) vom „Königreich beider Sizilien" oder auch „Neapel-Sizilien" spricht.

Die spanischen Bourbonen

Philipp V. (Enkel Ludwigs XIV. v. Frkr.; s.o., S. 63), * 1683, **Kg. von Spanien 1700–1746**
∞ 1. Marie Luise v. Parma, †1714; 2. Elisabeth Farnese v. Parma, †1766

1. **Ludwig**, * 1707,	1. **Ferdinand VI.**, * 1713,	2. **Karl III.**, * 1716	2. Philipp, * 1720, † 1765
Kg. v. Spanien	**Kg. v. Spanien 1713–1759**	Kg. v. Neapel-Sizilien	Hz. v. Parma 1748–1765
Jan.–Aug. 1724		1734–1759	
		Kg. v. Spanien 1759–1788	

Karl IV., * 1748, † 1819	Ferdinand I., * 1751, † 1825	
Kg. v. Spanien 1788–1808	Kg. v. Neapel-Sizilien 1759–1806,	
	v. Sizilien 1806–1815, „beider Sizilien" 1815–1825	

Spanisches Königshaus	*Königshaus Neapel-Sizilien bis 1860*	*Herzoghaus Bourbon-Parma*
1814–1868, 1874–1931		*bis 1802 und 1847–1860*
und seit 1975		

205

die Regierungsgeschäfte leitet, versucht gegenüber Rom eine eigenständige Kirchenpolitik, ist aber gegen die Kirchenoberen im eigenen Land letzten Endes machtlos. Es kommt auch später nicht zu einer echten Toleranzpolitik. Den Reformen des Staates steht die spanische Kirche bis weit ins 19. Jh. hinein ablehnend und damit hinderlich gegenüber. Dies betrifft vor allem die Regelung, dass Kirchenland (Land zur „toten Hand", sp.: *mano muerta*) nicht veräußert werden darf. Während es bei wieder steigender Bevölkerung (1700 rd. 8, 1800 rd. 10,5 Mio.) an Ackerland fehlt, liegen Ende des 18. Jhs. rund 33% des Bodens in kirchlicher Hand und z. T. brach. Der Versuch, dem Landbedarf durch Verkauf von dörflichem Gemeindebesitz abzuhelfen, scheitert nach 1770, weil zu wenig Land verfügbar und dieses somit nicht wirtschaftlich genug ist. Es wird von den adligen Großgrundbesitzern aufgekauft, womit sich die rechtlichen wie ökonomischen Gegensätze innerhalb der Landbevölkerung noch weiter verschärfen.

Mehr Erfolg ist der Regierung in der intensiv durch den „spanischen Colbert" José Patiño (*1666, †1736) als Kolonial-, Marine- und Finanzminister (1726–1736) betriebenen gewerblichen Wirtschaftspolitik beschieden, vor allem durch die Gründung von Manufakturen etwa für Tuche, Baumwollstoffe (Zaragoza, Barcelona), Seidenherstellung (Valencia, Granada) und Eisen- und Tabakwaren. Erfolgreich sind diese vor allem in den Randgebieten (Nordspanien, Katalonien), die somit beginnen, die zentralen Regionen wirtschaftlich hinter sich zu lassen. Immerhin ist die spanische Monarchie seit 1717 einheitliches Zollgebiet.

Kardinal Alberoni (s. o.), der sich nach dem Tod der ersten Frau Philipps V., Maria von Savoyen (†1714), für die Ehe des Königs mit einer Tochter des Herzogs Odoardo von Parma, Elisabeth Farnese (*1692, †1766), als Hauskaplan der Prinzessin stark gemacht hat, führt ganz im Sinne der neuen Königin eine Politik durch, die den Rückgewinn der verlorenen italienischen Gebiete zum Ziel hat. Die neue Königin hat dabei vor allem im Sinn, die Söhne aus ihrer Ehe mit Fürstentümern zu versorgen, da die Söhne aus Philipps erster Ehe zunächst erbberechtigt sind. Ein weiteres Motiv ist die Rückgewinnung der im Erbfolgekrieg an Großbritannien verlorenen Insel Menorca (brit. bis 1783) und von Gibraltar (brit. seit 1704). Alberoni, seit 1717 Premierminister, lässt die spanische Flotte wieder aufbauen und 1717, während Österreich gerade mit einem Krieg gegen die Osmanen beschäftigt ist, auf Sardinien landen. Außerdem werden Teile Siziliens erobert. Nachdem Wien nach dem Frieden von Passarowitz 1718 (s. o., S. 180) wieder die Hände frei hat, kommt es zu einer Quadrupelallianz zwischen Frankreich,

Abb. 38: **Philipp V. von Spanien. Bildnis eines spanischen Malers um die Mitte seiner Regierungszeit. Das Portrait zeigt den Zeit seines Lebens antriebslosen, zu Melancholie und Apathie neigenden Monarchen, der 1724 sogar für acht Monate zugunsten seines ältesten Sohnes abdankte, nach dessen frühem Tod aber auf den Thron zurückkehrte.**

Großbritannien, den Niederlanden und Österreich. 1720 tauschen Österreich und Savoyen-Piemont die Inseln Sizilien und Sardinien, die spanische Königin erhält aber für ihren Sohn Karl die Anwartschaft auf die Herzogtümer Parma-Piacenza zugesprochen; Karl wird dort in der Tat 1731 Herzog (vgl. über ihn auch u., S. 238 ff.).

Im April 1725 kommt es zu einem Bündnis zwischen Wien und Madrid, das aber nicht viel bewirkt, weil sich dagegen Großbritannien und Frankreich verbünden. Spanien garantiert jedoch als erste große auswärtige Macht die Pragmatische Sanktion Karls VI. (s. o., S. 182). Schließlich indes lehnt sich Spanien wieder stärker an Frankreich an und beteiligt sich an der Seite Frankreichs am polnischen Thronfolgekrieg (s. o., S. 184). Die zwischenzeitlich für den Infanten Karl zugesicherte Anwartschaft auf die Toskana entfällt, als dieser 1734 das Königreich Neapel-Sizilien zugesprochen erhält (dort Kg. bis 1758). Auch im Österreichischen Erbfolgekrieg (s. o., S. 186) engagiert sich Spanien an der Seite Frankreichs. Der Frieden von Aachen bringt Madrid das Herzogtum Parma-Piacenza, das nun an den zweiten Sohn von Elisabeth Farnese, Philipp (* 1720, † 1765) fällt, der die Dynastie Bourbon-Parma begründet.

König Peter II. (Pedro, *1648, Kg. 1683–1706) von *Portugal* hat 1703 mit dem englischen Gesandten Sir Paul Methuen (* 1672, † 1757) einen Handelsvertrag abgeschlossen, der Brasilien den englischen Waren öffnet. Seitdem schließt sich das Königreich ganz dem Inselkönigreich an, da man jetzt – angesichts eines neuen spanischen Königs, der aus Frankreich stammt –, nicht mehr wie einst im Unabhängigkeitskampf gegen Spanien mit französischer Unterstützung rechnen kann. Aus dem Methuen-Vertrag wird ein Bündnis auf Dauer. Die Folge ist eine starke außenpolitische Bevormundung durch London, die man ebenso gerne abschütteln würde wie die durch die Kirche im Inneren. Dies ist das Ziel der Politik des langjährigen leitenden Minister Sebastião João de Carvalho e Mello, Marqués de *Pombal* (* 1699, † 1782, ltd. Minister 1751–1777). Besondere Verdienste erwirbt er sich beim Wiederaufbau von Lissabon nach dem verheerenden Erdbeben mit anschließenden heftigen Meeresflutwellen am 1. November 1755, das 30 000 Todesopfer fordert.

Im Zuge seines Kirchenkampfes werden bereits 1759 die Jesuiten des Landes verwiesen. Pombals Reformen betreffen das Bildungswesen, die Verwaltung, das Finanzwesen, die Wirtschaft sowie Kriegs- und Marinewesen. Hinter ihm steht sein Landesherr König Joseph I. (* 1714, reg. 1706–1750). Er wird aber schließlich von dessen Tochter Königin Maria (* 1734, reg. ab

Abb. 39: **Das Erdbeben von Lissabon und die anschließende Flutwelle am 1. November 1755.** (Stich aus *Kurzverfaste Beschreibung der vortrefflichen, mächtigen und reichen Haupt- und Residenz-Stadt Lissabon im Königreiche Portugall*, Frankfurt-Leipzig 1756)

1777, 1792 entmündigt, † 1816) und deren mitregierendem Mann König Pedro III. (* 1717, reg. 1777–1786), beide klerikal gesinnt und traditionsbewusst, bei deren Regierungsbeginn entlassen. Das Reformwerk bleibt somit unvollendet und scheitert letztlich, so dass auch Portugal relativ rückständig in das „revolutionäre Zeitalter" um 1800 eintritt.

6 Skandinavien, Polen und der Ostseeraum 1700–1751

Der Beginn des 17. Jhs. steht ganz im Zeichen des Großen Nordischen Krieges (1700–1721). Er führt zu einem völligen Umschwung der Machtverhältnisse im Ostseeraum und markiert vor allem den Beginn des Aufstiegs Russlands zur europäischen Großmacht.

Die Tatsache, dass 1697 der erst fünfzehnjährige König Karl XII. (* 1682) in *Schweden* sich über den Versuch einer ständischen Vormundschaftsregierung hinwegsetzt und ganz im Sinne der „Souveränitätserklärung" die Regierungsgeschäfte selbst in die Hand nimmt, schreckt die Nachbarn auf. Zu den früheren Gegnern Dänemark und Polen gesellt sich der russische Zar Peter I., der – ebenso wie am Schwarzen Meer – auch an der Ostsee das Ziel verfolgt, durch Erwerb baltischer Gebiete Schwedens einen freien Zugang zum Meer zu gewinnen. Hierfür stimmt er sich mit König August II. ab, der gerne das schwedische Livland erwerben möchte, und schließt mit der Hohen Pforte 1700 Frieden, in dem er auf die gerade gewonnene Stadt Asov an der Mündung des Don verzichtet. König Friedrich IV. von Dänemark (1699–1730) wiederum möchte gerne die 1658 an Schweden verlorenen Gebiete östlich des Sunds zurückgewinnen und zugleich die Stellung des mit Schweden verbündeten Herzogs von Holstein-Gottorp schwächen.

Karl XII. landet unerwartet mit niederländischer und englischer Flottenunterstützung auf der Insel Sjælland, marschiert auf Kopenhagen und zwingt den dänischen König zum Frieden (August 1700) und zum Verzicht auf seine Kriegsziele. Die nach Estland eingerückten, den schwedischen weitaus überlegenen russischen Truppen werden Ende November 1700 bei Narva vernichtend geschlagen. Karl rückt anschließend über Kurland nach Polen ein, um den sächsischen Kurfürsten seiner Krone zu berauben und einen ihm genehmen König einzusetzen. Im Juli 1702 wird ein sächsisch-polnisches Heer im südlichen Polen bei Klissow (nahe Sandomir) besiegt. Anschließend setzt er die Absetzung Augusts II. durch, die im Februar 1704 durch den

Abb. 40: **Portrait Karls XII.**
von Schweden kurz nach
seiner Thronbesteigung.
Das Gemälde des aus
Hamburg stammenden
Malers Daniel Klöcker
Ehrenstrahl (*1628,
†1698), der seit den frü-
hen 1660er Jahren in
Schweden wirkte und
als Vater der schwe-
dischen Malerei gilt,
zeigt den jungen König
in einer Herrscher-
pose, wie sie dem ba-
rocken Stil monarchi-
scher Selbstdarstel-
lung entspricht. Spä-
tere Bildnisse zeigen
Karl XII. entweder in
Rüstung oder in schlich-
ter Uniform.

Reichstag ausgesprochen wird. Unter militärischem Druck der Schweden wird anschließend der mit Karl XII. verbündete Wojewode von Großpolen (dem Gebiet um Posen), der Magnat Stanisław Leszczyński (* 1677, † 1766), zum neuen König gewählt (als solcher „Stanisław I., 1704–1709, wiederum 1733–1736, später Herzog von Lothringen; s. o., S. 184).

Mittlerweile haben sich jedoch in den entblößten baltischen Provinzen russische Truppen festsetzen können. An der Mündung der Neva gründet Zar Peter 1703 die neue Hafen- und künftige Hauptstadt St. Petersburg. Karl XII. aber festigt die Stellung seines Königs in Polen, marschiert schließlich 1706 durch das neutrale Schlesien nach Sachsen ein und bewegt den Kurfürsten zum förmlichen Verzicht auf die polnische Krone. Den Frieden zwischen ihnen (in Altranstädt, September 1706) vermittelt der Herzog von Marlborough, der im Spanischen Erbfolgekrieg, der sich damals noch z. T. auf dem Boden des Reiches abspielt, verhindern will, dass sich wie einst nach 1636 französische und schwedische Truppen zusammenschließen.

Inzwischen hat sich die russische Militärmacht wieder gefangen. Karl XII. marschiert gegen den Zaren, nimmt aber den Weg ins Baltikum vom Süden her durch die Ukraine, wo er im Juli 1709 bei Poltawa (zwischen Dnjepr und Donez) eine entscheidende Niederlage erleidet. Er rettet sich auf osmanisches Gebiet, wo er bis 1714 bleibt und vergebens hofft, die Hohe Pforte zu einem Krieg gegen Russland bewegen zu können. Damit sind alle seine Erfolge in Polen zunichte. August II. wird wieder als König eingesetzt, die schwedischen Besitzungen im Reich und an der Ostsee sind bedroht. Um die Dänen einzuschüchtern, unternimmt Karl, inzwischen nach Schweden zurückgekehrt, 1718 einen Angriff auf Norwegen, fällt aber im Dezember bei der Belagerung einer Grenzfestung auf dem Weg nach Christiana (Oslo).

Die Friedensschlüsse von 1720/21 ändern am Gebietsstand zwischen Schweden und Dänemark nichts; nur die Herzöge von Holstein-Gottorp werden in ihrer Machtstellung beschnitten und auf Holstein beschränkt. Bereits 1719 ist mit Großbritannien Frieden geschlossen worden: Das Kurfürstentum Hannover erhält die gegen Zahlung einer Kaufsumme die Herzogtümer Bremen und Verden. Der preußische König Friedrich Wilhelm I. besetzt 1720 das östliche Vorpommern mit der Odermündung (Stettin sowie die dem Oderhaff vorgelagerten Inseln Usedom und Wollin). Den größten Gewinn macht Russland: Es erwirbt im Frieden von Nystad im September 1721 Karelien, Ingermanland, Estland und Livland und wird damit zur Ostseemacht.

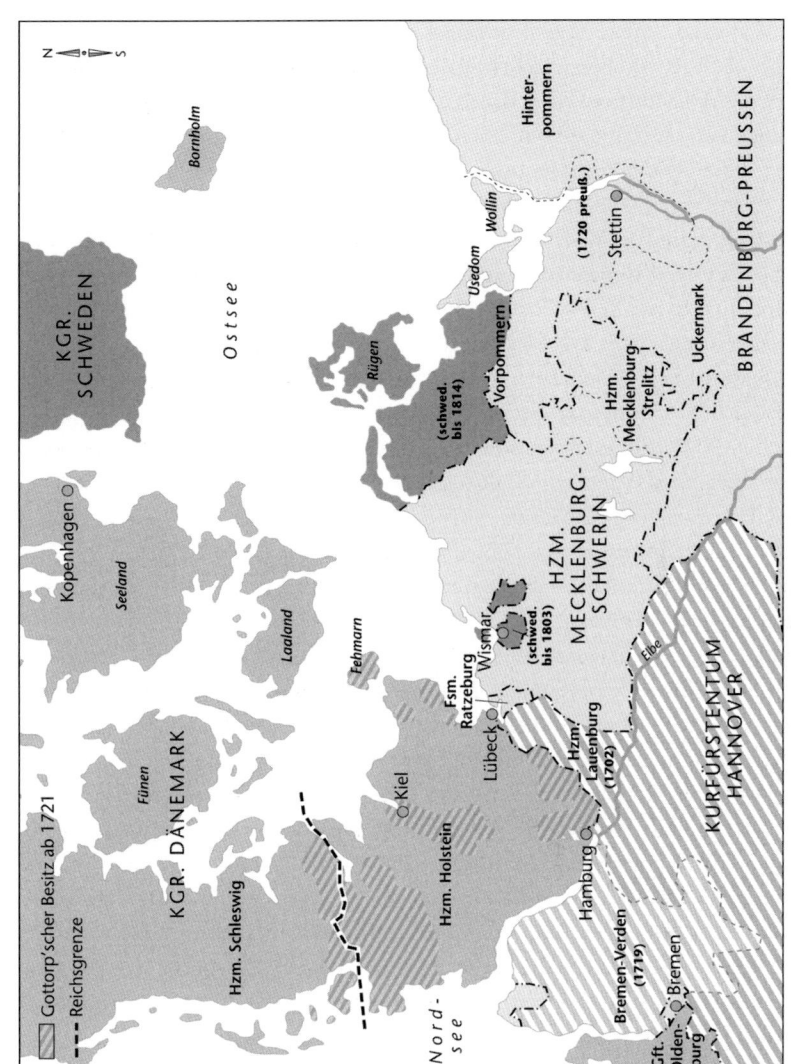

Karte 23: **Gebietsveränderungen im Norden des Reiches infolge des Großen Nordischen Krieges.**

Map labels:

N · S (compass)

Gottorp'scher Besitz ab 1721
– – – Reichsgrenze

KGR. SCHWEDEN

O s t s e e

Bornholm

Hinterpommern

BRANDENBURG-PREUSSEN

Wollin

Usedom

(1720 preuß.)
Stettin

Rügen

Vorpommern

(schwed. bis 1814)

Hzm. Mecklenburg-Strelitz

Uckermark

Kopenhagen

Seeland

Laaland

Fünen

HZM. MECKLENBURG-SCHWERIN

KGR. DÄNEMARK

Fehmarn

Wismar
(schwed. bis 1803)

Fsm. Ratzeburg

Kiel

Lübeck

Hzm. Lauenburg
(1702)

Elbe

Hzm. Schleswig

Hzm. Holstein

Hamburg

KURFÜRSTENTUM HANNOVER

Bremen-Verden
(1719)

Gft. Oldenburg

Bremen

N o r d - s e e

Während Polen und Dänemark aus den Auseinandersetzungen geschwächt hervorgehen und Schweden (das lediglich die Stadt Wismar sowie das westliche Vorpommern mit Rügen behält) seine Ostseehegemonie eingebüßt hat, ist das Zarenreich zur eigentlichen Ostseevormacht geworden. Aber auch der preußische Gebietsgewinn an der Odermündung hat die Gewichte zugunsten dieses Staatswesens nicht unwesentlich verschoben.

Nach dem Tod Karls XII. kommt es in Schweden zum innenpolitischen Umschwung. Da das Haus Pfalz-Zweibrücken mit ihm im Mannesstamm ausgestorben ist, befindet der vom höheren Adel beschickte schwedische Reichsrat über die Nachfolge. Sie wird im Januar 1719 Karls jüngerer Schwester Ulrike Eleonore (*1688, †1741) angetragen, die jedoch bald auf die faktische Ausübung der Herrschaft verzichtet, weil sie die damit verbundenen Demütigungen durch die Stände (s. u.) nicht hinnehmen will. Statt ihrer wird Anfang 1720 ihr Gatte Friedrich von Hessen-Kassel (*1676, †1751) zum König bestimmt.

Damit beginnt die bis 1772 dauernde „Freiheitszeit": Die Macht liegt nun bei den Ständen, d. h. vor allem beim Reichsrat und dem von ihm dominierten Reichstag. Da dieser zu groß und da die Abstimmung unter den einzelnen Kurien zu zeitaufwendig ist, muss das Königspaar gemeinsam mit einem Ständeausschuss regieren, dessen Mitglieder (anfänglich zwanzig, ab 1720 vierzehn) auf Vorschlag des Reichstags von ihm ernannt werden. Der Reichstag selbst wird nur alle vier Jahre einberufen. Er tagt mit kleinerer Deputiertenzahl in der Form eines sog. Sekreten Ausschusses, der aus 50 Adligen sowie aus jeweils 25 Vertretern der Geistlichkeit und des Bürgertums besteht (Bauern werden kaum noch hinzugezogen). Da der Adel (weniger der höhere als nunmehr der niedere) die Versammlung dominiert und sehr auf die Wahrung seiner Privilegien (Anspruch auf höhere Ämter, Privilegierung des Gutsbesitzes, eigener Gerichtsstand und Gerichtshoheit über abhängige Bauern, Patronatsrecht, Eheverbot mit anderen Ständen) achtet, kommt es im Laufe der Zeit zu immer größeren Spannungen. Obwohl 1751 der neu gewählte König Friedrich Adolf (aus dem mit dem schwedischen Königshaus weitläufig verwandten Haus Holstein-Gottorp, *1710, †1771) den förmlichen Verzicht auf die monarchische Souveränität erklären muss, hat es sein Sohn daher 1772 nicht allzu schwer, die ständische Vorherrschaft zu beseitigen (s. u.).

Das wichtigste Problem der Freiheitszeit ist jedoch die Ausrichtung der auswärtigen Politik. Hier teilt sich der Reichstag in zwei Parteien, die der „Hüte" und die der „Mützen". Die erste beherrscht das politische Leben zwi-

Abb. 41: **König Gustav III. von Schweden. Bildnis eines unbekannten Künstlers aus den späten 1770er Jahren.**

schen 1739 und 1760, die zweite zwischen 1760 und 1772. Die erste Bezeichnung geht auf die Kopfbedeckung des Adels zurück (der nach französischem Vorbild einen Hut trägt), ist aber auch das Symbol für den freien Mann, der für eine ebenso selbstbewusste Außenpolitik wie im Jahrhundert zuvor eintritt. Die Mütze hingegen steht für eine gegenüber Russland vorsichtige Politik, die von den Gegnern als „schlaf-mützig" bezeichnet wird. Die „Hüte" müssen bei ihren Versuchen, Schwedens Großmachtanspruch durchzusetzen, zahlreiche Rückschläge hinnehmen: Nach dem Tod von Ulrike Eleonore, die kinderlos geblieben ist, setzt die russische Zarin Elisabeth 1741/42 die Wahl ihres Vetters Friedrich Adolf von Holstein-Gottorp zum neuen König durch (Regierungsantritt 1751). 1757–1762 im Siebenjährigen Krieg scheitert der Versuch, das Odermündungsgebiet den Preußen wieder abzunehmen, obwohl diese nur wenig militärische Kräfte in Pommern einsetzen können. Da die Finanzlage infolge dieses Krieges erneut desolat ist, kommt es auf dem Reichstag von 1765/66 zum Umschwung zugunsten der Russland freundlich gesinnten Partei.

In *Dänemark* hat es das Königtum leichter, weil seit 1665 durch das sog. Königsgesetz seine Stellung gegenüber den Ständen enorm gestärkt worden ist: Mit Unterstützung des Reichstags ist damals faktisch der „Absolutismus" eingeführt worden. Zwar wird das Gesetz erst 1699 bei der Krönung König Friedrichs IV. (* 1671, Kg. 1699–1730) verlesen und erst 1709 im Druck veröffentlicht, aber es wird längst vorher befolgt. So gibt es z.B. inzwischen keine Königswahl mehr.

1720 nach dem Frieden von Friedrichsburg mit Schweden, der keine Gebietsverluste bringt, beginnt eine lange Friedensperiode. Das außenpolitische Hauptproblem bleibt das Verhältnis des Königshauses (Oldenburg) zur Nebenlinie Holstein-Gottorp, zumal diese 1725 in die Zarenfamilie einheiratet und mit Peter III. (* 1728 in Kiel, † [erm.] 1762) 1762 den Zarenthron erringt. Schon 1741 ist ein Gottorper zum König von Schweden gewählt worden. 1751 besteigt er den schwedischen Thron (s.o.). Um die Spannungen zwischen beiden Häusern zu entschärfen, wird 1773 zwischen Russland und Dänemark der Gottorpsche Erbausgleich vereinbart: Die gesamten gottorpschen Besitzungen (inzwischen nur noch in Holstein) fallen an das dänische Königshaus; dafür verzichtet der dänische König auf sein angestammtes Gebiet Oldenburg, das – zum Herzogtum aufgewertet – mitsamt der Stadt Delmenhorst an die Gottorper fällt. Das neue Herzogtum genießt seitdem den besonderen Schutz des Zarenhauses, was sich vor allem in der Zeit Napoleons und auf dem Wiener Kongress bemerkbar macht.

Abb. 42: **Stanisław II. Poniatowski nimmt die Glückwünsche für seine Wahl zum König von Polen entgegen (6. September 1764). Ausschnitt aus einem Gemälde von Bernardo Bellotto, gen. Canaletto (* 1721, † 1780), der nach dem Regierungsantritt des Königs u. a. für die Ausschmückung des Warschauer Schlosses zuständig war und sonst eher für seine Stadtansichten (u. a. von Venedig und Dresden) bekannt ist. Das Bild stammt von 1778 und befindet sich im Schloss von Warschau. Vgl. die folgende Seite.**

In *Polen* setzt sich unter den sächsischen Königen der Niedergang fort, da der Reichstag das Übergewicht behält, dabei aber jederzeit durch ein *Liberum veto* lahmgelegt werden kann. Bereits der Thronfolgekrieg 1733–1735 (s. o., S. 184) zeigt, dass das Land inzwischen zum Spielball der Nachbarinteressen geworden ist. Nach dem Tod Augusts III. im Oktober 1763 wird die Königsfrage durch Absprachen zwischen Berlin und St. Petersburg geregelt und die Krone Polen fällt an einen Günstling der Zarin Katharina II., Stanislaus (Stanisław) II. Poniatowski.

7 Russland 1700–1762

Auch während des Großen Nordischen Krieges werden die Reformen fortgesetzt. Als zentrale Koordinationsstelle der Staatsverwaltung wird 1711 der Senat eingerichtet, in dem die wichtigsten Amtsträger den Monarchen beraten und ihm zuarbeiten. Hinzu kommen 1717 fachliche Regierungskollegien. Das Zarenreich wird in Gouvernements eingeteilt, in denen nach dem Vorbild der französischen Intendanten und der preußischen Kriegs- und Domänenkammerpräsidenten vom Zaren ernannte Beamte sitzen. Sie bilden eine Art Zwischeninstanz zwischen den Gemeinden bzw. Gutsbezirken und der Zentralverwaltung. Die Kirche wird gleichgeschaltet, indem das Amt Patriarchen von Moskau nach 1700 nicht wiederbesetzt wird; statt dessen gibt es ab 1721 eine eigene Kirchenaufsichtsbehörde, den „Heiligen Synod". Vorbild dafür ist das landesherrliche Kirchenregiment der protestantischen Reichsfürsten.

Nach der Gründung von St. Petersburg (s. o., S. 212) werden die Zentralbehörden von Moskau dorthin verlegt. Petersburg dient zugleich als Hafenstadt für die neue Kriegs- und Handelsflotte. Die neue Hauptstadt wird durch Kanalanlagen an das russische Flussnetz angeschlossen. Um Erfahrungen im Schiffsbau zu sammeln und die Schaffung einer eigenen Kriegsflotte aufmerksam und sachkundig begleiten zu können, hat der Zar 1697/98 inkognito eine große Auslandsreise in die Niederlande und nach England unternommen. Die Flotte umfasst gegen Ende seiner Regierung 32 Linienschiffe und sechzehn Fregatten; im Schwarzen Meer gibt es dazu zahlreiche Galeeren. Hierfür sind entsprechende Werftanlagen erforderlich, die in den wichtigen Hafenstädten geschaffen werden. Die russische Flotte ist im 18. Jh. die viertstärkste Europas (nach denen der Briten, Niederländer und Franzosen).

Abb. 43: **Flottenparade vor Amsterdam zu Ehren von Zar Peter I. im September 1697. Vor allem die nieder-**
ländische Flotte bot Peter d. Gr. das Vorbild für den Aufbau einer eigenen Seemacht. (Kupferstich eines
niederländischen Künstlers)

Das Heer wird nach mittel- und westeuropäischem Vorbild geschult und ausgerüstet (wozu eine eigene Industrie nach dem Vorbild der Manufakturen in Frankreich und Preußen entsteht). Zudem wird es auf den fünffachen Stand des Beginns von Peters Regierungsantritt gebracht. Seine Schlagkraft stellt es im Großen Nordischen Krieg ab 1709 unter Beweis (s. o., S. 210 ff.).

Die Außenpolitik zielt einmal auf Vergrößerung des russischen Prestiges. 1721, nach dem Frieden von Nystad mit Schweden, nimmt Peter offiziell den Kaiser- bzw. Zarentitel an, der von Preußen und Schweden ziemlich rasch, vom Kaiser des Römisch-Deutschen Reiches und vom britischen König für seine Nachfolger aber erst 1742, von Frankreich und Spanien 1745 und von Polen 1764 anerkannt wird. Peter versteht sein Kaisertum weniger als Fortsetzung der Tradition von Byzanz denn als Hervorhebung der neuen russischen Großmachtstellung innerhalb Europas. Zum zweiten verfolgt Peter weiterhin das Ziel der Gewinnung von Zugängen zum Schwarzen Meer, dessen Nordküste noch in osmanischem Besitz ist. Weniger bedeutsam ist vorerst die Durchdringung des sibirischen Raumes; immerhin einigen sich Russland und China 1689 im Vertrag von Nerčinsk (am Amurfluss) auf eine gemeinsame Grenze sowie 1727 im Vertrag von Kjachta (südlich des Baikalsees) auf ein Handelsabkommen, das 1792 erneuert wird.

Der Zugang zum Schwarzen Meer wird zuerst 1696 durch die Eroberung von Asov an der Donmündung ins Asovsche Meer erreicht. Dieses kann jedoch nach wie vor von der osmanischen Flotte abgeriegelt werden. Asov muss 1711 wieder aufgegeben werden, die Kontrolle über die nördliche Schwarzmeerküste erreicht Russland erst gegen Ende des 18. Jhs. Die Schwarzmeerpolitik bleibt auch deswegen erfolglos, weil sich Peter im Großen Nordischen Krieg stärker auf den schwedischen Gegner konzentrieren muss. Jetzt wird die Erlangung der Ostseevorherrschaft zum vordringlichen Ziel. 1721, im Frieden von Nystad, muss Schweden seinen gesamten Besitz um den Ladogasee und südlich des Finnischen Meerbusens an das Zarenreich abtreten.

Die Herrschaft Peters d. Gr. führt einerseits zu einer durchgreifenden Umgestaltung Russlands (wie auch zu seiner Erhebung zu einer der europäischen Großmächte), andererseits aber gelingt die durchgreifende Modernisierung im westlichen Sinne nicht, weil hier die gesellschaftlichen und rechtlichen Traditionen West- und Mitteleuropas nicht eingepflanzt werden können. Dies führt zu einem tiefen Zwiespalt im Hinblick auf die russische Einstellung zum „Westen", der zugleich als Vorbild und als wesensfremd empfunden wird. Dieser Zwiespalt wird deswegen auch in der folgenden Zeit

Abb. 44: Reiterdenkmal Zar Peters d. Gr. in St. Petersburg. Das Standbild (hier in einer Lithographie aus den frühen 1820er Jahren) des französischen Bildhauers Étienne Falconet (* 1716, † 1791) wurde zwischen 1766 und 1778 im Auftrag von Katharina II. (s. u., S. 248 ff.) ausgeführt. Es ist von überdimensionaler Größe und hat das berühmte Reiterstandbild Kaiser Marc Aurels in Rom zum Vorbild. Damit verweist es auf den imperialen Anspruch des russischen Kaisertums.

nicht aufgehoben, weil es nicht gelingt, Strukturen der Eigen- und Mitver-
antwortung ins Staatsleben einzupflanzen und darin zu verwurzeln, sondern
die Modernisierung des Staatsapparats eher das autokratische Element stärkt.
Die Folge ist auch die bis heute anhaltende Diskussion um das eigentliche
Wesen Russlands zwischen denjenigen, die sich als „Westler" sehen, und
denen, die meinen, das russische Wesen beruhe auf der Seele des einfachen
Russentums mit seiner tiefen, innigen Religiosität, die dem Rationalismus
des Westens diametral gegenüberstehe.

Auf Peter d. Gr. folgt eine Reihe schwächerer Herrscherinnen und Herrscher, unter denen teilweise ausländische Ratgeber eine wichtige Rolle spielen. Die Reformen werden nicht rückgängig gemacht. Der Versuch, durch
den Polnischen Thronfolgekrieg (1733–1735; s. o., S. 184) mehr Einfluss
auf die europäische Politik zu gewinnen, scheitert ebenso wie der, gegenüber den Osmanen die Position am Schwarzen Meer auszubauen. Eine der
Töchter Peters d. Gr., Anna Petrovna (* 1708, † 1728), heiratet 1725 Herzog
Karl Friedrich von Holstein-Gottorp (* 1700, † 1739). Sie stirbt kurz nach
der Geburt ihres Sohnes Karl Peter Ulrich, der am russischen Hof erzogen
und nach dem Tod seiner Tante, Zarin Elisabeth (* 1709, † 1762), als Peter
(Pjotr) III. den Zarenthron besteigt, aber schon nach sechs Monaten durch
eine Palastverschwörung umkommt. Seine kurze Regierungszeit ist außenpolitisch bedeutsam durch die Hinwendung zu Preußen, mit dem auch seine
Nachfolgerin Katharina II. gute Beziehungen pflegt.

III Europa im späten 18. Jahrhundert

1 Das Reich 1756–1795

Der im August 1756 durch den Einmarsch des preußischen Königs ins
Kurfürstentum Sachsen begonnene Siebenjährige (oder Dritte Schlesische)
Krieg (1756–1763) läuft parallel zur großen Auseinandersetzung zwischen Großbritannien und Frankreich in Nordamerika ab, die bereits im
Jahr zuvor eingesetzt hat. Friedrich II. sieht sich nach anfänglichen Erfolgen bald der Übermacht österreichischer, russischer, zeitweise auch schwedischer und französischer Truppen gegenüber. Trotz spektakulärer Siege des
Königs (bei Rossbach im November 1757 gegen ein französisches Heer und
ein Reichsaufgebot, bei Leuthen im Monat darauf gegen österreichische sowie
bei Zorndorf im August 1758 gegen russische Truppen) und trotz der Erfolge

Abb. 45: **Die Anfänge der neuen Hauptstadt St. Petersburg. (Kupferstich aus dem Jahr 1704)**

Abb. 46: **Symbol der „Westausrichtung" Russlands: Ansicht der See- und Hauptstadt St. Petersburg an der Neva. (Französischer Kupferstich aus dem späten 18. Jahrhundert)**

Herzog Ferdinands von Braunschweig-Bevern (*1721, †1792), dem Schwager Friedrichs, der seit 1757 in britischem Dienst steht, gegen die Franzosen in Nordwestdeutschland steht er nach der Niederlage gegen Österreicher und Russen bei Kunersdorf (August 1759) vor dem Aus. Russische Truppen besetzen (Ost-)Preußen und kurz auch Berlin, lediglich in Vorpommern richten die Schweden nichts aus. Der Regierungswechsel in Großbritannien im Oktober 1760 (s. u., S. 232) führt zur Einstellung der Hilfsgeldzahlungen aus London. Da die Gegner nicht die Kraft zum entscheidenden Schlag aufbringen, zieht sich der Krieg hin, bis 1762 nach dem Regierungswechsel in St. Petersburg Russland das Bündnis mit Österreich aufkündigt, sich erst mit Preußen verbündet, dann aber neutral bleibt. Dem Friedensschluss zwischen Großbritannien und Frankreich (Paris, 10. Februar 1763) folgt unmittelbar der zwischen Friedrich II. und Maria Theresia (Hubertusburg bei Leipzig, 15. Februar), der es beim Gebietsstand vor dem Krieg belässt.

Die Entwicklung im Reich steht nun ganz im Zeichen des Antagonismus zwischen Wien und Berlin (sog. Österreichisch-Preußischer Dualismus). In Preußen wie in Österreich werden große Anstrengungen zu weiteren inneren Reformen unternommen (Landesausbau, Verbesserung der Infrastruktur in Preußen; Modernisierung der Verwaltung wie der Streitkräfte in Österreich). Beide Staaten entwickeln sich zu Vorbildern des „aufgeklärten Absolutismus", wobei der seit 1780 das Habsburgerreich regierende Joseph II. (*1741, 1764 römischer König, 1765 Kaiser, †1790) ein besonderes Reformtempo an den Tag legt und mit seiner Zentralisierungspolitik schließlich durch Aufstände in den Österreichischen Niederlanden (Brabantische Revolution 1789/90) und in Ungarn scheitert. Friedrich II. kann in der zweiten Hälfte seiner Regierung (1763–1786) mehr bewirken, die unter ihm erzielten Fortschritte werden allerdings durch seinen konservativer gesinnten Nachfolger Friedrich Wilhelm II. (*1744, Kg. 1786–1797) zum Teil rückgängig gemacht.

Die beiden Vormächte im Reich beteiligen sich an der sog. Ersten Teilung Polens im August 1772 (s. u., S. 244), die Friedrich II. mit dem königlich-polnischen Anteil von Preußen (von nun an „Westpreußen" genannt) die Landbrücke zwischen dem alten herzoglichen Preußen und Pommern und damit nun auch den Titel „König *von* Preußen" bringt. Österreich nimmt sich Galizien und Podolien.

Wenige Jahre später beginnt ein bis 1785 dauernder Konflikt um die Zukunft des Kurfürstentums Bayern. Hier ist Ende 1777 Kurfürst Maximilian III. Joseph (*1727, Kf. seit 1745) ohne Erben gestorben. Gemäß der „Hausunion" zwischen den bayerischen und den pfälzischen Wittelsbachern

Quelle: Der „Aufgeklärte Absolutismus" in der Sicht Friedrichs II. von Preußen. (Aus seinem „Politischen Testament" von 1752)

In einem Staate wie Preußen ist es durchaus notwendig, dass der Herrscher seine Geschäfte selbst führt. Denn ist er klug, wird er nur dem Staatsinteresse folgen, das auch das seine ist. Ein Minister dagegen hat, sobald seine eigenen Interessen in Frage kommen, stets Nebenabsichten. Er besetzt alle Stellen mit seinen Kreaturen, statt verdienstvolle Leute zu befördern, und sucht sich durch die große Zahl derer, die er an sein Schicksal kettet, auf seinem Posten zu befestigen. Der Herrscher dagegen wird den Adel stützen, die Geistlichkeit in die gebührenden Schranken weisen, nicht dulden, dass die Prinzen von Geblüt *[d. h.: aus der königlichen Familie]* Ränke spinnen, und das Verdienst ohne jene eigennützigen Hintergedanken belohnen, die die Minister bei allen ihren Handlungen hegen …

Eine gut geleitete Staatsregierung muss ein ebenso fest gefügtes System haben wie ein philosophisches Lehrgebäude. Alle Maßnahmen müssen gut durchdacht sein, Finanzen, Politik, Heerwesen auf ein gemeinsames Ziel steuern: nämlich die Stärkung des Staates und das Wachstum der Macht. Ein System kann aber nur aus einem Kopfe entspringen, also muss es aus dem des Herrschers hervorgehen …

Wir haben in Preußen das Generaldirektorium [s. o., S. 14 f.], die Justizbehörden und die Kabinettsminister. Tag für Tag senden sie an den König ihre Berichte mit eingehenden Denkschriften über die Gegenstände, die seine Entscheidung erfordern. In strittigen oder schwierigen Fällen erörtern die Minister das Für und Wider selbst. Damit setzen sie den Herrscher in den Stand seine Entscheidung auf den ersten Blick zu treffen, vorausgesetzt, dass er sich die Mühe gibt, die vorgetragenen Sachen gründlich und mit Verständnis zu lesen. Ein klarer Kopf erfasst den Kernpunkt einer Frage mit Leichtigkeit. Diese Methode verdient den Vorzug vor der sonst üblichen, wo der Herrscher im Ministerrate präsidiert; denn aus großen Versammlungen gehen keine weisen Beschlüsse hervor.
(Dieckmann, S. 608 f.)

von 1724 folgt ihm Kurfürst Karl Theodor von der Pfalz (*1724, †1799, Kf. seit 1742); die beiden Kurfürstentümer werden zu „Pfalz-Bayern" vereinigt. Joseph II. möchte Bayern mit den habsburgischen Besitzungen vereinen und bietet Karl Theodor dafür den größten Teil der Österreichischen Niederlande an. Da dieser auch über die Herzogtümer Jülich und Berg regiert, liegt sein Herrschaftsschwerpunkt ohnehin mehr im Westen des Reiches; er ist daher bereit, das Angebot anzunehmen. Da dies jedoch einen erheblichen Machtgewinn des Kaiserhauses im Süden des Reiches bedeuten würde, erhebt sich seitens der Reichsfürsten Widerstand, an dessen Spitze sich Preußen setzt. Es kommt 1778/79 zum Bayerischen Erbfolgekrieg: Im Juli 1778 marschieren preußische Truppen nach Böhmen ein; es gibt jedoch kaum Gefechte, und auf Betreiben Maria Theresias wird im Mai 1779 der Frieden von Teschen geschlossen: Karl Theodor behält Bayern, tritt aber das Innviertel an Österreich ab; dafür werden die Ansprüche Preußens auf die Fürstentümer Ansbach und Bayreuth, wo eine Nebenlinie der Hohenzollern vor dem Aussterben steht, bestätigt: 1792 kommen sie unter preußische Verwaltung. Garantiemächte der Teschener Vereinbarung sind Frankreich und Russland. Das Zarenreich ist bereits durch den Gottorpschen Erbausgleich von 1773/74 (s. o., S. 216) an der inneren Ordnung des Reiches beteiligt. Die Zarin Katharina II. selbst erhält die Herrschaft Jever.

1785 versucht Joseph II. erneut, seinen Teilungsplan ins Spiel zu bringen: Er macht dem hoch verschuldeten Herzog Karl August von Pfalz-Zweibrücken (*1746, †1795), dem wahrscheinlichen Nachfolger des kinderlosen Kurfürsten Karl Theodor, ein erneutes Angebot. Als dieses bekannt wird, fasst Friedrich II. von Preußen die Reichsfürsten, die dagegen sind, im Deutschen Fürstenbund (Juli 1785) zusammen, so dass der Plan endgültig scheitert. Die bayerisch-pfälzischen Gebiete (ohne die inzwischen an Frankreich gefallenen linksrheinischen Teile) erbt 1799 Karl Augusts Bruder Maximilian IV. Joseph (*1756, †1825), der sich 1806 zum ersten bayerischen König proklamieren wird.

Durch die Revolution in Frankreich seit 1789 ausgelöste Ängste führen die deutschen Großmächte vorübergehend zusammen. Im von Frankreich 1792 erklärten Krieg sind sie zunächst verbündet. 1795 allerdings, auch angesichts seiner Interessen an weiteren polnischen Gebieten (s. u., S. 246), schließt Preußen mit dem Gegner zu Basel einen Sonderfrieden. Es profitiert seitdem von den Interessen der Pariser Außenpolitik an der Schwächung Wiens und kann im „Reichsdeputationshauptschluss" von 1803 nochmals Gebietsgewinne verbuchen.

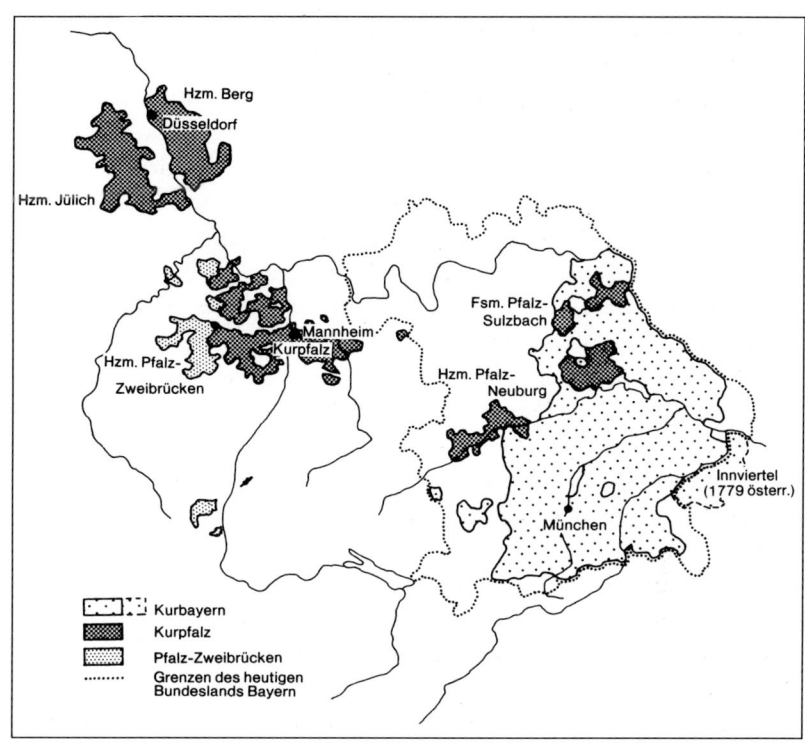

Karte 24: **Die Territorien der Wittelsbacher 1777.**

Der gegen Großbritannien verlorene Krieg von 1756–1763 kostet Frankreich den Besitz von Kanada sowie einen Teil seiner Stützpunkte in Indien. Schlimmer wiegt, dass das Land erneut in eine schwere Finanzkrise geraten ist, zu der auch die notwendigen Heeresreformen beitragen. Eine grundlegende Änderung des Steuerwesens, d. h. die Abschaffung von Steuerprivilegien und eine gleichmäßige Verteilung der Steuerlast auf das an sich reiche Land, ist unabdingbar. Die Registrierung der entsprechenden königlichen Gesetze wird aber nach wie vor vom Pariser *Parlement* verhindert.

Angesichts seiner Opposition entschließt sich Ludwig XV. zu härterem Vorgehen. Sein Kanzler René Augustin de Maupeou (*1714, †1792) provoziert im Januar 1771 das *Parlement* von Paris zum Remonstrieren gegen ein Gesetzesvorhaben, was als offener Ungehorsam gegen den Monarchen gewertet wird. 130 Richter, sämtlich Inhaber gekaufter Ämter, werden mit ihren Familien aus der Hauptstadt verbannt. Gegen die Provinzparlamente wird ähnlich vorgegangen, die Parlamentsräte werden ihrer Ämter enthoben, d. h. entschädigungslos enteignet. Statt der alten Gerichte werden neue, mit königlich bestallten, vom Monarchen abhängigen Richtern eingesetzt, für die jetzt das von Paris oberste Instanz ist. Trotz der von interessierter Seite geschürten öffentlichen Empörung bleibt Ludwig XV. hart. Zwar gelingt die Abschaffung der Steuerprivilegien nicht, doch es wird wenigstens eine gleichmäßigere Verteilung der schon bestehenden Steuerlasten erreicht. Als die Reformen gerade zu wirken beginnen, stirbt der König (Mai 1774); der Nachfolger, sein Enkel Ludwig XVI. (*1754, †1793, Kg. 1774–1792), der politisch zu unerfahren ist und seine Regierung mit einer Geste der Versöhnung beginnen will, nimmt die Reformen zurück. Frankreich steuert nun bis 1789 weiter in die Finanzmisere.

Verschärft wird die innere Lage durch die Wirtschaftskrise der 1780er Jahre. Es kommt wegen der Ernteausfälle 1784/85 und 1788/89 zu Ernährungskrisen. Angesichts der Bevölkerungsvermehrung seit dem frühen 18. Jh. wirkt sie sich besonders negativ aus. 1790 sind rund 16 % der Bevölkerung Bettler und Vagabunden. Zwischen 1785 und 1789 klettern die Preise bei einer Lohnsteigerung von nur 22 % im Vergleich zu 1740 um 65 %. Verschärfend tritt hinzu, dass der Handelsvertrag mit Großbritannien von 1787, der eine Liberalisierung des Warenaustauschs vorsieht, zur Aufgabe der staatlichen Getreidemagazine geführt hat, man also von oben her den Preisanstieg nicht bremsen kann. Zudem stagniert seit 1770 der Weinpreis, was die Winzer in

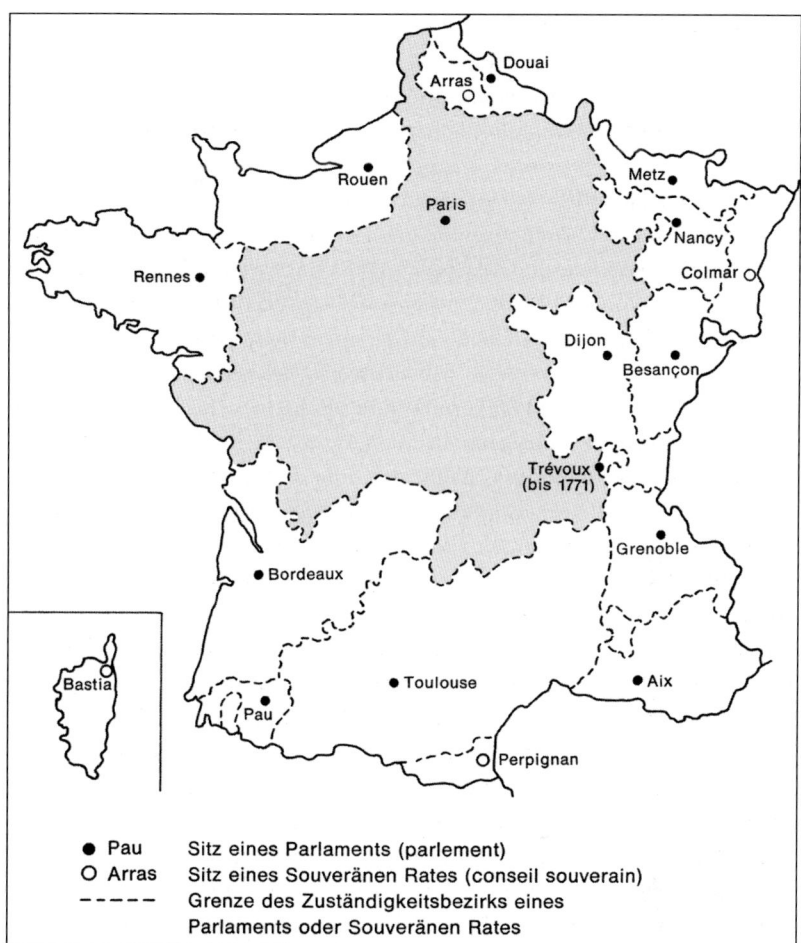

● Pau   Sitz eines Parlaments (parlement)
○ Arras   Sitz eines Souveränen Rates (conseil souverain)
– – – –   Grenze des Zuständigkeitsbezirks eines
              Parlaments oder Souveränen Rates

Karte 25: **Die Parlements im Frankreich des 18. Jhs. und ihre Zuständigkeitsbezirke.**

Not bringt. Die Nachfrage nach gewerblichen Gütern sinkt, hohe Arbeitslosigkeit in den Städten ist die Folge, dies wiederum schlägt auf den ländlichen Nebenerwerb (Verlagsarbeit) durch und steigert das Elend in den Dörfern.

Hier haben die gesellschaftlichen Spannungen inzwischen eine neue Dimension erhalten, weniger wegen der „Feudallasten" an sich als wegen der Verpachtung vieler Großgüter an reiche bürgerliche „Agrarunternehmer", die neue Bewirtschaftungsformen einführen, jedoch weiterhin die bäuerlichen Abgaben und Arbeitsleistungen einfordern. Der Adel, zum Teil selbst von Verarmung bedroht, pocht auf seine Privilegien (z. B. im Steuerwesen). Dies tun auch die neu Geadelten aus dem Bürgertum; soweit sie Richterstellen in den *Parlements* gekauft haben, lehnen sie jedwede zusätzliche Besteuerung der von Steuern befreiten Schichten ab. Im *Parlement* von Paris führt das immer öfter zum Verweigern der Registrierung königlicher Steuergesetze. Die Opposition stellt den König in der Öffentlichkeit als Despoten hin, was von den „aufgeklärten" Intellektuellen auch lange geglaubt wird. Die Staatskassen werden zusätzlich durch die Teilnahme Frankreichs am amerikanischen Unabhängigkeitskrieg (s. u., S. 232) belastet, zumal diese mit dem Aufbau einer neuen Kriegsflotte einher geht. 1788/89 ist der Staat faktisch bankrott. Der König sieht keinen Ausweg als die Legitimation neuer Abgaben durch eine Generalständeversammlung (die seit 1614 nicht mehr getagt hat). Diese wird im Spätjahr 1788 für Anfang Mai des kommenden Jahres einberufen. Die „Revolution" von 1789 kann ihren Lauf nehmen.

3 Die Britischen Inseln 1760–1793

Großbritannien nimmt im 18. Jh. einen beispiellosen ökonomischen Aufschwung, der auch in der Bevölkerungsentwicklung seinen Niederschlag findet. Die Britischen Inseln zählen um 1700 rund 9 Mio. Einwohner, 1760 sind es über 15 Mio. In England und Irland liegt das Bevölkerungswachstum damit über dem europäischen Durchschnitt. Damit einher geht allerdings eine starke Verelendung, da die arme Bevölkerung auf dem Land durch die *poor law acts* seit der Regierung Elisabeths gewissermaßen kaserniert wird. Wer dennoch in die Stadt entweichen kann, findet erst im Zuge der im späten 18. Jh. einsetzenden Industrialisierung Arbeit und kann sich Aufstiegschancen eröffnen. Die billige Arbeitskraft ist (neben dem aus dem Handel gewonnenen Kapital und der Tatsache, dass die britischen Inseln über die erforderlichen Bodenschätze verfügen) eine der Voraussetzungen

Frankreich auf dem Weg in die Krise: Bevölkerungs-, Getreidepreis- und allgemeine Preisentwicklung zwischen 1700 und 1790 (Index: 1700 = 100)

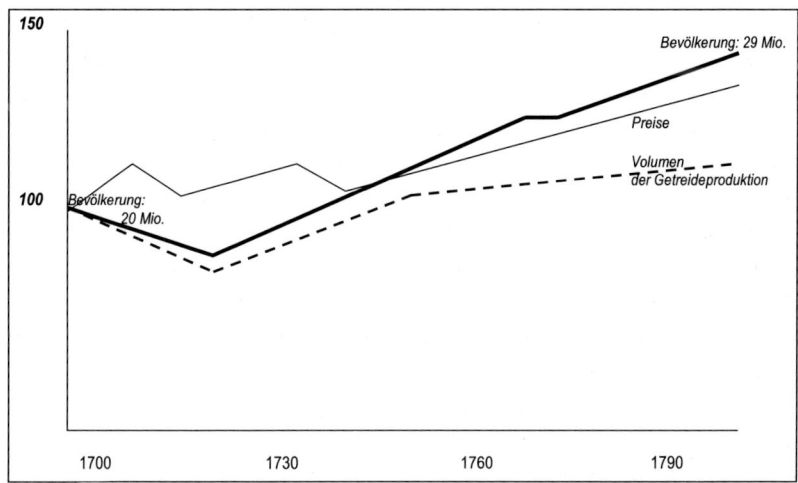

Die (grob schematische) Darstellung zeigt, dass das Volumen der Getreideproduktion mit der Bevölkerungsentwicklung nicht Schritt hält und dass in der zweiten Jahrhunderthälfte die allgemeine Preisentwicklung schließlich weit darüber liegt.

Nach: Wolfgang Mager, Frankreich vom Ancien Régime zur Moderne, 1630–1830, Stuttgart: Kohlhammer 1980, S. 52

dafür, dass hier die „Industrialisierung" zuerst einsetzt. Die jetzt mit Hilfe von rationaler Arbeitsteilung und Einsatz von Maschinenkraft immer mehr gesteigerte Warenherstellung (zunächst vor allem von Textilien) macht die Produkte billiger und die britische Konkurrenz auf den Märkten in Europa und auswärts übermächtig.

Die Außenpolitik versucht, diese Vormachtstellung zu halten. Dies zieht Kriege mit den übrigen europäischen Kolonialmächten nach sich. Der heftigste wird zwischen 1756 und 1763 um die französischen Besitzungen in Nordamerika und Indien geführt. Die Briten gehen daraus zwar als Sieger hervor, doch aus dem *French and Indian War*, wie er in Amerika genannt wird, ergeben sich Spannungen mit den Siedlern in Nordamerika. London will, dass sie sich an den Kriegskosten beteiligen, doch sie verweigern das, weil sie nicht im britischen Parlament vertreten sind (*no taxation without representation*). Zudem geht es um das indianische Hinterland, über das sie frei verfügen wollen, was man in London aber wegen möglicher Konflikte ablehnt. Schließlich klagen die Kaufleute in den großen Hafenstädten, vor allem in New York, darüber, dass sie mit den spanischen Kolonien nicht freien Handel treiben dürfen und dieser auch nicht mit dem Mutterland erlaubt ist. Mitte Dezember 1773 kommt es daher zur *Boston Tea Party*, als Bürger der Hafenstadt, als Indianer verkleidet, die Teeladung eines Schiffs der Ostindischen Kompanie ins Meer werfen und damit vernichten.

Die Streitigkeiten spitzen sich dermaßen zu, dass die Siedlerkolonien am 4. Juli 1776 auf einem gemeinsamen Kongress eine Unabhängigkeitserklärung verabschieden und sich gegen die britische Krone empören. 1778/79 gelingt es, Frankreich als Bundesgenossen zu gewinnen. Auch Spanien tritt in den Krieg gegen Großbritannien ein. Die Flotten beider Mächte entscheiden den Krieg zwischen den neuen „Vereinigten Staaten von Amerika" (USA) und der britischen Krone. Im Frieden von Paris vom September 1783 (gleichzeitig mit Frankreich und Spanien in Versailles) erkennt London die Unabhängigkeit der USA an, Kanada bleibt aber britisch. Ein Jahr später erhalten die USA auch die Verfügung über das Hinterland bis zum Mississippi. Der unglückliche Verlauf des nordamerikanischen Unabhängigkeitskrieges hat in Großbritannien einschneidende innenpolitische Konsequenzen.

Als 1760 der junge König Georg III. (*1738, †1820) an die Regierung gekommen ist, hat er den Entschluss gefasst, das Patronage-System der Whigs zu brechen. Er baut seinerseits ein solches System auf, das aber über den Parteien stehen soll, sieht er sich doch als *patriot king above all factions.*

Abb. 47: Unterzeichnung der Unabhängigkeitserklärung der dreizehn nordamerikanischen Staaten in Philadelphia am 4. Juli 1776. (Gemälde von John Trumbull [*1756, †1835])
Thomas Jefferson legt das Dokument dem Präsidenten des Kongresses der dreizehn britischen Kolonien, die sich vom Mutterland lossagen, John Hancock, vor; rechts neben Jefferson steht Benjamin Franklin, der anschließend als Botschafter des neuen Staatswesens nach Versailles geht und dessen Bündnis mit Frankreich zustande bringt.

Abb. 48: Titel der deutschen Übersetzung der Unabhängigkeitserklärung im „Pennsylvanischen Staatsboten" vom 9. Juli 1776

1776. Dienstags, den 9 July.   Henrich Millers   813 Stück.

Pennsylvanischer Staatsbote.

Diese Zeitung kommt alle Wochen zweymal heraus, näml. Dienstags und Freytags, für Sechs Schillinge des Jahrs.

N.B. All ADVERTISEMENTS to be inserted in this Paper, or printed single by HENRY MILLER, Publisher hereof, are by him translated gratis.

Im Congreß, den 4ten July, 1776.

Eine Erklärung

durch die Repräsentanten der

Vereinigten Staaten von America,

im General-Congreß versammlet.

Wenn es im Lauf menschlicher Begebenheiten für ein Volk nöthig wird die Politischen Bande, wodurch es mit einem andern verknüpft gewesen, zu trennen, und unter den Mächten der Erden eine abgesonderte und gleiche Stelle einzunehmen, wozu selbiges die Gesetze der Natur und des Gottes der Natur berechtigen, so erfordert Anstand und Achtung für die Meinungen des menschlichen Geschlechts, daß es die Ursachen anzeige, wodurch es zur Trennung getrieben wird.

Wir halten diese Wahrheiten für ausgemacht, daß alle Menschen gleich erschaffen worden, daß sie von ihrem Schöpfer mit gewissen unveräusserlichen Rechten begabt worden, worunter sind Leben, Freyheit und das Bestreben nach Glückseligkeit. Daß zur Versicherung dieser Rechte Regierungen unter den Menschen eingeführt worden sind, welche ihre gerechte Gewalt von der Einwilligung derer, die regiert werden, herleiten; daß sobald einige Regierungsform diesen Endzwecken verderblich wird, es das Recht des Volks ist sie zu verändern oder abzuschaffen, und eine neue Regierung einzusetzen, die auf solche Grundsätze gegründet, und deren Macht und Gewalt solchergestalt gebildet wird, als ihnen zur Erhaltung ihrer Sicherheit und Glückseligkeit am schicklichsten zu seyn dünket. Zwar gebietet Klugheit, daß man langst eingeführte Regierungen nicht um leichter und vergäng-

Er hat Gesetzgebende Körper an ungewöhnlichen, unbequemen und von der Niederlage ihrer öffentlichen Archiven entfernten Plätzen zusammen berufen, zu dem einzigen Zweck, um sie so lange zu plagen, bis sie sich zu seinen Maasregeln bequemen würden.

Er hat die Häuser der Repräsentanten zu wiederholten malen aufgehoben, dafür, daß sie mit männlicher Standhaftigkeit seinen gewaltsamen Eingriffen auf die Rechten des Volks widerstanden haben.

Er hat, nach solchen Aufhebungen, sich eine lange Zeit widersetzt, daß andere erwählet werden sollten; wodurch die Gesetzgebende Gewalt, die keiner Vernichtung fähig ist, dem Volk überhaupt wiederum zur Ausübung zurück gekehret ist; mittlerweile der Staat allen äusserlichen Gefahren und inneren Zerrüttungen unterworfen blieb.

Er hat sich bemühet die Bevölkerung dieser Staaten zu verhindern; zu dem Zweck hat er die Gesetze zur Naturalisation der Ausländer gehindert; andere, zur Beförderung ihrer Auswanderung hieher, hat er sich geweigert heraus zu geben, und hat die Bedingungen für neue Anweisungen von Ländereyen erhöhet.

Er ist der Verwaltung der Gerechtigkeit verhinderlich gewesen, indem er seine Einstimmung zu Gesetzen versaget hat, um Gerichtliche Gewalt einzuführen.

Dabei wird er unterstützt von seinem (zu den *Whigs* gehörenden) Premierminister Frederick North, Earl of Guilford (★1732, †1792), der zwischen 1770 und 1782 amtiert. Dieser letzte Selbstregierungsversuch eines englischen/britischen Königs scheitert allerdings, obwohl Georg III. letztlich das bestehende System des *King in Parliament* nicht beseitigen, sondern nur die Stellung des Königs darin stärken will. Zu diesem Scheitern trägt die Niederlage im Krieg gegen die Amerikaner erheblich bei.

Gegen die Politik des Königs formieren sich vor allem die Finanz- und Kaufmannskreise in London, die von der Öffentlichkeit unterstützt werden. Symptomatisch für die Auseinandersetzungen um die Verfassung ist die sog. Wilkes-Affäre. John Wilkes (★1727, †1797), ein Kaufmann und seit 1757 im Unterhaus, greift 1763 in seiner Zeitung „North Briton" König und Regierung scharf an und wird vom Oberhaus unter dem Vorwand einer früheren, als „unsittlich" hingestellten Veröffentlichung unter Anklage gestellt. Er flieht 1764 nach Frankreich und wird aus dem Unterhaus ausgestoßen. 1768 kehrt er aus dem Exil zurück und wird erneut gewählt. Vom Gericht des Königs (*King's Bench*) zu einer Haft- und Geldstrafe verurteilt, wird er wiederum aus dem Unterhaus ausgeschlossen, 1769 aber erneut hineingewählt. Hierbei gibt es heftige Demonstrationen unter dem Schlagwort „Wilkes or Liberty". Er setzt sich politisch durch und wird 1774 sogar *Lord Mayor* (Bürgermeister) von London.

Sozialrevolutionäre Züge tragen die „Gordon-Riots" von 1780: Lord George Gordon (★1751, †1793), Führer der *Protestant Association*, die sich gegen Erleichterungen für die Katholiken wendet, zettelt Unruhen an, die sich gegen Gefängnisse, aber auch gegen Einrichtungen wie die Bank von England richten. Sie verweisen auf das Massenelend, stärken aber auch die Abneigung der herrschenden Kreise gegen Reformen. – Ausdruck der heftigen politischen Opposition gegen den König, der ab 1788 Anzeichen einer Gehirnkrankheit zeigt, die ihn schließlich regierungsunfähig macht, sind auch die Reden und Schriften von Edmund Burke (★1729, †1797), der viel Verständnis für das Anliegen der Amerikaner zeigt. Er liefert in diesem Zusammenhang zwar eine theoretische Begründung des parlamentarischen Verfassungssystems, verurteilt jedoch 1790 harsch die Veränderungen in Frankreich (*Reflections on the Revolution in France*).

Im April 1783 kann der gemäßigte Tory William Pitt d.J. (★1759, †1806) als Premierminister eine neue Form des zwar königs-, aber auch verfassungstreuen „Toryismus" begründen und North ablösen. 1784 erhält er bei den anstehenden Wahlen die Mehrheit für seine Linie. Hierbei kommt erstmalig

Abb. 49: **Adliges Landleben in England um 1750. (Ausschnitt aus einem Gemälde von Thomas Gainsborough (*1727, †1788))**

Abb. 50: **Soziale Verwahrlosung in London um 1750. William Hogarth (*1697, †1764): Gin Lane (1751).**

und öffentlich ausgedrückt der Einklang zwischen Königtum, Kabinett und Wählerschaft zum Ausdruck. Der König übt sich in Zurückhaltung, das Parlament besteht bis 1795. Pitt plant politische Reformen (Verwaltung, Wahlsystem), die aber wegen des Kriegsausbruchs gegen Frankreich im Februar 1793 nicht durchgeführt werden können.

4 Die Republik der Niederlande 1749–1795

Mit der Schaffung des Erbstatthalteramts 1749 ist die Hoffnung der Kreise verknüpft, die in Opposition zum „Regentenpatriziat" stehen, dass künftig die bestehenden Herrschaftsstrukturen aufgebrochen und auch die mittleren Schichten am politischen Leben beteiligt werden können. Diese Hoffnungen erfüllen sich indes nicht, da das „Haus Oranien" dem Schlachtruf bei der Einführung der Erbstatthalterschaft *Oranje en vrijheid* („Oranien und Freiheit") nicht entspricht, weder der bereits 1751 verstorbene Wilhelm IV., noch der als Kind in diese Würde eingerückte und bis 1766 von seinen Ratgebern abhängige Wilhelm V. (*1748, †1806). Denn beiden erscheint es als opportun, weiterhin mit den alten Eliten, den „Regenten", zusammenzuarbeiten, die über fast das gesamte ökonomische Potenzial verfügen.

Als die Briten im amerikanischen Unabhängigkeitskrieg den Seehandel der neutralen Mächte von und nach Nordamerika unterbinden, bildet sich 1780 zur Aufrechterhaltung der neutralen Handelsschifffahrt eine Koalition zwischen Russland, Schweden und Dänemark, der 1783 die Niederlande, Preußen, Österreich und das Königreich beider Sizilien beitreten. Dies führt zum vierten Englisch-Niederländischen Seekrieg (1780–1784), in dem die Republik gegenüber den Briten das Nachsehen hat und ihre Stellung als wichtige Seemacht einbüßt.

Die Enttäuschung über die verfehlte Innen- und Außenpolitik des Erbstatthalters entlädt sich nach dem verlorenen Seekrieg in der sog. Patriotenbewegung. Die „Patrioten" sind hauptsächlich in den Mittelschichten verankerte Intellektuelle, die stark von der französischen Aufklärung beeinflusst sind und auf Reformen, d. h. auf Abschaffung der politischen Privilegien für das Regentenpatriziat, dringen. 1785 ergreifen sie erst in der Provinz Utrecht, dann in Holland die Macht und breiten sich weiter aus. Es gibt aber bald eine Spaltung zwischen denen, die das Regentenregime nur abmildern, also den Kreis der Privilegierten erweitern wollen (Regentenpatrioten), und den Radikalen, die demokratische Verhältnisse anstreben.

Abb. 51: **September 1787: Preußische Interventionstruppen beschießen eine niederländische Stadt.**
(Lavierte Zeichnung eines Zeitgenossen)

Im Juni 1787 gerät die Frau des Erbstatthalters, die Schwester König Friedrich Wilhelms II. von Preußen, kurz in den Gewahrsam einer Gruppe bewaffneter Patrioten. Ihre Behandlung erzürnt den König dermaßen, dass er – mit britischer Rückendeckung, da man in London keine einschneidende Veränderung der Verhältnisse in der Republik wünscht – Truppen nach den Niederlanden schickt. Sie marschieren im Herbst 1787 dort ein, ohne Widerstand zu finden, und stellen alte Verhältnisse wieder her. Dies wird im Juni 1788 von den Amtsträgern der Republik feierlich beschworen. Die Republik ist damit endgültig zum Satelliten Londons geworden. Die Patrioten, die nicht damit einverstanden sind, entweichen nach Frankreich. Nach der Hinrichtung des Königs dort erklärt die Republik im Februar 1793 gemeinsam mit Großbritannien Frankreich den Krieg. Ende 1794 dringt ein französisches Heer über die gefrorenen Wasserflächen ins Landesinnere vor. Der Erbstatthalter flieht am 18. Januar nach London. Die Republik schließt Mitte Mai 1785 mit der Französischen Republik Frieden und wird als „Batavische Republik" zur ersten „Schwesterrepublik" (*république sœur*) Frankreichs.

5 Die Iberische Halbinsel und Italien 1759–1796

Während des Siebenjährigen Krieges (1756–1763) kämpft *Spanien* gemeinsam mit Frankreich und Österreich gegen Großbritannien. 1778 ist man erneut im Bündnis mit Frankreich im nordamerikanischen Unabhängigkeitskrieg. Das französisch-spanische Flottenübergewicht ist für die britische Niederlage in diesem Krieg mit entscheidend. Die Belagerung von Gibraltar 1779–1782 bleibt zwar erfolglos, 1783 erhält Spanien jedoch die im Erbfolgekrieg 1701–1713 verlorene Insel Menorca sowie die 1763 verlorene Halbinsel Florida von Großbritannien zurück. Ergebnis dieser Politik ist allerdings eine weitere Schwächung der königlichen Finanzen.

Spanien wird ab 1759, seit Beginn der Regierung Karls III., der zuvor König von Neapel-Sizilien gewesen ist (s. o., S. 208), von der Aufklärung erfasst, deren Ideen sich das Land – wenn auch verhalten – zu öffnen beginnt. Zur Debatte stehen Maßnahmen zur Überwindung der Ständegesellschaft, Fragen der religiösen Toleranz und der Gedankenfreiheit sowie Verwaltungs-, Rechts- und Wirtschaftsreformen. Allerdings sind die Resultate – angesichts des Beharrens von Kirche und Adel auf ihren Privilegien – gering. Auch gibt es keine tiefgreifenden staatlichen Reformen, durch die das Land wieder zu seiner alten Stärke finden könnte. Allerdings wird gegen-

Abb. 52: Der „König der Aufklärung" in Spanien: Karl III. Das Bildnis eines unbekannten Künstlers zeigt den Herrscher, einen leidenschaftlichen Jäger, in der entsprechenden Kleidung.

über der Kirche die Prärogative des Königs durchgesetzt und 1767 der Jesuitenorden (den der Papst 1773 gänzlich aufhebt) des Landes verwiesen. In den Kolonien wird die Verwaltung zwar gleichfalls reformiert, da aber das Verwaltungspersonal ausschließlich aus dem Mutterland kommt, entfremdet sich dieses langsam den überseeischen Gebieten, wo eine zunehmend reichere „kreolische" Elite zwar die Wirtschaft dominiert, aber in den Verwaltungsangelegenheiten keine Mitbestimmung ausübt. Es gelingt daher nicht, ein dem Mutterland und den Kolonien gemeinsames Nationalbewusstsein herzustellen.

Unter der Regierung von Karls III. Nachfolger, Karl IV. (* 1748, † 1819, Kg. 1788–1808), kommt die Reformtätigkeit gänzlich zum Stillstand. Spanien wird in die Auseinandersetzungen zwischen dem nördlichen Nachbarland und dem übrigen Europa – 1793/95 als Gegner, danach als Verbündeter des revolutionären Frankreich – hineingezogen und unter Napoleon, der 1808 seinen Bruder Joseph zum neuen König bestimmt, schließlich zum Satellitenstaat des *Grand Empire*.

Für *Italien* spielt das *Renversement des alliances* von 1756 eine wichtige Rolle: Die neue Achse der großen katholischen Mächte Österreich, Frankreich und Spanien sichert den Territorialbestand und damit den Frieden auf der Apenninenhalbinsel. Dies führt zu einer Blüte der italienischen Wirtschaft und Kultur, die bis zu den Revolutionskriegen (Einmarsch der Franzosen unter Napoleon Bonaparte 1796) anhält. Neben dem Königreich beider Sizilien wird besonders die Toskana von den Aufklärungsideen erfasst, vor allem unter der Regierung des Großherzogs Peter Leopold (* 1747, † 1792; Ghz. bis 1790, dann Ks. Leopold II.).

6 Skandinavien, Polen und der Ostseeraum 1751–1795

Seit Mitte der 1760er Jahre im Fahrwasser der russischen Außenpolitik, kann sich *Schweden* 1772, als das Zarenreich durch das Vorgehen gegen Polen abgelenkt ist (s. u.) von der Gängelei durch Petersburg befreien. Im August 1772 kommt es zum Staatsstreich des neuen Königs Gustav III. (* 1746, † 1792; Kg. seit 1771), der die absolute Gewalt des Königtums wiederherstellt. Er ist zwar bereit, mit dem Reichstag zusammenzuarbeiten, schränkt aber dessen Versammlungsfreiheit ein. Im Adel gibt es wegen der steigenden Zurücksetzung dieser Gruppe immer mehr Unzufriedenheit. 1792 fällt der König einer Adelsverschwörung zum Opfer.

Karte 26: **Italien im späten 18. Jahrhundert.**

Außenpolitisch verfolgt Gustav III. die Linie der „Hüte" und greift 1788/90 Russland an, das mit Österreich Krieg gegen das Osmanische Reich führt. Angriffe auf die ehemals schwedischen Gebiete im Baltikum von Finnland aus bleiben jedoch erfolglos, ja es gibt sogar in Finnland eine Verschwörung, deren Ziel der Anschluss an das Zarenreich ist. Durch britische Vermittlung wird der Krieg beendet, ohne dass Schweden Gebietsverluste erleidet.

Sozialgeschichtlich gesehen ist die „Mützenzeit" für Schweden dennoch bedeutsam, weil sich zwischen den bürgerlichen Aufsteigern (Unternehmern, Intellektuellen) und Teilen des Adels ein Standesausgleich (durch Heiratsverbindungen u. ä.) vollzieht und eine Mittelschicht entsteht, deren Mitglieder sich als „nichtadlige Standespersonen" bezeichnen. Der Zahl nach überflügelt diese gesellschaftliche Gruppe den bisher tonangebenden Standesadel bald erheblich. Ebenso wächst ihre ökonomische Bedeutung. Zugleich wird der Bauernstand durch Überlassung von Krongütern und durch Neulandgewinnung gestärkt; die landwirtschaftliche Nutzfläche steigt im späten 18. Jh. von rund einem Drittel auf etwa die Hälfte des bebaubaren Landes. Außerdem profitiert Schweden mit seinen Erzvorkommen vom europa- wie weltweit steigenden Bedarf an Eisen (1750 umfasst die schwedische Förderung rund 40% der Welterzeugung). Schweden tritt so in die turbulente Zeit nach 1789 mit ihren ganz neuen Herausforderungen unter relativ günstigen sozialen wie ökonomischen Voraussetzungen ein.

Dänemark erfreut sich seit 1720 einer langen Friedensperiode. Das außenpolitische Hauptproblem, das Verhältnis des Königshauses (Oldenburg) zur Nebenlinie Holstein-Gottorp, wird 1773 zwischen Russland und Dänemark durch den Gottorpschen Erbausgleich geregelt (s. o., S. 216). Das 18. Jh. steht im Zeichen schwacher Könige, dafür aber starker leitender Minister. Sie kommen vielfach aus dem Reich, wie überhaupt von dort aus sich starke Einflüsse auf die dänische Aufklärung bemerkbar machen. Der aus dem Kurfürstentum Hannover stammende Graf Hartwig Ernst Bernstorff (* 1712, † 1772) leitet die Politik zwischen 1751 und 1770. Danach folgt eine Phase wichtiger, aber teilweise überstürzter Reformen unter dem zuerst als Leibarzt des Königspaars tätigen, dann zum leitenden Minister aufsteigenden Johann Friedrich Struensee (* 1737, † 1772). Struensee, der mit der Königin ein Liebesverhältnis hat, wird 1771 geadelt, fällt aber im Jahr darauf einer Hofintrige zum Opfer, wird abgeurteilt und hingerichtet. Nach einer konservativen Reaktion auf die Reformen werden diese zwischen 1784 und 1797 unter dem Neffen des älteren Bernstorff, Graf Andreas Peter B. (* 1735, † 1797)

Abb. 53a/53b: **Zwei leitende Staatsmänner im dänischen Königsdienst: Graf Hartwig Ernst Bernstorff und Johann Friedrich Struensee.**

zu einem für die damalige Zeit bemerkenswerten Abschluss gebracht: Das Strafrecht wird modernisiert, Rechtsgleichheit eingeführt, und es werden die Bauern sowie der Handel begünstigt. Vor allem das dänische Bauerntum wird jetzt mehr und mehr auf eine neue rechtliche Stufe gestellt (Aufhebung der Schollenbindung, Möglichkeit der Umwandlung von grundherrlichen Rechten in Pacht- bzw. Eigentumsverhältnisse, Ablösung der grundherrlichen Rechte, vor allem der Frondienste). Dies alles trägt zur Entschärfung der sozialen Probleme innerhalb der Ständegesellschaft bei. Dänemark ist Ende des 18. Jhs. (neben der Toskana) das „modernste" und „aufgeklärteste" Land in Europa, so dass es von den von Frankreich ab 1789 ausgehenden revolutionären Strömungen nicht erfasst wird.

Polen ist bis 1772 (nach Russland) mit über 700 000 km² das flächenmäßig größte Land in Europa. Die Adelsrepublik mit ihrem auf Lebenszeit gewählten König ist multinational geprägt. Nur wenige Adlige verfügen allerdings über Grundbesitz, die Magnaten jedoch oft über sehr ausgedehnte, mit den Territorien mancher kleinerer Fürsten im Reich vergleichbare Güter. Die Magnaten, aus deren Kreis seit der zweiten Hälfte des 17. Jhs. die meisten Könige stammen, sind besonders standesbewusst. Das Hauptproblem, warum die Modernisierung des Landes nicht in Gang kommt, besteht darin, dass es abgesehen von den großen Hafenstädten kaum ein Bürgertum gibt. Deshalb hat sich keine eigenständige bürgerliche Kultur entwickeln können. Während die Nachbarstaaten durch Stärkung ihrer Zentralgewalt und durch Zusammenwirken bürgerlich geprägter Beamteneliten mit den Landesherren eine effizientere Staatsgewalt entwickeln, gerät Polen mit der Überbetonung der Adelsfreiheit ins Hintertreffen. Sie drückt sich nach wie vor – und in für politische Entscheidungsprozesse verhängnisvoller Weise – in der Regel des *Liberum veto* aus, das erst nach 1772 beseitigt werden kann. Oppositionelle Adlige werden im Laufe des 18. Jhs. immer öfter von außen – vor allem von russischer Seite (wobei mit Hilfe der bei der orthodoxen Kirche Gebliebenen die religiöse Karte gespielt wird) – instrumentalisiert, um das Staatswesen zu lähmen.

Neben dem *Liberum veto* schaden vor allem – ebenfalls meist von Russland gesteuerte – Adelskonföderationen dem Land, durch die das Wirken der Zentrale ausgehebelt wird. 1764 erzwingt Zarin Katharina II. die Wahl eines ihrer früheren Favoriten, Stanisław Poniatowski, zum König (Stanisław II., * 1732, † 1798, Kg. 1764–1795). Er setzt im April 1768 ein Toleranzedikt zugunsten der orthodoxen Christen im Reichstag durch. Darauf bildet sich zur Verteidigung der katholischen Glaubenseinheit in Podolien die „Konfö-

Abb. 54: **Die Teilung Polens im August 1772.** (Kupferstich des aus Schweden stammenden und an verschiedenen Fürstenhöfen des Reiches tätigen Künstlers Johann Esaias Nilson (* 1721, † 1788)). Die russische Zarin (l.), Kaiser Joseph II. als Vertreter seiner Mutter, der Landesherrin des Habsburgerreichs (2. v. r.) und der preußische König zeigen auf die zwischen ihnen ausgebreitete Karte von Polen und deuten auf die Gebiete, die sie beanspruchen. Zwischen der Zarin und dem Kaiser steht resigniert König Stanisław II. und ruft mit der Rechten den Himmel zum Zeugen über das ihm angetane Unrecht an. Oben aber fliegt ein Trompete blasender Engel, unter dem auf wehenden Fahnen die Namen der Fürsten verzeichnet sind, die Anspruch auf polnisches Gebiet erheben. In einer polnischen Version dieser „Karikatur" streift der König von Polen schier verzweifelnd seine Krone vom Haupt.

deration von Bar". Gegen sie intervenieren russische Truppen und drängen die Verbände der Konföderation südwärts in den Machtbereich der Osmanen ab. Da dies eine Machtstärkung des Zarenreiches an der Nordgrenze des Osmanischen Reiches bedeutet, kommt es im Herbst 1768 zur Kriegserklärung der Pforte an die Zarin. In den folgenden Krieg (der erst im Juli 1774 beendet wird) sieht sich Polen, ohne es zu wollen, hineingezogen. Während der Kriegshandlungen sichern Preußen und Österreich ihre Grenzregionen ab, wobei Österreich kurzerhand die seit 1412 an Polen verpfändete ungarische Grafschaft Zips annektiert; Preußen seinerseits besetzt das zwischen Pommern und (Ost-)Preußen gelegene „königlich preußische" Gebiet sowie Großpolen (d. h. das Gebiet um Posen).

In Berlin befürchtet man angesichts der zugespitzten Lage eine russisch-österreichische Konfrontation, die – weil Preußen sich inzwischen enger an Russland anlehnt – den eigenen Staat in einen Krieg hineinziehen könnte. Um dies zu vermeiden und die beiden Mächte ruhig zu stellen, schlägt König Friedrich II. eine territoriale Arrondierung aller drei auf Kosten Polens vor. Sie wird im August 1772 zwischen Preußen, Russland und Österreich vereinbart (Erste Polnische Teilung): Österreich erhält Galizien, Preußen „Westpreußen" (ohne die Städte Danzig und Thorn), Russland Landstriche östlich des Bugs und des Dnjepr-Unterlaufs. Polen umfasst jetzt nur noch eine Fläche von 500 000 km² mit 7 statt zuvor 11 Mio. Einwohnern. Schmerzlich sind vor allem die Verluste im Süden sowie an der Weichselmündung. Der Staat bleibt aber lebensfähig, und vor allem wird jetzt die Notwendigkeit von Reformen allgemein bejaht.

Sie bestehen in:

1) der Abschaffung des *Liberum veto*,
2) der Einrichtung von Ressortministerien (Regierungskollegium mit fünf Verwaltungsdepartements),
3) der Verbesserung des Steuerwesens,
4) der Modernisierung des Heeres nach preußischem Vorbild,
5) der Verbesserung der Stellung der königlichen Städte sowie
6) ersten Anläufen zur Änderung der Lage der Bauern.

1773 wird der Jesuitenorden (wie auch sonst in Europa) verboten, was der Modernisierung des Kirchenlebens dienen soll, zugleich geht man an die Neuordnung des Bildungswesens und an eine Reform der Universitäten Krakau und Wilna. Die Neuerungen stoßen vor allem in St. Petersburg auf Misstrauen, denn man will sich Polen als Vasallen erhalten.

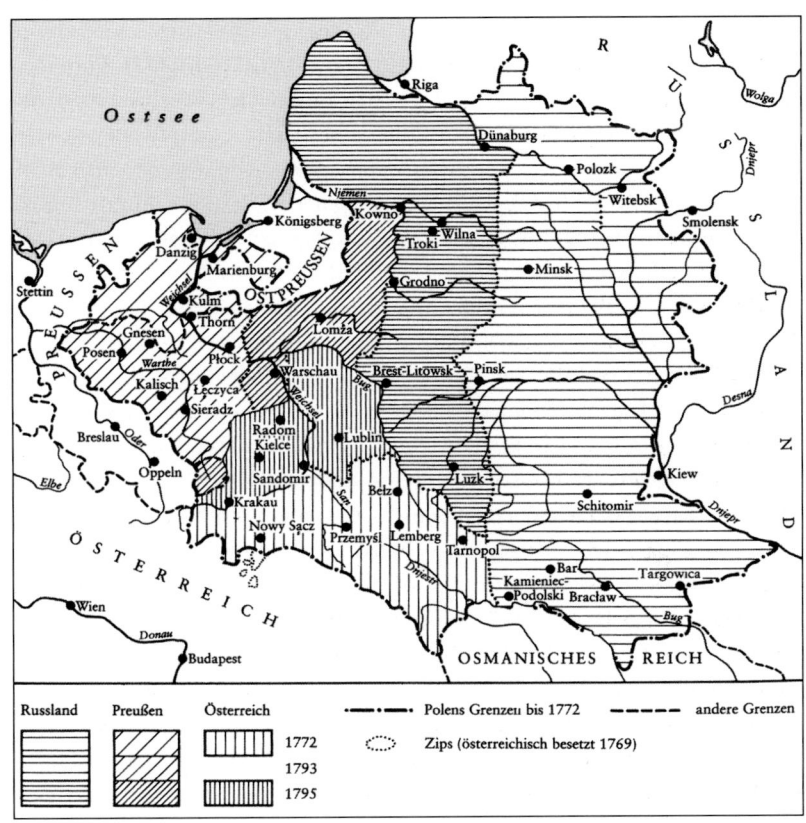

Karte 27: **Die Teilungen Polens 1772, 1793 und 1795.**

Den Höhepunkt der Reformen bildet der „Große" oder „Vierjährige Reichstag" (poln. *Sejm Wielki* oder *Sejm Czteroletni*, 1788–1792). Er verabschiedet Anfang Mai 1788 eine Verfassung (die erste geschriebene moderne Verfassung in Europa überhaupt). Polen soll fortan eine parlamentarische Monarchie mit einem Erbkönigtum sein, das man dem sächsischen Kurfürstenhaus anbietet. Möglich ist dieser Schritt, weil man kurzfristig zu einem Einvernehmen mit Preußen gelangt ist (das dafür gerne die wichtigen Handelsplätze Thorn und Danzig erwerben würde) und weil die Truppen Russlands wiederum durch einen Krieg mit dem Osmanischen Reich (1787–1792) gebunden sind, außerdem dadurch, dass Österreich in der Endphase der Regierung Josephs II. und in der ersten Zeit danach nicht aktionsfähig ist. Als sich die Lage durch die Beendigung des russisch-osmanischen Krieges ändert, kommen Preußen und Russland 1793 zu einer weiteren Abtrennung polnischer Gebiete überein (Zweite Teilung, Januar 1793).

Angesichts der in Berlin, Wien und St. Petersburg wachsenden Furcht vor einem möglichen Einfluss des revolutionären Frankreichs entschließen sich die drei Mächte schließlich im Oktober 1795, das noch verbliebene Gebiet des polnischen Staatswesens ganz unter sich aufzuteilen (Dritte Teilung). Polen verschwindet so für mehr als ein Jahrhundert von der politischen Landkarte Europas.

7 Russland 1762–1796

Zar Peter III. ist 1762 aus dem Bündnis mit Österreich und Frankreich ausgetreten und hat sich aus Bewunderung für den preußischen König 1762 mit diesem verbündet, was Friedrich II. vor der drohenden Niederlage gerettet hat. Dabei hat ihn auch die Hoffnung geleitet, Preußen für die Interessen des Hauses Holstein-Gottorp gegenüber dem dänischen König zu gewinnen. Seine den russischen Adel verprellende Verachtung und sein unberechenbares, bisweilen infantiles Wesen machen ihn jedoch nicht nur diesem, sondern auch seiner Frau Katharina verhasst. Es kommt bereits nach etwas mehr als sechs Monaten Anfang Juli 1762 zu einer Verschwörung gegen ihn, bei der er sein Leben verliert. Der Thron fällt an seine Frau Katharina II., eine gebürtige Prinzessin aus dem Haus Anhalt-Zerbst (* 1729, † 1796), die vierunddreißig Jahre lang regiert.

Sie gilt als Vollenderin der petrinischen Reformen. Dabei hat sie sich als ursprünglich Landfremde an die verschiedenen, jeweils am Hof einfluss-

Abb. 55: **Apotheose Katharinas II. als Schirmherrin der Künste. (Kupferstich aus den 1780er Jahren)**

reichen Adelsfamilien anzupassen (was auch die immer wieder neue Auswahl von „Günstlingen" erklärt). Ein geschickter Schachzug ist 1765 die Einberufung einer – an frühere Reichsversammlungen erinnernden – Versammlung führender Repräsentanten des Landes, die als „Gesetzgebende Kommission" ein allgemeines Gesetzbuch ausarbeiten und erörtern soll (sie tagt 1767/68). Die Diskussionen um Adelsprivilegien, die Rolle der Geistlichkeit und die Stellung der Bauern zeigen der Zarin, dass das Land in der Frage der Durchsetzung weiterer Reformen gespalten ist, dass aber auf die Vorrechte des Adels Rücksicht genommen werden muss. Reformen werden in der Folge zwar durchgeführt, aber sie sollen das Land nicht „revolutionieren". Sie gelten vor allem der Wirtschaft, um Russland bei seinen Rüstungsanstrengungen auf eigene Füße zu stellen. Im Ausland gilt Katharina als eine der bedeutenden Herrscher(innen)figuren des Aufgeklärten Absolutismus. Sie nutzt diese Reputation geschickt für ihr Image, ohne dass dieses der Realität entspricht.

Innenpolitisch gerät die Zarin durch die enormen Belastungen in Schwierigkeiten, die die Bauern für die auf dem Land angesiedelten Rüstungsbetriebe, vor allem im Uralgebiet, auf sich zu nehmen haben. 1773/74 kommt es im Süden zu einem Aufstand leibeigener Bauern, von Fabrikarbeitern und Kosaken unter der Führung des Kosakenhauptmanns Jemilyan Pugatschov, der sich als Zar Peter II. ausgibt und viel Zulauf findet; er wird 1774 gefangen genommen und 1775 hingerichtet.

Außenpolitisch ist Katharina ungemein erfolgreich. Sie beraubt Polen endgültig seiner Bedeutung im östlichen Europa, verweist schwedische Bemühungen um die Rückgewinnung der Hegemonie in der Ostsee in die Schranken und spannt sowohl Österreich als auch Preußen, in ihre Bestrebungen nach Vormachtstellung in Osteuropa ein. Vor allem gegenüber dem Osmanischen Reich entlang der Schwarzmeerküste werden bedeutende Gebietsgewinne erzielt: In den Kriegen von 1768–1774 und von 1787–1782 erwirbt Russland zuerst die Gebiete um das Asovsche Meer mitsamt der Krim, sodann die Dnjepr-Mündung und schließlich das Gebiet bis zum Dnjestr. Der Frieden von Kütschük Kainardsche vom Juli 1774 sichert dem Zarenreich außerdem die freie Schifffahrt auf dem Schwarzen Meer und auf der Donau zu, außerdem erhält Russland das Schutzrecht für die orthodoxen Christen im Osmanischen Reich. Der Frieden von Jassy (Januar 1792) bestätigt dies. Hinzu kommt der Anspruch auf Intervention in den beiden gegenüber der Hohen Pforte halbautonomen Fürstentümern Moldau und Walachei (dem späteren „Rumänien"). Russland schickt sich außerdem an, auch Mittelmeermacht zu werden. Dass dies bereits Realität ist, zeigt die

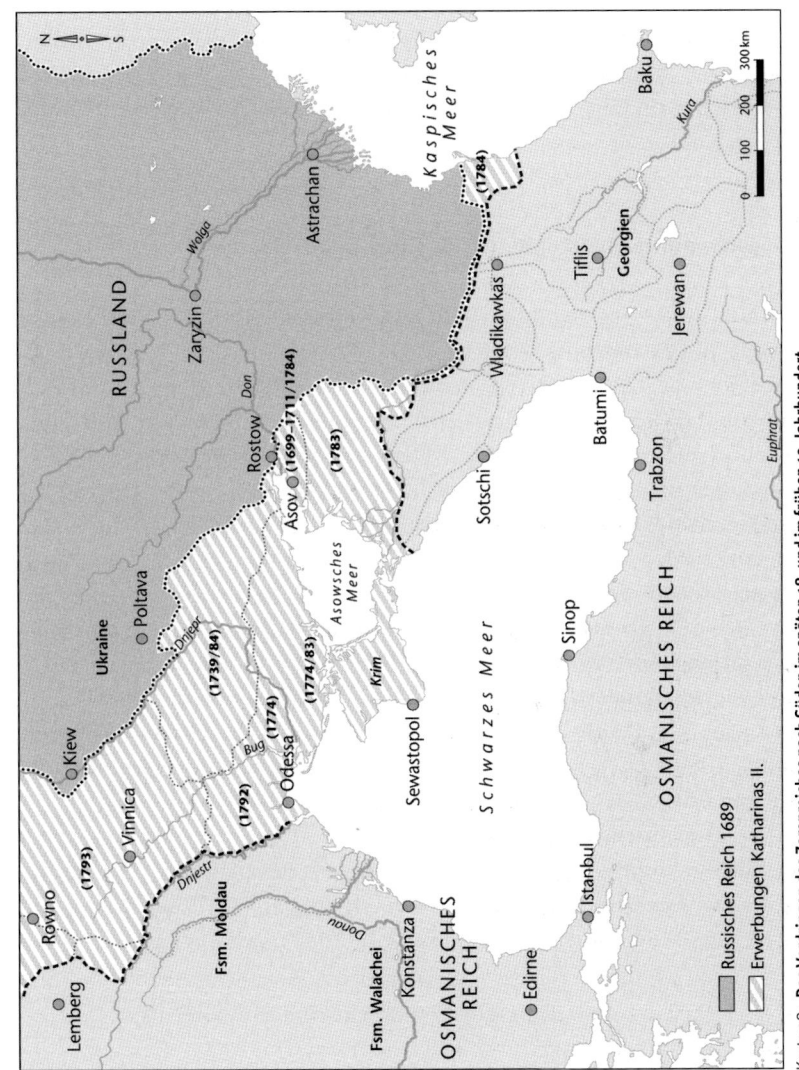

Karte 28: **Das Vordringen des Zarenreiches nach Süden im späten 18. und im frühen 19. Jahrhundert.**

■ Russisches Reich 1689

▨ Erwerbungen Katharinas II.

vernichtende Niederlage, die die osmanische Flotte durch die russische 1770 bei Tscheschme unweit der Insel Chios in der Ägäis hinnehmen muss. Der Anspruch wird unterstrichen durch die Anlage der Seefestung und Kriegshafenstadt Odessa.

Ihre erfolgreiche Herrschaft hat Katharina II. das Prädikat „die Große" eingetragen. Grundlegend verändert hat sie Russland zwar nicht, aber ohne sie wäre die ab 1796 fortdauernde Großmachtrolle des Landes in Europa schwer denkbar.

8 Das Osmanische Reich im 18. Jahrhundert

Im Laufe des 18. Jhs. stabilisiert sich das Osmanische Reich; es verliert zwar Gebiete an Österreich im Krieg von 1716/17, kann sie aber 1737/39 zurückerobern sowie 1787–1789 behaupten. Zum eigentlichen Gegner wird jetzt Russland, das nach der Seeherrschaft im Schwarzen Meer und nach einer Durchfahrmöglichkeit durch die Meerengen ins Mittelmeer strebt. Hierbei erkennt man an den europäischen Höfen langsam, dass der Bestand des Osmanischen Reiches für das Mächtegleichgewicht im östlichen Mittelmeer von entscheidender Bedeutung ist. Darüber wacht vor allem das seit langem mit der Hohen Pforte in einem guten Verhältnis stehende Frankreich, seit dem späten 18. Jh. auch Großbritannien. Russland kann zwar die nördliche Schwarzmeerküste in seine Hand bekommen, wird jedoch am weiteren Vordringen gehindert. Hier deutet sich bereits die politische Konstellation des Krimkriegs (1853–1856) an, in dem die beiden westeuropäischen Großmächte alles daran setzen werden, den „kranken Mann am Bosporus" vor weiteren russischen Übergriffen zu bewahren.

Das Osmanische Reich fällt trotz der weitgehenden Bewahrung seines Staatsgebiets immer mehr hinter die übrigen europäischen Großmächte zurück, weil es sich im Innern als reformunfähig erweist. Eine Wende hin zur inneren Modernisierung werden erst die 1840er Jahre bringen.

Schlussbetrachtung

Die Frühe Neuzeit ist für die Geschichte Europas in mehrfacher Hinsicht von Bedeutung. Sie markiert den Übergang vom „Mittelalter" zur „Moderne" in fast sämtlichen Lebensbereichen. Sie ist das Zeitalter, in dem im Zuge der Auseinandersetzung mit dem Wissen der Antike das Bild des Kosmos sich grundlegend zu ändern beginnt, die mathematischen Kenntnisse enorm erweitert werden und die neuen – voraussetzungsfreien, vernunftgeleiteten und durch Versuche erhärteten – Naturwissenschaften entstehen. Damit wird eine Entwicklung der Technik eingeleitet, die ins Zeitalter der Industrialisierung hinüberführt. Die Frühe Neuzeit ist aber auch eine Epoche heftiger religiöser Konflikte, an deren Ende – wenigstens im Prinzip – die Forderung nach wechselseitiger Toleranz Anerkennung findet. Mit der Aufklärung, die sich mit aus der humanistischen Rezeption der Antike und der Anwendung ihres Gedankenguts auf die eigene Zeit entwickelt, dringt die Idee vom Eigenwert des Menschen und seines Anspruchs auf Freiheit und Gleichheit in die Köpfe ein.

Die beginnende „Europäisierung der Welt", ausgelöst durch die Entdeckungen seit Kolumbus, scheint endlich auch eine Beglückung der übrigen Welt zu bringen, scheint die Hoffnung zu erfüllen, dass die neuen Menschenrechtsideen bald universale Anerkennung erfahren könnten. Am Ende unserer Epoche sind die geistigen Eliten fast grenzenlos optimistisch: Christoph Martin Wieland erwartet 1788 eine „wohltätige Revolution", d. h. einen Wandel der Verhältnisse, der „nicht durch wilde Empörungen und Bürgerkriege, sondern durch die sanfte, überzeugende und zuletzt unwiderstehliche Übermacht der Vernunft bewirkt werden wird; kurz, eine Revolution, ohne Europa mit Menschenblut zu überschwemmen und in Feuer und Flamme zu setzen". Er täuscht sich darin gründlich, denn Europa muss noch manche Katastrophen durchleben, ehe die Generation, die im späten 20. Jh. heranwachsen wird, wieder ähnliche Visionen entwickeln kann.

Dass es nicht so kommt wie von den Aufklärern erwartet, liegt nicht zuletzt an den politischen Verhältnissen, dem fortdauernden Konflikt unter den größeren Mächten Europas, den das System des Gleichgewichts der „Pentarchie" nur mäßigen kann, aber nicht einzudämmen vermag. Das 18. Jh. ist auch die Zeit des skrupellosen Länderraubs, ja der Austilgung eines ganzen Staatswesens: Polens, das den Territorialinteressen seiner Nachbarn ohne eigene Schuld zum Opfer fällt. Es ist die Zeit des politischen Handelns aus nacktem staatlichen Eigennutz zum Zweck des Aufstiegs in den Rang von Großmächten, wie es von Russland und Preußen praktiziert wird, zugleich aber auch die Zeit der brutalen Durchsetzung britischer Handelsinteressen wie des anhaltenden französischen Vormachtstrebens in Europa. In den Strudel dieser Politik des Eigeninteresses wird der Erdteil ab 1792 durch die Revolutionskriege und die Hegemonialpolitik Napoleons hineingezogen und herumgewirbelt, ohne nach 1815 ganz aus den Wirren zuvor herauszufinden. Die europäische Tragödie kann so im Zeitalter der Industrialisierung ihren Lauf nehmen.

Lenken wir den Blick auf den Ausgang der Frühen Neuzeit zurück, so wird klar, was am Ende des 18. Jhs. versäumt worden ist: die stetige Durchsetzung des Freiheits- und Gleichheitsgedankens, die konsequente Nutzung des reichen neuen Wissens zur Schaffung allgemein erträglicher Lebensumstände und die Schaffung eines Friedenssystems mit Mechanismen für Konfliktregelungen, wie sie vor allem zwischen 1713 und 1737 von den großen Mächten erprobt und wie sie auch von Denkern wie dem Abbé Charles-Irénée de St. Pierre (*1658, †1743) in seiner Schrift *Projet d'une paix perpétuelle* (1713) bzw. durch Immanuel Kant in seinem Traktat *Zum ewigen Frieden* (1795) dargelegt worden sind.

Die Frühe Neuzeit ist also eine Epoche gewaltiger, z.T. verheerender Konflikte und großer Verirrungen, aber zugleich ein Zeitalter des Fortschritts und der hoffnungsvollen Hinwendung zu neuen Ufern, auch wenn diese im Jahrhundert danach noch lange nicht erreicht werden.

Literaturverzeichnis

Aus der Fülle der Literatur sind einige Überblicksdarstellungen zu empfehlen, die zur Vertiefung nützlich sind und weitere Literaturangaben enthalten.

EMIG, BIRGIT: Geschichte der Frühen Neuzeit studieren [Universitäts-Taschenbücher basics – UTB 2709], Konstanz 2006 *[Einführung in das Studium der Epoche mit wertvollen Studientipps].*

VÖLKER-RASOR, ANETTE (Hg.): Frühe Neuzeit [Reihe Oldenbourg Geschichte Lehrbuch], München 2000 *[Einführung in die wichtigsten Probleme sowie in die Erforschung, die Arbeitsweise und Arbeitstechniken der frühneuzeitlichen Geschichte].*

MÜNCH, PAUL: Lebensformen in der Frühen Neuzeit, 1500–1800, [zuerst 1992, jetzt in Taschenbuchausgabe: Ullstein-Buch 26520], Berlin 1998 *[Überblick über die verschiedenen Aspekte des Alltagslebens, mit Schwerpunkt auf die Reichsgeschichte].*

VOGLER, GÜNTER: Europas Aufbruch in die Neuzeit 1500–1650 [= Handbuch der Geschichte Europas, hg. v. Peter Blickle, Bd. 5 – UTB 2385], Stuttgart 2003 *[umfassender Überblick über die europäische Geschichte mit zahlreichen Literaturangaben].*

DUCHHARDT, HEINZ: Europa am Vorabend der Moderne 1650–1800 [= Handbuch d. Gesch. Europas, hg. v. P. Blickle, Bd. 6 – UTB 2338], Stuttgart 2003 *[Fortsetzung der Darstellung von G. Vogler].*

GREYERZ, KASPAR VON: Religion und Kultur. Europa 1500–1800, Darmstadt 2000 *[knapper, aber lehrreicher Überblick].*

Wichtige Fragen werden in der noch nicht vollständig vorliegenden „Enzyklopädie der Neuzeit" (Stuttgart-Weimar: Verlag B. Metzler 2005 ff.) umfassend behandelt, die sich vor allem Strukturproblemen der Zeit zwischen dem späten Mittelalter und dem frühen 19. Jahrhundert widmet. Von den geplanten zehn Bänden liegen inzwischen fünf (mit Artikeln von „Abendland" bis „Japanhandel") vor.

Abbildungs- und Quellennachweis

Abbildungen

Abb. 1 (Archivio Sime, Giovanni Simeone, Fagagna), 2, 4, 8a, 49 (National Portrait Gallery, London), 3 (Windsor Castle), 5, 6, 8b, 14, 19, 29 (akg-images, Archiv für Kunst und Geschichte, Berlin), 7 (Privatsammlung), 9, 17 (Kungliga Biblioteket, Stockholm), 10 (Vatikanisches Museum, Rom), 11 (Aus: Martin Philippson, Das Zeitalter Ludwigs des Vierzehnten, Berlin 1879), 12, 36, 40, 41, 47, 48 (www.wikipedia.de), 13, 16, 43, 51 (Rijksmuseum, Amsterdam), 15 (Museum and Art Gallery, Birmingham), 18 (Imago Poloniae, Warschau), 20 (Märkisches Museum, Berlin), 21 (Photographie Giraudon, Paris), 22 (Musée de Versailles, Service photographique de la Réunion, Paris), 23 (Sylvia-Marita Plath, Leipzig), 24 (Wolfgang G. Schröter, Markkleeberg), 25, 27, 28, 34, 46, 55 (Bibilothèque Nationale, Nr. 25 Cabinet des Médailles), 26 (Städtisches Museum, Landau), 30 (Kunsthistorisches Museum, Wien), 31 (Royal Collection, Kensington Palace, London), 32 (SPSG Fotothek, Potsdam), 33 (Graphische Sammlung Albertina, Wien), 35 (Musée de Bretagne, Rennes), 37 (British Museum, London), 38 (Museo de la Real Academica de Bellas Artes de San Fernando, Madrid), 39 (Bayerische Saatsbibliothek, München), 42 (Fotoagentur Orleta, Warschau), 44 (Staatliches Literaturmuseum, Moskau), 50 (David Bindmann, William Hogarth, London 1981), 52 (Museo del Prado, Madrid), 53a (Schleswig-Holsteinisches Landesmuseum für Kunst- und Kulturgeschichte, Schleswig), 53b (Aus: Billeder berømte Danske Mænd og Kvinder, Band 2, Kopenhagen 1868), 54 (Stiftung Stadtmuseum, Berlin)

Karten

Karte 1 (Aus: Ulrich Im Hof, Geschichte der Schweiz, Verlag Kohlhammer, Stuttgart, 7. Auflage 2001, S. 66), 2, 3, 5, 7, 8, 9, 11, 14, 15, 16, 19, 20, 21, 22, 23, 26, 28 (Peter Palm, Berlin), 4 (Aus: Michael Erbe, Die Habsburger 1493–1918, Verlag Kohlhammer, Stuttgart 2000, S. 67) 6 (Nach: Klaus Zernack, Polen und Russland, Propyläen Geschichte Europas, Ergänzungsband, Propyläen Verlag, Berlin 1994), 11 (Aus: Michael Erbe, Belgien, Niederlande, Luxemburg, Verlag W. Kohlhammer, Stuttgart 1993), 12 (Aus: Ilja Mieck, Die Entstehung des modernen Frankreich 1450 bis 1610, Verlag W. Kohlhammer, Stuttgart 1982), 13a–d (Aus: Propyläen Geschichte Europas, Band 2, Hegemonialkriege und Glaubenskämpfe 1556–1648, hrsg. von Ernst Walter Zeeden, Ullstein Verlag 1997), 17, 18 (Nach: Propyläen Geschichte Europas, Band 3: Robert Mandrou, Staatsräson und Vernunft 1649–1775, Ullstein Verlag 1977), 24 (Aus: Michael Erbe, Deutsche Geschichte 1713–1790, Verlag W. Kohlhammer, Stuttgart 1985, S. 102), 25 (Aus: Wolfgang Mager, Frankreich vom Ancien Régime zur Moderne, 1630–1830, Verlag W. Kohlhammer, Stuttgart 1980, S. 126), 27 (Aus: Propyläen Geschichte Europas, Ergänzungsband, Klaus Zernack, Polen und Russland, Propyläen Verlag, Berlin 1994)

Genealogien
Michael Erbe

Wir haben uns bemüht, bei allen Abbildungen die Rechtsinhaber ausfindig zu machen. Wo uns das nicht gelungen ist, sind wir für weiterführende Hinweise dankbar.